utb 4476

Eine Arbeitsgemeinschaft der Verlage

Böhlau Verlag · Wien · Köln · Weimar
Verlag Barbara Budrich · Opladen · Toronto
facultas · Wien
Wilhelm Fink · Paderborn
A. Francke Verlag · Tübingen
Haupt Verlag · Bern
Verlag Julius Klinkhardt · Bad Heilbrunn
Mohr Siebeck · Tübingen
Nomos Verlagsgesellschaft · Baden-Baden
Ernst Reinhardt Verlag · München · Basel
Ferdinand Schöningh · Paderborn
Eugen Ulmer Verlag · Stuttgart
UVK Verlagsgesellschaft · Konstanz, mit UVK/Lucius · München
Vandenhoeck & Ruprecht · Göttingen · Bristol
Waxmann · Münster · New York

Studienkurs
Politikwissenschaft

Samuel Salzborn

Rechtsextremismus

Erscheinungsformen und Erklärungsansätze

2., aktualisierte und erweiterte Auflage

Nomos

Die Deutsche Nationalbibliothek verzeichnet diese Publikation in der Deutschen Nationalbibliografie; detaillierte bibliografische Daten sind im Internet über http://dnb.d-nb.de abrufbar.

ISBN 978-3-8252-4476-7 (UTB)

2. Auflage 2015

Vorwort zur erweiterten Neuauflage

Es liegt im Gegenstand selbst begründet, dass es Phasen der Konsolidierung und Phasen der Beschleunigung in der Entwicklung des Rechtsextremismus gibt, was einerseits mit den internen Dynamiken, anderseits mit den politischen und gesellschaftlichen Rahmenbedingungen zu tun hat. Dass die Vergangenheit der letzten Monate zwischen Erscheinen der Erstauflage und dieser erweiterten Neuauflage des Buches als eine Phase der Beschleunigung charakterisiert werden kann, liegt in beidem begründet: Einerseits ist es der rechtsextremen Szene in Deutschland erfolgreich gelungen, ihre Anliegen vermehrt in die Öffentlichkeit zu tragen und – obgleich dies medial mit weniger Aufmerksamkeit versehen wurde, als Anfang der 1990er Jahre – auch in erheblichem Maß durch Anschläge auf Flüchtlingsunterkünfte, wie auch auf jüdische Einrichtungen, das Klima der Angst und Bedrohung zu verschärfen. Andererseits ist die subjektive Wahrnehmung vieler Menschen in der Bundesrepublik geprägt von Ängsten – sozialen, ökonomischen, politischen – die zwar selten rationaler Prägung sind, aber damit gleichwohl präsent und als Agitationsfolie für den Rechtsextremismus nutzbar. Denn die Bundesrepublik zählt zwar nach wie vor zu den weltweit führenden Industrienationen und ist im internationalen wie europäischen Vergleich weder zentrales Ziel des islamistischen und antisemitischen Terrorismus, noch der massiv durch ihn verstärkten weltweiten Flucht- und Migrationsbewegungen, aber trotzdem fungieren diese Themenfelder als agitatorische Gelegenheitsstrukturen für den Rechtsextremismus.

Dass eine Phase der Beschleunigung immer eine schwere Zeit für Demokratinnen und Demokraten ist, kann man spätestens seit und wegen Carl Schmitt wissen, der als wesentlicher Denker der Konservativen Revolution und Vordenker des Nationalsozialismus auch zu einem der maßgeblichen Idole im (vor allem: intellektuellen) Rechtsextremismus geworden ist: Schon Schmitt pries den Modus der Beschleunigung als wesentliche Methode zur Bekämpfung von Parlamentarismus und Demokratie, sind doch Zeiten der Beschleunigung eben Zeiten, in denen weniger nachgedacht, abgewogen und reflektiert wird, in denen es weniger um Verstand und mehr um Affekte geht, in denen der Eskalationsgrad von Konflikten strukturell höher ist, gesellschaftliche und politische Auseinandersetzungen weniger dialogorientiert geführt werden, sondern von scheinbaren Sachzwängen oder ebenso scheinbar natürlichen (und damit als unwidersprechbar unterstellten) Gesetzmäßigkeiten dominiert werden. Phasen der Beschleunigung sind Phasen der Gegenaufklärung.

Insofern haben sich in den letzten Monaten einige wichtige Entwicklungen im Rechtsextremismus ergeben, denen die Überarbeitung dieses Buches Rechnung trägt: Die Kapitel zu „Parteien“ und zur „‚Neuen‘ und intellektuellen Rechten“ wurden grundlegend aktualisiert, zahleiche Kapitel in kleinerem Umfang erweitert und ein Exkurs zur „Kampagnenpolitik im Rechtsextremismus der Gegenwart“ (Kap. 9) neu in das Buch integriert. Die aus der Praxis der Arbeit mit diesem Buch an verschiedenen Universitäten gewonnenen Erkenntnisse über den methodisch-didaktischen Wert der „Übungsaufgaben“ zu jedem Kapitel führten zu Änderungen einiger Fragestellungen und die konstruktiven Hinweise aus den Besprechungen der Erstauflage wurden ebenfalls eingearbeitet.

(März 2015)

Inhaltsverzeichnis

Einleitung 9

I. Was ist Rechtsextremismus? 13

1. Rechtsextremismus? Rechtsradikalismus? Rechtspopulismus? Neonazismus? Neofaschismus? Begriffsverständnisse in der Diskussion 14
2. Elemente rechtsextremer Weltanschauung 20

II. Erscheinungsformen 31

3. Geschichte der extremen Rechten: Deutschland im europäischen Kontext 31
4. Parteien 39
5. Neonazismus, militante Organisationen und Rechtsterrorismus 47
6. Medien und Kommunikation: Presse, Internet, Musik 54
7. „Neue“ und intellektuelle Rechte 63
8. Öffentlichkeit und Alltag 76
9. Exkurs: Kampagnenpolitik im Rechtsextremismus der Gegenwart 81

III. Erklärungsansätze 91

10. „Normale Pathologie“ 94
11. Extremismus und Totalitarismus 98
12. Tradition, politische Kultur und Extremismus der Mitte 105
13. Autoritarismus, Sozialisation und Geschlecht 111
14. Deprivation, soziale Bewegung und (Jugend-)Protest 117
15. Modernisierung, Desintegration und Individualisierung 124

IV. Präventions- und Interventionsmöglichkeiten 133

Literatur 145

Einleitung

Die wissenschaftliche Auseinandersetzung und die politische Bekämpfung des Rechtsextremismus scheint wie eine *never ending story*, die sich mehr oder weniger zyklisch wiederholt: kaum ist eine Kleinstgruppierung verboten, sammeln sich die Neonazis in anderen Verbänden; gelingt die Verhinderung eines rechtsextremen Musikkonzertes, folgen kurz darauf andere; alte Kameraden organisieren sich in Webportalen oder Online-Foren immer wieder neu; folgt auf eine Welle rechtsextremer Gewalt politisches und gesellschaftliches Engagement, so wandelt sich das Verantwortungsbewusstsein der Politik bisweilen wenig später in bloße Lippenbekenntnisse, in denen man sich zwar weiterhin im Prinzip einig ist, dass Rechtsextremismus bekämpft werden muss – nur das Geld dafür wird an extrem hohe (Antrags-)Hürden geknüpft oder gleich ganz gestrichen. So sind gerade junge Initiativen, die sich lokal und regional gegen Rechtsextremismus engagieren, oft sehr allein und auf sich selbst gestellt. Von wissenschaftlicher Seite werden diese konjunkturellen Phasen der sich abwechselnden politischen und medialen Intensiv- und Nicht-Befassung mit Rechtsextremismus immer wieder als ineffizient und unangemessen kritisiert, an der Praxis ändert es freilich (bisher) relativ wenig.

Diese *never ending story* basiert auf der – nachvollziehbaren und berechtigten – Hoffnung, dass Rechtsextremismus dauerhaft und nachhaltig im Sinne eines Verschwindens rechtsextremer Gruppierungen und der zahlreichen Versatzstücke rechtsextremen Denkens aus der Öffentlichkeit und damit dem Alltag möglich wäre. In dieser Hoffnung liegt allerdings auch ein stückweit eine nur schwer einlösbare Utopie. Denn, so kann in Anlehnung an Ralf Dahrendorf (1961) und Ernst Fraenkel (1964) formuliert werden, jede freie und demokratische Gesellschaft kann nicht auf Dauer in ihren Entwicklungen und Konflikten ruhig gestellt werden, so dass jede Hoffnung, politische und gesellschaftliche Konflikte – und mit ihnen der Rechtsextremismus – würden eines Tages gänzlich von der Tagesordnung verschwunden sein, utopisch ist. Ursächlich hierfür ist einerseits die generelle Konfliktdynamik von Gesellschaft, die sich jeder utopischen Ruhigstellung kategorial entzieht, andererseits die konkrete Kontextualisierung von Rechtsextremismus, die dem berühmten Diktum von Theodor W. Adorno (1966: 88) folgend darin besteht, dass es so lange Rechtsextremismus und Neonazismus geben wird, wie die „Bedingungen […] wesentlich fortdauern“, die Auschwitz möglich gemacht haben. Aber: worin genau bestanden und bestehen diese Bedingungen?

Adorno hatte die „Grundstruktur der Gesellschaft“ (ebd.) im Blick und ihm kann dahingehend zugestimmt werden, dass der Kontext allen Rechtsextremismus und auch der historischen Faschismen sowie des Nationalsozialismus die bürgerliche Gesellschaft war (und heute noch ist) und insofern auch eine historische Berechtigung in der Formulierung seines Kollegen Max Horkheimer (1939: 308 f.) liegt, dass wer vom Kapitalismus nicht reden wolle, auch vom Faschismus schweigen solle, dass aber zugleich in dieser griffigen Formel nur die halbe Wahrheit liegen kann: denn gerade der Nationalsozialismus war *auch* eine antikapitalistische Bewegung, gerade im gegenwärtigen Rechtsextremismus mit seinen heimattümelnden, völkischen und naturverbundenen Elementen liegen zahlreiche antikapitalistische Momente, so dass beim Rechtsextremismus von einer spezifischen antimodernen Moderne ausgegangen werden muss, die beides vereint: kapitalistisch und antikapitalistisch zugleich sein zu können. Insofern scheint es, dass gerade diese Widersprüche und Ambivalenzen es nötig machen, über Varianten des und Variationen im Rechtsextremismus ebenso zu reflektieren, wie über wissenschaftliche Antworten auf die Frage danach, was denn eigentlich Rechtsextremismus weltanschaulich, organisatorisch und sozial kennzeichnet.

Rechtsextremismus ist ein politisches und damit umstrittenes Phänomen, so dass über die Frage, was Rechtsextremismus kennzeichnet, wie er erklärt und/oder verstanden werden kann und welche Maßnahmen für seine Bekämpfung erfolgversprechend sind und welche nicht, kein verbindlicher Konsens hergestellt werden kann. Das heißt aber nicht, dass im politik- und sozialwissenschaftlichen Bereich nicht der Rahmen absteckbar wäre, in dem Erscheinungsformen des Rechtsextremismus und Erklärungsansätze über Rechtsextremismus sich bewegen – nur: die *eine* verbindliche Definition, nach der Studierende zu Studienbeginn oft und gern, in den Sozialwissenschaften aufgrund von deren erkenntnistheoretischer Heterogenität aus gutem Grund letztlich aber immer erfolglos (vgl. Salzborn 2013), suchen, gibt es auch für den Rechtsextremismus nicht. Es gibt konkurrierende, sich ergänzende oder widersprechende, teilweise auch sich ausschließende Erklärungsansätze für Rechtsextremismus, wie gleichsam umstritten ist, welche Phänomene im Einzelnen zum Rechtsextremismus gezählt werden müssen oder sollten: Ausschließlich die gewalttätigen Neonazis? Oder Parteien und Bewegungen, die sich historisch positiv auf den Nationalsozialismus oder auf faschistische Bewegungen beziehen? Oder alle Organisationen, die wesentliche (wenn auch nicht alle) Elemente des rechtsextremen Weltbildes teilen? Oder auch Gruppen, die sich – mit funktionaler Rolle wie ein Scharnier – zwischen Neonazis und politischer Mitte bewegen? Oder darüber hinaus auch Organisationen, die sich selbst im konservativen Milieu verorten, aber faktisch zentrale Elemente rechtsextremer Weltanschauung vertreten? Entscheidend für eine Antwort ist die Klärung der Frage, was genau denn Elemente rechtsextremer Weltanschauung sind und welche Entwicklungslinien der Rechtsextremismus in Deutschland und Europa – hierauf liegt der geografische Fokus dieser Einführung – in der Nachkriegsgeschichte bis in die Gegenwart genommen hat.

Ebenfalls wichtig für eine Antwort auf diese Fragen ist aber auch der politische, gesellschaftliche und wissenschaftstheoretische Standort des Fragenden – das heißt nicht, dass eine begriffliche Annäherung an den Rechtsextremismus beliebig wäre, denn dafür ist die unumstrittene Schnittmenge in der politik- und sozialwissenschaftlichen Rechtsextremismusforschung zu groß; es heißt vielmehr, dass es von Bedeutung für das Begriffsverständnis ist, aus welchen Motiven eine wissenschaftliche Befassung mit dem Rechtsextremismus erfolgt. Am nahe liegendsten ist das Interesse, Erkenntnisse über Strukturen, Funktionen und Kontexte des Rechtsextremismus zu erlangen, weil er politisch abgelehnt wird und eine wissenschaftlich fundierte Bekämpfung des Rechtsextremismus für nötig erachtet wird. Gleichwohl sind auch Motive denkbar, die auf eine Bagatellisierung oder Verharmlosung von Rechtsextremismus zielen, etwa um eigene politische Ausrichtungen klar von Rechtsextremismus abzugrenzen oder bestimmte Elemente eigener Weltanschauung aus dem Begriffsverständnis des Rechtsextremismus heraus redigieren zu können. Sehr deutlich wird dieser Konflikt beim völkischen Menschenbild, dem wesentlichen Kern rechtsextremer Weltanschauung: Was heißt es über den Rechtsextremismus und seine historische, politische und soziale (Nicht-)Abgrenzung von der politischen Mitte, wenn dieses Grundaxiom – das völkische Abstammungsprinzip – bis Ende des Jahres 1999 zentrale Grundlage des bundesdeutschen Staatsangehörigkeitsrechts war? Und was sagt es über politische Gruppierungen, die sich selbst nicht als rechtextrem, sondern als konservativ sehen, aber bis heute an dem völkischen Abstammungsglauben festhalten (wie etwa die Vertriebenenverbände oder Teile der Studentenverbindungen)? Die Grenzen zwischen Rechtsextremismus und gerade Konservatismus sind empirisch wie historisch offensichtlich fließend – ob hier allerdings stärker die Gemeinsamkeiten zwischen Rechtsextremismus und Konservatismus betont werden, oder stärker die – zweifelsfrei auch gewichtigen – Differenzen, hängt eben vom politischen und erkenntnistheoretischen Standort des Forschenden ab.

Hält man, wie der Autor dieses Buches, den Ansatz der (neo-)pluralistischen Demokratietheorie zumindest prinzipiell für überzeugend (vgl. Salzborn 2012 a: 49ff.), dann ist es folgerichtig, das in der damit angedeuteten Streitbarkeit der politik- und sozialwissenschaftlichen Auseinandersetzung mit Rechtsextremismus kein Manko, sondern eine Stärke gesehen wird. Die Kontroversität und Pluralität der Rechtsextremismusforschung wird insofern auch in diesem Lehrbuch abgebildet, so dass gerade mit Blick auf die Erklärungsansätze jeweils auf deren Stärken, wie Schwächen und Probleme hingewiesen wird. Was – so zumindest der Anspruch – in der politik- und sozialwissenschaftlichen Debatte über Rechtsextremismus umstritten ist, wird auch in diesem Lehrbuch als kontrovers dargestellt.

Auch wenn dieses Buch in wenigen Monaten geschrieben wurde, ist es doch das Ergebnis von gut zwei Jahrzehnten Arbeit über und gegen Rechtsextremismus, nicht nur wissenschaftlich, sondern zunächst journalistisch. Allen Kolleginnen und Kollegen, die mir in dieser Zeit mit Rat und Tat zur Seite standen, sei herzlich dafür gedankt, auch wenn sie hier nicht namentlich Erwähnung finden können. Stellvertretend möchte ich aber denen, die mich in den letzten Monaten mit manchmal kleinen, manchmal großen Tipps, Hinweisen und Anregungen unterstützt haben, herzlich danken, insbesondere Ursula Birsl, Patrick Gensing, Ulli Jentsch, Philipp Killmann, Katharina König, Alexandra Kurth, Anton Maegerle, Oliver Nachtwey, Matthias Quent, Heribert Schiedel, Hannah Schmidt-Ott, Felix M. Steiner und Richard Stöss.

(Februar 2014)

I. Was ist Rechtsextremismus?

Auf den ersten Blick scheint die Frage leicht zu beantworten: „Was ist Rechtextremismus?“ Sie enthält aber mehrere Dimensionen, die nicht sofort ins Auge springen, weil sie zwei Komplexe umfasst, die für eine Annäherung an eine Antwort systematisch differenziert werden müssen. Zum einen – was durchaus noch naheliegend ist – umfasst sie die Suche nach Momenten und Aspekten einer Weltanschauung und/oder Handlung, die es legitimieren, etwas oder jemanden als rechtsextrem zu bezeichnen. Es geht also um die Elemente der rechtsextremen Weltanschauung und der aus ihnen resultierenden politischen Praxis, ganz allgemein könnte man auch sagen: das Verhältnis von Theorie und Empirie im Rechtsextremismus, die Klärung, welche Aspekte die rechtsextreme Weltanschauung konzeptionell kennzeichnen und in welcher Weise diese Vorstellungen und Einstellungen (vgl. zur Unterscheidung Rohe 1990, 1996) zu spezifischen sozialen und/oder politischen Handlungen führen. Zum anderen – und das ist weniger offensichtlich – liegt in der Fragestellung auch die Erkenntnisdimension, wie denn das, was man additiv oder integrativ in systematisierende Absicht als *Rechtsextremismus* zu bezeichnen gewohnt ist, auf den Begriff gebracht wird, also ob, wann und warum man von Rechtsextremismus – oder alternativ von Rechtsradikalismus, Rechtspopulismus, Neofaschismus oder Neonazismus – spricht. Denn der Begriff Rechtsextremismus hat sich zwar wissenschaftlich, politisch und medial als Sammelbezeichnung in der Gegenwart durchgesetzt, aber weil dies keineswegs immer schon so war (bis in die frühen 1970er dominierten öffentlich die Begriffe Neonazismus und Neofaschismus, in den 1990ern gab es intensive Debatten, ob dem Begriff Rechtsextremismus oder dem des Rechtsradikalismus der Vorzug zu geben sei) und es überdies bis heute zahlreiche Begriffe gibt, die miteinander um den Status des Oberbegriffes konkurrieren, muss bei der Frage „Was ist Rechtsextremismus?“ nicht nur nach dem *Erklärenden*, sondern auch nach dem *zu Erklärenden* gefragt werden (vgl. zu den Begriffen Hempel/Oppenheim 1948).

Das Erklärende („Explanans“)	⟶	Einstellungen und Verhalten, die/das als rechtsextrem klassifiziert wird.	⟶	Bestandteile des Weltbildes wie z.B. Rassismus, Antisemitismus, Elitismus usw. und Verhalten wie Protest, Wahl, Gewalt usw.
Das *zu* Erklärende („Explanandum“)	⟶	Bezeichnung, mit der Einstellungen und Verhalten tituliert werden.	⟶	z.B. als Rechtsextremismus, Rechtsradikalismus, Neofaschismus usw.

Abb. 1: Zum Verhältnis von Begriff und Gegenstand.

Eigene Darstellung.

1. Rechtsextremismus? Rechtsradikalismus? Rechtspopulismus? Neonazismus? Neofaschismus? Begriffsverständnisse in der Diskussion

Innerhalb der Sozialwissenschaften spielen begriffliche Diskussionen eine zentrale Rolle – einerseits als Selbstverständigung innerhalb der Teildisziplinen, andererseits mit Blick auf die durch metatheoretisch und theoriesystematisch geprägten Differenzen hinsichtlich der konzeptionellen, operationalen und methodischen Herangehensweisen an konkrete Forschungsgegenstände (vgl. Salzborn 2013). Ohne die Analyse und Kritik von Begriffen wäre sozialwissenschaftliche Forschung undenkbar, weil in einem Begriff – im Unterschied zum einfachen Wort – soziale und zeithistorische Dimensionen verdichtet, man könnte auch sagen: geronnen sind. Für das Verständnis eines Wortes ist sein zeitlicher und sozialer Kontext von Bedeutung, da sich dieser wandelt und das Wort zum Begriff macht (vgl. Koselleck 1979; Pocock 1973; Skinner 1978, 2009). In den sozialwissenschaftlichen Debatten bildet sich das unter anderem dadurch ab, dass sowohl intra-, wie interdisziplinär Begriffsverständnisse differieren, was eben nicht einfach nur eine jeweils andere „Definition" ist, sondern Ausdruck metatheoretischer oder theoriesystematischer Differenzen, die ebenso auf konkurrierende Wahrnehmungen von sozialer Realität verweisen, wie auf zeitlich und räumlich unterschiedliche Kontexte, in denen Begriffe verwandt, geprägt und mit variierender Intention gefüllt werden.

Mit Blick auf die Rechtsextremismusforschung zeigt sich dies vor allem in der konkurrierenden Verwendung der Begriffe Rechtsextremismus, Rechtsradikalismus, Rechtspopulismus, Neonazismus und Neofaschismus, die nicht einfach andere Wörter für dasselbe Phänomen sind, sondern die als Begriffe auf unterschiedliche, teils gegensätzliche Wahrnehmungen und soziale wie politische Kontexte verweisen (vgl. Fenske 2013; FIPU 2014). Insofern kann man die Begriffe, wie Marcus Neureiter (1996: 19ff.) vorschlägt, zwar durchaus analytisch „sortieren" und ihre Beziehungen zueinander zu bestimmen versuchen, gleichwohl bleiben markante gesellschafts- und erkenntnistheoretische Differenzen bestehen, so dass man sich Vorzüge wie Nachteile der Begriffe bewusst machen sollte (vgl. Druwe/Mantino 1996).

In der historischen Perspektive liegt es auf der Hand, dass die Begriffe *Neofaschismus* und *Neonazismus* (*Neonationalsozialismus*) in den ersten Nachkriegsjahrzehnten üblich und weit verbreitet waren (wobei bereits Termini wie *national* oder *nationalistisch* bis in die 1960er Jahre hinein als hinreichend zur Klassifizierung von NS-Nachfolgeorganisationen verstanden wurden), weil rechte Bestrebungen jenseits des Konservatismus immer in ihrer Beziehung zum Nationalsozialismus oder zu den europäischen Faschismen bzw. den jeweils mit dem Nationalsozialismus oder den faschistischen Regimen kollaborierenden Gruppen und Bewegungen gesehen wurden – sowohl in der Binnenperspektive der rechten Gruppierungen und Parteien der Nachkriegszeit selbst, wie auch in der Außenwahrnehmung durch demokratische Akteure oder in der wissenschaftlichen Analyse. Beide Begriffe verweisen jeweils auf eine historische Referenz: die des Faschismus oder die des Nationalsozialismus, bei denen es sich jeweils um Selbstbeschreibungen der politischen Bewegungen gehandelt hat. Darin liegt schon ein gewichtiger Unterschied zu anderen Termini wie Rechtsextremismus oder Rechtsradikalismus, die ihrerseits analytische und insofern auch fremdbeschreibende Begriffe sind und zu einer wissenschaftlichen bzw. politischen Lokalisierung im politischen Spektrum dienen, das auf einer Rechts-Mitte-Links-Achse gedacht wird. Die Begriffe Faschismus und Nationalsozialismus waren aber hingegen historisch Selbstbeschreibungen der Parteien bzw. Bewegungen und insofern liegt es in der begrifflichen Verwendung in der Nachkriegszeit nahe, dass mit ihr diejenigen Gruppen erfasst wurden, denen eine direkte, positive Bezugnahme auf den Nationalsozialismus oder eine der europäischen faschistischen Bewegungen attestiert werden konnte – oder wenn dieses Traditionsverständnis bei den Gruppierungen auch in der Binnenperspektive vorlag, wie beispielsweise bei der in Amerika ansässigen NSDAP-AO (AO steht für „Aufbau- und Auslandsorganisation", deren Ziel der Wideraufbau der NSDAP ist), der vom Bundesverfassungsgericht 1952 verbotenen Sozialistischen Reichspartei (SRP) oder der nach Vereinsgesetz 1995 vom Bundesinnenminister verbotenen Freiheitlichen Deutschen Arbeiterpartei (FAP). Insofern haben die Begriffe Neonazismus oder Neofaschismus bis heute nicht ihre wissenschaftliche Berechtigung verloren – eben als präzise Bezeichnungen für alle Personen oder Organisationen, die sich entweder selbst auf die entsprechenden historischen Vorbilder berufen, oder als analytische Kategorien für einen objektiv bestehenden Bezug.

Zugleich liegt aber im Begriff des Neofaschismus auch eine zeitgenössische Polemik, wie eine analytische Unschärfe, da er in der öffentlichen Auseinandersetzung eben nicht nur analytisch trennscharf und damit eng gefasst verwandt wurde und wird, sondern die historische Referenznahme polemisch übersteigert wird (vgl. Hennig 1979) – nicht zuletzt auch, weil der Faschismusbegriff *die* zentrale Doktrin der Kommunistischen Internationalen (Komintern) zur Kritik der „reaktionärsten, chauvinistischsten, am meisten imperialistischen Elemente des Finanzkapitals" (so die so genannte Dimitroff-Formel) seit den 1920er Jahren war (vgl. Wippermann 1997 a).

Besonders deutlich war diese polemische Begriffsreferenz in den späten 1960er und 1970er Jahren, als vor allem von sozialistischer und kommunistischer Seite nicht selten konservative, marktradikale oder andere antikommunistische Haltungen als Ausdruck eines heraufziehenden (neuen) Faschismus tituliert wurden – worin nicht nur eine historische Banalisierung des Faschismus (und auch des Nationalsozialismus, der unter dem Faschismusbegriff subsumiert wurde) lag, sondern auch eine frappante Fehlanalyse demokratischer Gesellschaften. Der Vorteil des (Neo-)Faschismusbegriffes liegt hingegen darin, dass er für den Vergleich vieler europäischer Gruppierungen taugt, die sich positiv auf die jeweiligen faschistischen Bewegungen in den einzelnen Ländern beziehen und/oder die autoritäre Stoßrichtung des Faschismus fortsetzen bzw. wieder aufgreifen wollen (vgl. Fritzsche 1998; Wippermann

2000). Sein eklatanter Nachteil mit Blick auf die Vergleichsdimension ist allerdings, dass er analytisch alle Bewegungen ausschließt, die sich positiv auf den Nationalsozialismus beziehen, weil der Begriff Faschismus die signifikanten historischen Unterschiede zwischen autoritären und totalitären Regimen im Allgemeinen und dem auf einem eliminatorischen und mit der Shoah als Vernichtung praktizierenden Antisemitismus basierenden Nationalsozialismus im Besonderen nivelliert und insofern auch für Vergleiche nur sehr eingeschränkt Verwendung finden kann.

Der Begriff des *Neonazismus* ist, wie schon akzentuiert, ebenfalls eng gefasst und aufgrund der historischen Referenznahme auf den Nationalsozialismus explizit dazu geeignet, um eben genau diese nationalsozialistische Referenz mitzudenken. Sein Vorteil besteht darin, sehr präzise zu sein, wenn Parteien, Bewegungen usw. gemeint sind, die sich positiv auf den Nationalsozialismus beziehen und ihn plagiieren wollen oder sich in seiner Tradition sehen. Sein Problem besteht spiegelbildlich zum Faschismusbegriff darin, dass eine vergleichende Analyse im europäischen Kontext nur für die Fälle sinnvoll ist, in denen auch nationalsozialistische Traditionslinien existieren (oder auf diese Bezug genommen werden) und überdies erschwert wird, weil sich rechtsextreme Gruppierungen, auch aus strategischen Gründen, nicht immer positiv auf den Nationalsozialismus beziehen. Charakteristisch für neonazistische (wie in diesem Punkt auch für neofaschistische) Gruppierungen ist ihre grundsätzliche Gewaltaffinität und aktive Gewaltbereitschaft, die auf direkte (gewalttätige, paramilitärische, terroristische) Konfrontation mit dem jeweiligen politischen System ausgerichtet und insofern primär nicht auf die Erfolge in den Parlamenten, sondern auf den Kampf auf der Straße orientiert ist. Im Neonazismus erfolgt eine (programmatische und/oder ästhetische) Orientierung an NS-Verbänden wie beispielsweise der SS oder der SA, wobei bis in die Gegenwart festzustellen ist, dass es im Spektrum des Rechtsextremismus immer auch Neonazis gibt – aber die Neonazis bilden eben nur einen Teil des Rechtsextremismus, der sich in seiner Größe und seinem Einfluss jeweils konjunkturell ändert. Am Beispiel Deutschlands sieht man dies etwa an der NPD, die ihre neonationalsozialistische Orientierung in ihrer Parteigeschichte mal stärker, mal weniger stark betont hat, oft abhängig von der jeweiligen Führungsriege der Partei und deren Verhältnis zu legalistischen Strategien.

Parallel zur Verwendung der Begriffe Neofaschismus und Neonazismus, die bis in die 1970er Jahre auch als Sammelbegriffe verwendet wurden, etablierte sich in der bundesdeutschen Debatte der Begriff des *Rechtsradikalismus* – der eine widersprüchliche Geschichte in den Begriffskontroversen hat: Zunächst in den 1960er Jahren vor allem mit konservativer Intention verwandt, um eine Analogisierung von Rechts und Links im Sinne von rechten und linken Radikalen vorzunehmen, die gleichermaßen die Freiheitlich-Demokratische Grundordnung der Bundesrepublik Deutschland (FDGO) bedrohen würden, avancierte der Begriff in den 1990er Jahren zu einer alternativen Variante des Begriffes Rechtsextremismus, der nun seinerseits wiederum die Analogisierungsfunktion des Radikalismusbegriffs der 1960er Jahre übernommen hatte: hier nun aufgrund der Annahme, dass zwei Extreme – rechts und links – die Demokratie von den äußeren Rändern her bedrohen würden. Der Begriff Rechtsradikalismus fungierte für unterschiedliche politische Strömungen als Sammelbegriff, der umfassender war und ist, als die Termini Neofaschismus oder Neonazismus. Hans-Gerd Jaschke (1994: 28) hat aber auch darauf hingewiesen, dass diese integrative Sammelfunktion, mit der der Begriff die Chance bot, eine analytische Erweiterung vorzunehmen, die auch deshalb notwendig wurde, weil zunehmend mehr Gruppierungen sich – faktisch oder strategisch – vom Nationalsozialismus abgrenzten, wesentliche Elemente extrem rechter Weltanschauung weiterhin teilten, aber auch die Funktion eines ungenauen *catch-all-terms* erfüllte, mit dessen Hilfe nun wiederum ähnlich des Faschismusbegriffes seit den 1970er Jahren alles „rechts von der Union" (Hirsch 1989) etikettiert werden konnte. In den 1990er Jahren wiederum, als der Begriff Rechtsextremismus schon mehrere Jahrzehnte zum offiziellen Behördenterminus avanciert war und sich – trotz aller Kontroversität auch um diesen Begriff – als wissenschaftlicher Sammelbegriff durchzusetzen begann, galt Rechtsradikalismus auch als eine quasi abgeschwächte Variante des Rechtsextremismus, die zwar als irgendwie problematisch, aber (noch) nicht als verfassungs- bzw. demokratiefeindlich anzusehen sei – was ein doppelter Tanz auf rohen Eiern war: erstens, weil damit keine wissenschaftlichen Kriterien, sondern immer nur die jeweils aktuell geltende Verfassungsordnung zum Maßstab gemacht und damit die Wissenschaft in ihrem Verständnis strukturell von der sich ändernden (Tages-)Politik abhängig gemacht wurde, zweitens, weil die Grenzen zwischen „problematisch" und antidemokratisch in der Regel fließend (und bisweilen auch subjektiv) sind, was eine trennscharfe Abgrenzung der Begriffe unmöglich macht.

Ein anderer Einwand von linker Seite, der immer wieder formuliert wurde, bezog sich auf den Kern des Begriffs: den Radikalismus (von lat. *radix*, die Wurzel). Der gesellschaftskritisch verstandene Ansatz des Radikalismus, der für viele linke Gruppierungen zu ihrem Selbstverständnis zählt, wurde dem rechten Spektrum generell abgesprochen, da dieses – so die These – eben nicht an die „Wurzel" gehe, nicht radikal sein könne, sondern bestehende Herrschaftsordnungen in ihrer Eliten-, Macht- und Gewaltlogik im Gegenteil nur weiter verschärfen und zuspitzen, nicht aber radikal in Frage stellen, würde.

Der seit Mitte der 1970er Jahren im Behördenjargon gebräuchliche und seit gut zwei Jahrzehnten – wenn auch mit einer Reihe von Einwänden und oft gegenläufigen Interpretationen, als in der Begriffsverwendung des Verfassungsschutzes (vgl. Wippermann 1999) – auch im wissenschaftlichen Kontext (vorläufig?) als Sammelbegriff etablierte Oberbegriff ist der des *Rechtextremismus*. Beim Begriff Rechtsextremismus handelt es sich um einen analytischen Begriff, der zumeist mit einem Syndromcharakter verstanden wird, der aber eben auch lange Zeit wissenschaftlich dadurch vorbelastet war, dass er 1974/75 zum offiziellen Terminus der Verfassungsschutzämter geworden war (vgl. Maihofer 1975). Das Problem dabei: Wird in dem Begriff

Rechtsextremismus ein allgemeiner „Extremismus“ mitgedacht, also implizit davon ausgegangen, dass es nicht nur einen Rechtsextremismus, sondern auch einen *in derselben Weise* zu betrachteten Linksextremismus gibt? Von Vertretern der vergleichenden *Extremismus*doktrin wird dies bejaht, von der Mehrheit der *Rechtsextremismus*forschung verneint, da eine Vergleichbarkeit von Rechts und Links für nicht sinnvoll gegeben erachtet wird – insbesondere aus dem von dem italienischen Demokratietheoretiker Norberto Bobbio (1994) vorgebrachten Argument, dem zufolge die zentrale Unterscheidung zwischen Links und Rechts darin besteht, dass die einen kategorial für die Gleichheit der Menschen, die anderen ebenso kategorial für die Ungleichheit der Menschen eintreten – und während bei der Rechten die Ermordung von Menschen logische und erstrebte Konsequenz des Weltbildes ist, wird sie in der Linken nur von einer kleinen Minderheit vertreten bzw. billigend in Kauf genommen (Linksterrorismus); rechte Gewalt richte sich überdies primär gegen Menschen, linke Gewalt primär gegen Sachen. Überdies werde im Rechtsextremismusbegriff, so das Argument von Christoph Butterwegge (2002: 19), auch eine gewisse Randständigkeit des Problems unterstellt, der die politische Mitte quasi schon terminologisch von der Mitverantwortung entlaste.

Eine vor allem medial popularisierte Begriffsvariante stellt der – analytisch schwache – Begriff des *Rechtspopulismus* dar, der ein Spezialbegriff für eine bestimmte rechtsextreme Strömung ist, die sich populistischer Mittel und Strategien bedient. Beim Rechtspopulismus handelt es sich um eine agitatorische Strategie der Themenwahl und ihre mediale Lancierung, bei der die Inszenierung und der Personenkult zentral sind, mit dem Ziel der Anschlussfähigkeit an etablierte (Medien-)Strategien, durch das Aufgreifen aktueller Debattenthemen und ihrer polemischen und polarisierenden Zuspitzung. Im Rechtspopulismus wird dabei oft explizit faschistisches und/oder nazistisches Vokabular vermieden (die österreichische FPÖ ist allerdings auch ein Beispiel für rechtspopulistische Strategien, für die dies nicht gilt), in der weltanschaulichen Substanz gibt es aber kein Beispiel, das zeigen könnte, dass der Rechtspopulismus mehr ist, als nur eine strategische Option des Rechtsextremismus, so dass es sich um einen Begriff handelt, der als Oberbegriff für eine inhaltliche Analyse letztlich nicht taugt.

Als vorläufiger Konsens in der Rechtsextremismusforschung kann insofern angesehen werden, den Begriff Rechtsextremismus als Sammelbezeichnung zu akzeptieren, aber das Adjektiv „rechtsextremistisch“ (im Unterschied zu rechtsextrem oder extrem rechts) weitgehend abzulehnen, weil es auf das verkürzte und wissenschaftlich untaugliche Extremismuskonzept verweist, mit dem die Verfassungsschutzbehörden arbeiten und das lediglich eine substanzielle Gegnerschaft zur FDGO ausmacht, ohne dabei weltanschauliche Strukturen des Rechtsextremismus und ihre dynamischen Veränderungen, auch in ihren Bezügen zur politischen Mitte, hinreichend zu analysieren oder zu reflektieren.[1] Die große Stärke des Rechtsextremismusbegriffes dürfte darin bestehen, dass er Integrationspotenzial hat, um analytisch politische Strömungen von gewalttätigen Neonazis bis hin zu völkischen Gruppierungen wie den Vertriebenenverbänden zu erfassen, ohne dabei deren Unterschiede und Differenzen nivellieren zu müssen (vgl. Velpen 1996: 165ff.).

Übungsaufgaben

- Überlegen Sie, warum die Diskussion über konkurrierende Begriffe gerade in der Rechtsextremismusforschung so intensiv geführt wird?
- Diskutieren Sie das Verhältnis von wissenschaftlicher Analyse und politischen Interessen bei der Verwendung konkurrierender Begriffe in der Rechtsextremismusforschung.
- Wieso ist es problematisch, wenn Begriffsdefinitionen von Verwaltungsbehörden (wie den Verfassungsschutzämtern) die wissenschaftliche Begriffsdiskussion überwölben?

Literatur zur Einführung

Reiner Fenske: Vom „Randphänomen" zum „Verdichtungsraum". Geschichte der „Rechtsextremismus"-Forschungen seit 1945, Münster 2013.

Marcus Neureiter: Rechtsextremismus im vereinten Deutschland. Eine Untersuchung sozialwissenschaftlicher Deutungsmuster und Erklärungsansätze, Marburg 1996.

Samuel Salzborn: Sozialwissenschaften zur Einführung, Hamburg 2013.

Weiterführende Literatur

Norberto Bobbio: Rechts und Links. Gründe und Bedeutungen einer politischen Unterscheidung, Berlin 1994.

Christoph Butterwegge: Rechtsextremismus, Freiburg 2002.

Hans-Gerd Jaschke: Rechtsextremismus und Fremdenfeindlichkeit. Begriffe, Positionen, Praxisfelder, Opladen 1994.

Heribert Schiedel: Der Rechte Rand. Extremistische Gesinnungen in unserer Gesellschaft, Wien 2007.

1 Ein aus wissenschaftlicher Perspektive überzeugendere Alternative zum bundesdeutschen bietet das österreichische Rechtssystem: Die Behörden verzichten hier auf einen Eingriff in die wissenschaftliche Debatte über analytische Begriffe und verfolgen mit ihrem Rechtsinstrument des Wiederbetätigungsverbots einen Ansatz, der nicht – wie in Deutschland – allein aus einer bestimmten Distanz zum politischen System bestimmt wird, sondern im Gegenteil durch die faktisch nachweisbare Nähe zum Nationalsozialismus, der – im Verständnis einer Wiederbetätigung – bekämpft wird (vgl. Schiedel 2007: 29ff.).

2. Elemente rechtsextremer Weltanschauung

Richard Stöss hat als „Dimensionen des Rechtsextremismus" die grundlegende Unterscheidung zwischen Einstellungen und Verhalten betont (2010: 21), wobei hervorzuheben ist, dass „Einstellungen [..] in der Regel dem Verhalten vorgelagert" sind, also die Grundlagen für rechtsextremes Verhalten eine rechtsextreme Einstellung ist – was nicht heißen muss: ein geschlossen rechtsextremes Weltbild, d.h. nicht jede Wahlentscheidung für eine rechtsextreme Partei oder das jugendliche Schmieren von rechten Symbolen verweisen auf organisierten Rechtsextremismus, aber ohne das Vorhandensein von mindestens Versatzstücken eines rechtsextremen Weltbildes würde es nicht zu ihnen kommen. Insofern ist auch die Annahme, es würde sich bei ihnen um einfachen Protest handelt, verkürzt – denn jeder soziale oder politische Protest hat eine bestimmte weltanschauliche Richtung und wer Protest durch rechtsextremes Verhalten ausdrückt, kann dies bereits logisch nur, weil dies mit Teilen seiner Einstellungen konform geht.

Zudem besteht laut Stöss eine Wechselbeziehung zwischen Einstellungen und Verhalten, d.h. wenn eine rechtsextreme Grundeinstellung vorhanden ist, kann rechtsextremes Verhalten die Einstellungen weiter radikalisieren – bis hin zu einem geschlossen rechtsextremen Weltbild. Bei der Frage nach den Elementen des rechtsextremen Weltbildes ist dies insofern wichtig, weil sie – wenigstens teilweise – jedem Verhalten vorgelagert sind, sei es der Protest, das Wahlverhalten, die aktive Mitgliedschaft oder die Ausübung von Gewalt und Terror (vgl. Stöss 2010: 21).

Missverständlich in der öffentlichen Diskussion ist dabei, dass ein geschlossen rechtsextremes Weltbild oft verwechselt wird mit rechtsextremen Einstellungen: Während erst genanntes in sich homogen strukturiert ist, keinerlei Widersprüche zulässt und alle politischen Fragen gemäß rechtsextremer Grundeinstellungen beantwortet, basiert letztgenanntes auf einem Konglomerat aus Positionen und Einstellungen, die teilweise eben auch nicht als rechtsextrem klassifiziert werden können und ist, zumindest prinzipiell, noch revidierbar und wenigstens partiell für Fakten und Argumente zugänglich.

Wenn von Elementen des rechtextremen Weltbildes gesprochen wird, dann ist offenkundig, dass innerhalb der sozialwissenschaftlichen Diskussion umstritten ist (vgl. Birzer 1996; Holzer 1994), was *en detail* zu diesem „mehrdimensionalen Einstellungsmuster" (Borrmann 2012: 162) und „heterogenen Gemisch unterschiedlichster Begründungszusammenhänge und Sichtweisen" (Stöss 2010: 20) zu zählen ist und ab welchem Intensititätsgrad von einem geschlossen rechtsextremen Weltbild gesprochen werden kann (siehe hierzu auch Pfahl-Traughber 2014: 7ff.). Auch muss betont werden, dass nicht jede rechtsextreme Gruppierung immer alle Elemente vertreten muss, um als rechtsextrem gelten zu können, sondern dass lediglich wesentliche Grundstrukturen geteilt werden müssen – die nicht immer dieselben sind: so wird etwa ein paramilitärischer Traditionalistenverband, der das weltanschauliche

Erbe der SS pflegt, beispielswiese in einem deutlich hören Maße militärische Aspekte betonen, als eine intellektuelle Gruppierung, die sich dem Erbe der so genannten Konservativen Revolution – den zentralen Vordenkern des Dritten Reiches – verpflichtet fühlt. Beiden gemein ist aber: der Militarismus steht nicht im Widerspruch zu ihren Grundhaltungen und beide werden autoritär-militärischen Lösungsmodellen für Konflikte stets den Vorrang vor demokratisch-partizipatorischen einräumen (vgl. Virchow 2006).

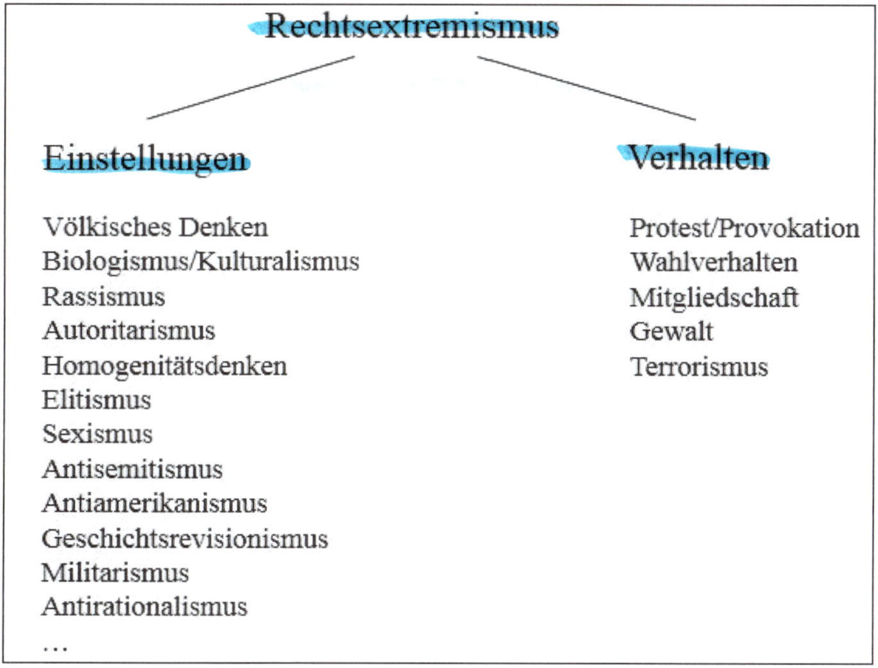

Abb. 2: Die Differenzierung von Einstellungen und Verhalten im Rechtsextremismus.

Quelle: Mit Ergänzungen und Änderungen übernommen von Stöss (2010: 21).

In einer der populärsten Definitionen hat Wilhelm Heitmeyer (1990) auf den Zusammenhang von einer Ideologie der Ungleichheit und der Gewaltakzeptanz im Rechtsextremismus hingewiesen.[2] In ihrer Allgemeinheit, die die Ideologie der Un-

2 Später schreibt Heitmeyer (2008) von einer Ideologie der Ungleichwertigkeit, was zwar nicht falsch ist, da Rechtsextremisten aus ihren Ungleichheitsvorstellungen immer auch die hierarchisierende Auffassung ableiten, nach der es Höher- und Niedrigwertigkeit sowie daraus resultierend Über- und Unterordnungsvorstellungen gibt, allerdings überdeckt der Begriff der Ungleichwertigkeit gegenüber dem der Ungleichheit die zentrale Denkannahme des Rechtextremismus, nach der – aus biologischen und/oder kulturellen Gründen – auch von einer grundsätzlichen Differenz zwischen Menschen ausgegangen wird, die als essentialistisch und damit irreversibel begriffen wird.

gleichheit und die strukturelle Gewaltförmigkeit des Denkens im Rechtsextremismus betont, ist dieser Ansatz tragfähig, allerdings kann er auch zu Missverständnissen führen, etwa bei der Frage, wo Gewalt beginnt: schon beim rassistischen und menschenverachtenden Artikel in einer neurechten Postille oder erst bei der Messerattacke eines Skinheads? Denn in beidem liegt Gewaltförmigkeit, medial wird Gewalt aber oft allein auf physische Gewalt reduziert und dabei übersehen, dass das Zentrale im Rechtsextremismus nicht erst die praktische Ausübung von körperlicher Gewalt ist, sondern die basale Grundstrukturierung des Denkens entlang von gewaltförmigen Prämissen.

Insofern wäre zu überlegen, ob das in der Rechtsextremismusforschung nicht selten anzutreffende Kriterium der aktiven Gewaltbereitschaft als Bestimmungsmerkmal für Rechtsextremismus nicht konkretisiert werden sollte. Denn sicher neigt ein Großteil der extremen Rechten auch zur praktischen Exekution ihre Ideologie der Ungleichheit durch die Anwendung von physischer Gewalt. Doch würde die Fixierung allein auf körperliche Gewalt außer Acht lassen, dass Gewalt nicht ein originäres Mittel der extremen Rechten zur Durchsetzung ihrer Ziele ist, sondern gleichfalls in anderen politischen Spektren und auch unabhängig von politischen Zielen anzutreffen ist. Zudem verkennt eine überproportionale Betonung der Gewalt den politischen Gehalt des Rechtsextremismus, indem sie ihn nach Methoden und Arten der politischen Artikulation klassifiziert. Denn während niemand auf die Idee kommen würde, Rechtsextremismus beispielsweise an parteiförmiges Auftreten zu koppeln, so scheint es ebenso fragwürdig, die physische Gewaltanwendung ins Zentrum zu rücken. Dass Rechtsextremismus allerdings immer strukturelle Gewalt bedeutet, steht außer Frage (vgl. Butterwegge 1996). Im Moment der Ideologie der Ungleichheit, die als Denkfigur aufgrund ihrer Menschen in essentialistische, d.h. als natürlich und unabänderlich unterstellte Kollektive einteilenden Vorstellung Ausdruck struktureller Gewalt ist, liegt der kleinste gemeinsame Nenner des Rechtsextremismus, wobei das damit konkret benennbare völkisch-rassistische Denken die zentrale Grundidee rechtsextremer Ideologie ist (vgl. Zuber 2015), das „prototypisch für eine *Naturalisierung des Sozialen* ist" (Jäger/Jäger 1999: 174, Herv. i. Orig.) und nicht zuletzt den theoretischen Rahmen für die regelmäßigen gewalttätigen Übergriffe gegen (vermeintliche oder reale) Ausländerinnen und Ausländer bildet (vgl. Benz 1998: 35ff.; Butterwegge 2000: 13ff.). Die Variationsbreite im Rechtsextremismus reicht dabei von rassistischen Positionen, die auf einem biologistischen Differenzmodell auffußen und in der Tradition des Nationalsozialismus stehen, über völkisch-homogenisierende Vorstellungen, die einem regionalistisch-ethnisch segmentierten Europa unter dem Primat einer Volksgruppenpolitik das Wort reden bis hin zu den vor allem aus dem Spektrum der französischen *Nouvelle Droite* entwickelten Vorstellungen eines primär auf kulturellen Differenzannahmen basierenden Ethnopluralismus (vgl. Müller 1994; Salzborn 2005; Terkessidis 1995). Obgleich die konkrete Begründung der essentialistischen Differenz jeweils variiert, ähneln sich die Modelle konzeptionell:

„Unter Rechtsextremismus ist [..] die Gemeinsamkeit der Einstellungen, Verhaltensweisen und Aktionen zu verstehen, die, organisiert oder nicht, von der rassisch oder ethnisch bedingten sozialen Ungleichheit von Menschen ausgehend, nach ethnischer Homogenität von Völkern verlangt und das Gleichheitsgebot der Menschenrechtsdeklaration ablehnt. Rechtsextremismus räumt der ‚Gemeinschaft' eindeutigen Vorrang vor dem Individuum ein, verlangt die Unterordnung des Bürgers unter eine deutlich obrigkeitsgläubig orientierte Staatsräson und verwirft jeden Wertepluralismus liberaler Demokratie mit der Stoßrichtung, Demokratisierung rückgängig machen zu wollen." (Glaß 1998: 71, Fn. 2)

Gemeinsam ist den völkischen Vorstellungen der Kampf gegen das Subjekt und der Vorzug des Kollektivs vor dem Individuum. Ethnische Identität fungiert im Rechtsextremismus nicht als individuelles Identitätsangebot, sondern als kollektiver Identitätszwang – wobei der Zwang eine intern bindende und eine extern segmentierende Komponente umfasst (vgl. Luhmann 1998): den Zwang zum Einschluss und den Zwang zum Ausschluss. Damit ist der Rechtsextremismus in seinen Grundzügen immer antidemokratisch und strukturell antiliberal wie antiindividuell ausgerichtet. In Anschluss an Helmut Fröchling (1996: 87ff.) sind mit dem Antiindividualismus und Antiliberalismus die wichtigsten Grundlagen rechtsextremer Ideologie und auch ihre Hauptstoßrichtungen benannt, da sich die Argumentation gegen die prinzipielle Orientierung am freien und selbstbestimmten Individuum richtet und damit zugleich gegen ein politisches Ordnungsmodell optiert, das seinen ideellen Ausgangspunkt bei den in der Französischen Revolution postulierten Werten der Freiheit, Gleichheit und Brüderlichkeit nimmt und diese als universal geltende Menschenrechte einfordert, die wiederum als staatsbürgerliche Partizipationsrechte zu unveräußerlichen Normen eines liberal-demokratischen Verfassungsstaates zu zählen sind. Auch Christoph Butterwegge (2002: 22) benennt die Ablehnung der Aufklärung als zentrales Element rechtsextremer Ideologie:

„Rechtsextremisten möchten wieder hinter die bürgerliche Demokratie zurück und die Errungenschaften der Französischen Revolution rückgängig machen. Freiheit, Gleichheit und Geschwisterlichkeit über die Grenzen des eigenen Nationalstaates hinweg sind ihnen ein Graus."

Aus diesem antiliberalen und antibürgerlichen Gesellschaftsverständnis, das treffender als Gemeinschaftsverständnis zu titulieren ist, folgt in der rechtsextremen Argumentation die als essentiell verstandene „vorrangige Stellung des Kollektivs [...] gegenüber dem Individuum" (Gessenharter 1994: 58 f.), die mit der Forderung nach Homogenität verknüpft ist. Das Kollektiv gilt, wie Wolfgang Kreutzberger (1993: 8) es formuliert hat, als „einmalige, ‚organische' Gemeinschaft", die sich gegenüber seiner Umgebung behaupten müsse und die eine klare Strukturierung und hierarchische

Gliederung aufweise. Alle in die Zukunft weisenden Elemente, die auf ein Aufbrechen des ethnischen Paradigmas und eine Wandlung der kollektiven Gemeinschaft in eine freie Gesellschaft hinweisen, sind versehen mit dem für rechtsextreme Ideologie typischen Verdacht des Niedergangs, der Zersetzung und dekadenten Zerstörung, die oftmals als von Außen an das Kollektiv herangetragen interpretiert wird.

> *Artikel 1*
>
> Alle Menschen sind frei und gleich an Würde und Rechten geboren. Sie sind mit Vernunft und Gewissen begabt und sollen einander im Geiste der Brüderlichkeit begegnen.
>
> *Artikel 2*
>
> Jeder hat Anspruch auf alle in dieser Erklärung verkündeten Rechte und Freiheiten, ohne irgendeinen Unterschied, etwa nach Rasse, Hautfarbe, Geschlecht, Sprache, Religion, politischer oder sonstiger Anschauung, nationaler oder sozialer Herkunft, Vermögen, Geburt oder sonstigem Stand.

Abb. 3: Im Fadenkreuz des Rechtsextremismus – das Gleichheitspostulat.

Quelle: Auszug aus der Allgemeinen Erklärung der Menschenrechte (1948).

Auch Hans-Gerd Jaschke (1994: 55) beschreibt die Begriffe Volk und Natur als „axiomatische Grundprinzipien" rechtsextremer Ideologie. Natur und Natürlichkeit werden der Gesellschaft als eigenständige existenzielle Daseinsweisen gegenüber- und als ewig, übermenschlich bzw. göttlich dargestellt. Sie gelten im rechtsextremen Denken somit als „ein nicht-hintergehbares Regulativ für das menschliche Zusammenleben" (ebd.). Diese Mystifizierung und Verklärung des Natürlichen dient als konzeptioneller Kern des antidemokratischen Denkens, da das Primat des Vernunftbegriffs und der Ratio negiert wird, was andererseits wiederum das theoretische Legitimationspotenzial für die Ideologie der Ungleichheit darstellt (vgl. ebd.). In dieser fungiert das Volk, die „Volksgemeinschaft der Unfreien und Ungleichen" (Adorno 1959: 562), als historisches Subjekt und politisches Objekt, da es die Identität von Lebenszusammenhängen verbürgt und als höchste Autorität gilt. Der einzelne Mensch ist im rechtsextremen Verständnis „Diener seines Volkes", mit dem er ethnisch-völkisch und kulturell unaufhebbar verbunden ist (vgl. Jaschke 1994: 56). Als Rechtsextremismus ist insofern die Gesamtheit von politischen Programmatiken und Ideologien, Verhaltens- und Artikulationsweisen sowie Aktionen unabhängig ihres Organisierungsgrades zu verstehen, die

> *„von der rassisch oder ethnisch bedingten sozialen Ungleichheiten der Menschen ausgehen, nach ethnischer Homogenität von Völkern verlangen und das Gleichheitsgebot der Menschenrechts-Deklaration ablehnen, die den Vorrang der Gemeinschaft vor dem Individuum betonen, von der Unterordnung des Bürgers unter die Staatsräson ausgehen und die den Wertepluralismus der liberalen Demokratie ablehnen und Demokratisierung rückgängig machen wollen." (Jaschke 1994: 31)*

Zu den signifikanten Momenten rechtsextremer Zielsetzungen gehört es, den Individualismus in antimoderner und gegenaufklärerischer Absicht in Frage zu stellen und an seine Stelle ein völkisches, am homogen unterstellten Kollektiv orientiertes Weltbild zu setzen:

„Die rechtsextreme Weltanschauung ist [..] eine Art politischer Fundamentalismus, der von unverrückbaren, nicht diskursfähigen, absoluten Prinzipien lebt. Sie gelten als ewiggültige oder als von Natur aus wahr und bedürfen deshalb gar keiner rationalen Begründung. Der quasi-religiöse Glaube an Volk, Nation, Vaterland usw. tritt an die Stelle politischer Programmatiken, denen es um die Diskussion und Durchsetzung von rationalen Zielen geht. Diese Weltanschauung ist in ihrer Substanz irrational." (Jaschke 1994: 54)

Die Ideologie der Ungleichheit zielt im Innern auf ethnische/völkische Homogenität, nach Außen auf ethnische Separation. Unter diesen Prämissen finden sich im europäischen Rechtsextremismus denn auch genauso zentralistische wie regionalistische, föderale wie reichische Bewegungen (vgl. Salzborn/Schiedel 2003). Wichtig ist: Rechtsextremismus basiert immer auf geopolitischen und raumordnenden Elementen, weil Volk und Raum zusammengedacht werden – und zwar nicht in einem demokratischen Sinn als *demos*, der eben (zufällig, wandelbar und wechselhaft) als Individuum auf einem staatlichen Hoheitsgebiet lebt, sondern als *ethnos*, der (essentiell, statisch und homogen) als Kollektiv an einen existenzialistisch verstandenen (Siedlungs-)Raum fixiert ist.

Der Rechtsextremismus bezieht sich insofern auf den romantischen Volksbegriff und politisiert diesen, da eine raumordnerische Konsequenz aus der kulturellen Teilung der Menschheit in Völker und Volksgruppen gezogen werden soll. Soziale und politische Konflikte werden naturalisiert und in einen ethnischen Entstehungszusammenhang gerückt. Indem Ethnizität als essentielle Kategorie gedacht wird und zum höchsten Gut des „menschlichen Wesens" avanciert, besteht das politische Ziel in einer kompletten sozialen und politischen Segregation von Menschen entlang ethnischer Kriterien sowie in der Schaffung separierter Ethnoregionen für die einzelnen Völker und Volksgruppen. Zuwanderung und Migration werden kategorisch abgelehnt, da ein so genanntes ethnoplurales Europa sich im Innern auf ethnische Homogenität und nach Außen auf völkische Exklusion gründen soll – zur Sicherung des als natürlich stilisierten Charakters der jeweiligen „Heimatregionen". Die „ethnozentrische Rahmenideologie" stellt somit keinen Hinderungsgrund für eine kulturalistisch geprägte Definition von In- und Out-Groups dar, die sich auf eine fundamentalistische Annahme von menschlicher Ungleichheit stützt (Swyngedouw/Ivaldi 2001: 5 f.). Diese Phantasie der menschlichen Ungleichheit umfasst homogenisierende wie hierarchisierende Vorstellungen: in dem naturalistisch-kulturalistischen Weltbild des Rechtsextremismus wird auf allen sozialen und politischen Ebenen in Hierarchien gedacht, was Über- und Unterordnungsparadigmen bedingt, aus denen sich gleichermaßen ein patriarchales Geschlechterverständnis ergibt, wie rassistisch und eugenisch begründete Vorstellungen über den höheren oder niederen Wert von menschlichem Leben.[3]

Die Kehrseite des völkischen Weltbildes ist der Antisemitismus (vgl. Salzborn 2010, 2014 a), der sich als „Gerücht über die Juden" (Adorno 1951 a: 125) unterschiedlich artikuliert im Rechtsextremismus: Er reicht von offener Leugnung der Shoah oder der Relativierung der NS-Verbrechen bzw. der Aufwertung angeblicher Leistungen des NS-Regimes, der Schändung von Gedenkorten, gewalttätigen Übergriffen auf (vermeintliche oder tatsächliche) Juden, geht über die Infragestellung von (historischen) Zahlungen an Israel, des jüdischen Staates oder jüdischen Lebens im jeweiligen Nationalstaat, der Erinnerungs- und Verantwortungsabwehr sowie der Täter-Opfer-Umkehr, zahlreichen Varianten der Phantasie einer „jüdischen Weltverschwörung" (besonders präsent in der Propaganda einer jüdischen Medien- und/oder Finanzmacht) bis hin zu strukturell antisemitischen Vorstellungen, in denen homogene Heimaträume gegen universalen Kosmopolitismus geschützt werden sollen oder die Ablehnung der im rechtsextremen Weltbild mit dem Judentum assoziierten Aspekte wie Vernunft, Aufklärung, Liberalismus, Kommunismus, Urbanität, Weltgewandtheit oder Intellektualität.

In jüngerer Vergangenheit sehr präsent sind die Verknüpfungen von Antisemitismus und Antiamerikanismus, wie sie sich beispielsweise in rechtsextremen Codes wie „USIsrael", dem ZOG („Zionist Occupied Government") oder dem omnipräsenten Wahn einer Kontrolle der weltweiten Politik- und Finanzaktionen durch die „Ostküste" artikulieren – ein Wort, das für sich genommen keinen Antisemitismus oder Antiamerikanismus enthält, als sprachliche Chiffre in rechtsextremen Kreisen aber eine eindeutig verstandene, funktionale Reaktualisierung der seit Beginn des 20. Jahrhunderts populären antisemitischen Fälschung der *Protokolle der Weisen von Zion* (mit denen auf Basis von gefälschten „Protokollen" eine jüdische Weltverschwörung belegt werden sollte) darstellt (vgl. Gensing 2014) – hier nun aber weniger mit antibolschewistischer, denn antiamerikanischer Zuspitzung (vgl. Beyer 2014; Jaecker 2014).

Aufgrund der ressentimenthaften Struktur des Antiamerikanismus, die sich aus einer ambivalenten Mischung von Über- und Unterlegenheit, von Verachtung und Bewunderung, von Ohnmacht und Omnipotenz, von Rachegelüsten und Schadenfreude, von Liebe und Hass gegenüber Amerika konstituiert, zeigt sich dabei auch eine Parallele zur Wahn- und Projektionsstruktur des Antisemitismus, deren gemeinsamen Nenner mit Andrei S. Markovits (1997) in einer antimodernen Regression gesehen werden kann, bei der „Juden", „Amerika" und „die Moderne" die drei tragenden Säulen des klassischen Antisemitismus und Antiamerikanismus bilden. Auf einen ge-

3 Die Eugenik zielt auf die vermeintliche „Verbesserung" von Erbgut und war Bestandteil des nationalsozialistischen Versuches, den „Wert" von Leben zu bestimmen und so pseudowissenschaftlich zu begründen, warum es „unwertes" Leben geben soll.

meinsamen Nenner gebracht, findet sich in den antiamerikanischen wie den antisemitischen Stereotypen immer wieder die Entgegensetzung von Kultur und Zivilisation bzw. von Idealismus und Materialismus, wobei Antisemitismus und Antiamerikanismus jeweils variierende Negativ-Projektionsflächen für die völkischen Phantasien des Rechtsextremismus bilden.

Zentral für den Rechtsextremismus ist überdies sein Umgang mit Vergangenheit und Geschichte – als Legitimation des eigenen Handelns, als Vision für die Zukunft und als Appell zur binnenstrukturellen Festigung. Während im demokratischen Kontext über differente Interpretationen entlang der jeweils eigenen Interessen gestritten wird, allerdings ohne dabei vorsätzlich Fakten oder Kontexte auszublenden, ist das zentrale Charakteristikum rechtsextremer Geschichtspolitik die Halbierung der Vergangenheit, also das Infragestellen von historischer Faktizität zugunsten geschichtspolitischer Narrationen. Diese beginnen bei Formen der Entkontextualisierung und Derealisierung von Vergangenheit und gehen über die Verharmlosung bis hin zur Leugnung von Vergangenheitselementen. Da dieser Vorgang bewusst oder unbewusst erfolgen kann, ist rechtsextreme Geschichtspolitik als Phantasie über eine Wirklichkeit zu interpretieren, die in den Augen ihrer Protagonisten so hätte gewesen sein sollen bzw. müssen, um die eigenen Zukunftsvisionen heiligen und das Agieren in der Gegenwart legitimieren zu können.

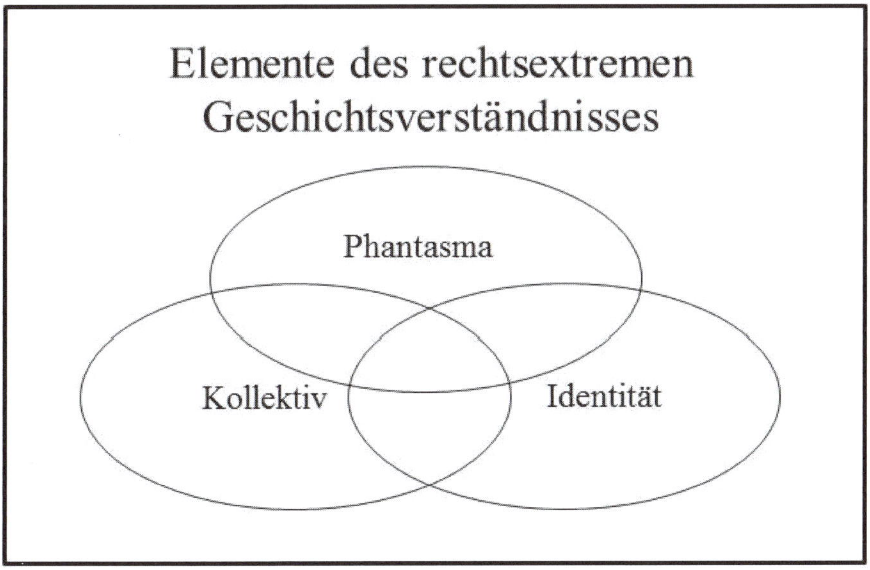

Abb. 4: Grundlagen des rechtsextremen Geschichtsrevisionismus.

Eigene Darstellung.

Bewusst ist der Prozess des Versuches der Etablierung einer Phantasiegeschichte immer dann, wenn die Akteure wissentliche Fehl- oder Teilinformationen zur historischen Legitimation ihrer politischen Anliegen verwenden, unbewusst, wenn sie überdies selbst glauben, dass ihre geschichtspolitische Phantasie tatsächlich so stattgefunden habe. Das in der geschichtspolitischen Phantasie entworfene Scheinbild der Vergangenheit kann dabei ebenso Teilaspekte der tatsächlichen Geschichte enthalten, oder auch gänzlich auf sie verzichten – je nachdem, in welchem Maße die Distanz zu demokratischen Positionen (noch) besteht. Ein signifikantes Beispiel hierfür ist die Vertriebenendebatte in Deutschland, bei der sich die Vertriebenenverbände zunehmend (wieder) offen geschichtsrevisionistischen Positionen annähern (vgl. Salzborn 2002 a; Hahn/Hahn 2010).

Da der Rechtsextremismus in seiner antipluralen Intention den kontroversen Streit um die Vergangenheit ablehnt, liegt das Ziel rechtsextremer Geschichtspolitik auch nicht in der Orientierung am Individuum und an innergesellschaftlichen Widersprüchen, die sich historisch rekonstruieren lassen, sondern an einer Kollektivierung und Homogenisierung der Erinnerung. Die autoritäre Norm duldet keine Abweichung, geschichtspolitische Bilder sind im Rechtextremismus am homogenen Kollektiv orientiert, das letztlich immer auf Exklusivität und Omnipotenz abzielt. Geschichtspolitisch fungiert die kollektive Identitätsbildung zumeist über eine Verknüpfung aus homogenisiert vorgestellter, amorpher Masse und einem mehr oder weniger stark ausgeprägten Personen- und Ritualkult (vgl. Backes 2009: 290). In dieser Form der Zurichtung von Geschichtspolitik als Kollektivgeschichte wird die generelle Unfreiheit des Individuums im Kollektiv formiert, die durch die Steigerung der Affekthaftigkeit, die Einschränkung der Intellektualität, die Aufhebung der individuellen Triebhemmungen sowie den Verzicht auf die individuelle Ausgestaltung der Neigungen bei gleichzeitiger Suggestion, die individuellen Bedürfnisse in der Masse erfüllt zu bekommen, konstituiert wird (vgl. Freud 1921: 73ff.).

Am Kollektiv orientierte Geschichtspolitik neutralisiert die individuelle Freiheit durch die Stiftung von kollektiven (historischen) Identitäten, die gleichermaßen Helden- wie Opfererzählungen inkorporieren können, in denen Konflikte um Macht, Einfluss und Ressourcen vereinheitlicht und ihrer immanenten Widersprüchlichkeit entkleidet werden: Die Kollektiverzählung geht eben nicht davon aus, dass es innerhalb des Kollektivs Widersprüche und Interessenkonflikte, Überlagerungen von Täter- und Opferrollen, Widersprüchlichkeiten in Verantwortlichkeitsfragen oder Kausalitätsinterpretationen geben kann, sondern redigiert diese *cross-cutting cleavages* (Lipset/Rokkan 1967) aus dem geschichtspolitischen Konzept heraus. Konkurrierende Interessen werden so in einer am gemeinschaftlichen Kollektiv orientierten Geschichtspolitik suspendiert und reale Konflikte negiert – die allerdings zugleich, da ihr Potenzial letztlich nicht wirklich aufgehoben werden kann, alternative Geschichtsinterpretationen generiert, in denen ihre Ausagierung symbolisch und mythisch institutionalisiert werden kann. Die deutlichsten geschichtspolitischen Ausprägungen hat dieses Konzept im Rechtsextremismus in antisemitischen Verschwörungsmythen (vgl. Salzborn 2010).

Geschichtspolitik, die antiindividuell operiert und das homogene Kollektiv in den Mittelpunkt rückt, agiert aufgrund ihrer keinen Widerspruch duldenden und keine individuelle Abweichung tolerierenden Lesart von Vergangenheit strukturell autoritär. Der rechtsextreme Gehalt besteht überdies aber auch darin, dass ein auf Mythologisierung und Heroisierung orientiertes, für alle verbindliches Geschichtsbild autoritär durchgesetzt werden soll, also keine liberalen Differenzen zwischen öffentlicher Geschichtsdarstellung und privater Erinnerung toleriert werden. Widersprüche, die in individuellen Gedächtnissen vorhanden sein können (z.B. Erinnerungen an oppositionelle oder widerständige Handlungen oder gegenläufige Interpretationen von Ereignissen), sind der rechtsextremen Intention folgend aus dem Erinnerungskanon heraus zu redigieren, Geschichte ist damit nicht mehr hinsichtlich ihrer individuellen und familiären Erinnerung vielstimmig, heterogen und durchaus streitbar, sondern autoritär gesetzt. Damit will eine rechtsextreme Geschichtspolitik, um die Terminologie von Jan Assmann (1992) aufzugreifen, eine Identität von kommunikativem und kulturellem Gedächtnis erzwingen, die institutionalisierten Erinnerungen an symbolische Fixpunkte der Vergangenheit sollen die von Zeitzeug(inn)en kommunizierte Erinnerung an die rezente Vergangenheit dominieren. Die geschichtspolitische Lesart der Vergangenheit durch den Rechtsextremismus duldet keine von dieser autoritären Setzung abweichenden Individualerinnerungen und zielt insofern auf eine Geschichtspolitik als Identitätsgeschichte, in der sich die Individualerinnerung mit der Kollektiverinnerung decken soll. Daraus ergeben sich starre Vorstellungen von geschichtspolitischer Identifizierung, die nicht reversibel sind, was darauf verweist, dass es nicht um ein individuelles Identitätsangebot geht, sondern um einen kollektiven Identitätszwang. Die homogenisierte Interpretation der Vergangenheit wird so zur kollektiven Utopie umgedeutet, in der eine scheinbare Identität von Herrschern und Beherrschten wirkt, da Widersprüche politischer und gesellschaftlicher Provenienz bereits historisch negiert werden.

Übungsaufgaben

- Rechtsextremismus basiert auf einer Ideologie der Ungleichheit. Diskutieren Sie alltägliche Beispiele, in denen dieses Weltbild (auch außerhalb des organisierten Rechtsextremismus) eine Rolle spielt.
- Was sind die Unterschiede, was die Gemeinsamkeiten zwischen einem naturalistischen und einem kulturalistischen Weltbild im Rechtsextremismus?
- Warum spielt der geschichtsrevisionistische Kampf im Rechtsextremismus eine zentrale Rolle?

Literatur zur Einführung

Wolfgang Benz: Gewalt und Ideologie, in: Helmut Reinalter/Franko Petri/Rüdiger Kaufmann (Hg.): Das Weltbild des Rechtsextremismus. Die Strukturen der Entsolidarisierung, Innsbruck/Wien 1998, S. 35-50.

Markus Birzer: Rechtsextremismus – Definitionsmerkmale und Erklärungsansätze, in: Jens Mecklenburg (Hg.): Handbuch deutscher Rechtsextremismus, Berlin 1996, S. 72-83.

Stefan Borrmann: Rechtsextremismus – Facetten eines Begriffs, in: Ost-West. Europäische Perspektiven, H. 3/2012, S. 162-238.

Christoph Butterwegge: Rechtsextremismus, Rassismus und Gewalt. Erklärungsmodelle in der Diskussion, Darmstadt 1996.

Thomas Grumke: Rechtsextremismus in Deutschland. Begriff – Ideologie – Struktur, in: Stefan Glaser/Thomas Pfeiffer (Hg.): Erlebniswelt Rechtsextremismus. Menschenverachtung mit Unterhaltungswert: Hintergründe – Methoden – Praxis der Prävention, 2. Aufl., Schwalbach 2009, S. 19-35.

Willibald I. Holzer: Rechtsextremismus – Konturen, Definitionsmerkmale und Erklärungsansätze, in: Dokumentationsarchiv des österreichischen Widerstandes (Hg.): Handbuch des österreichischen Rechtsextremismus, akt. u. erw. Neuausgabe, Wien 1994, S. 12-96.

Weiterführende Literatur

Christoph Butterwegge: Entschuldigungen oder Erklärungen für Rechtsextremismus, Rassismus und Gewalt? Bemerkungen zur Diskussion über die Entstehungsursachen eines unbegriffenen Problems, in: Ders./Georg Lohmann (Hg.): Jugend, Rechtsextremismus und Gewalt. Analysen und Argumente, Opladen 2000, S. 13-36.

Helmut Fröchling: Die ideologischen Grundlagen des Rechtsextremismus. Grundstrukturen rechtsextremer Weltanschauung. Politischer Stil, Strategien und Methoden rechtsextremer Propaganda, in: Jens Mecklenburg (Hg.): Handbuch deutscher Rechtsextremismus, Berlin 1996, S. 84-123.

Hans-Gerd Jaschke: Rechtsextremismus und Fremdenfeindlichkeit. Begriffe, Positionen, Praxisfelder, Opladen 1994.

Helmut Reinalter/Franko Petri/Rüdiger Kaufmann (Hg.): Das Weltbild des Rechtsextremismus. Die Strukturen der Entsolidarisierung, Innsbruck/Wien 1998.

Samuel Salzborn: Ethnisierung der Politik. Theorie und Geschichte des Volksgruppenrechts in Europa, Frankfurt/New York 2005.

Richard Stöss: Rechtsextremismus im Wandel, Berlin 2010.

II. Erscheinungsformen

3. Geschichte der extremen Rechten: Deutschland im europäischen Kontext

Die Geschichte des bundesdeutschen Rechtsextremismus steht im europäischen Kontext (vgl. Langebach/Speit 2013; Maegerle 2002; Melzer/Serafin 2013), da *alle* rechtsextremen Organisationen in ihrem weltanschaulichen Kern auf ein unabhängig vom geltenden Staatsangehörigkeitsrecht formuliertes Konzept des „deutschen Volkes" orientieren – ganz gleich, ob sie sich dabei der Phantasie des „deutschen Volkes" als Kulturnation, als Blutsnation, als Schicksalsgemeinschaft, als Abstammungsgemeinschaft, als homogenes Kollektiv oder als Volksgemeinschaft hingeben (siehe hierzu auch Mudde 2000; Schiedel 2011). Umgekehrt betrachtet ist ein relativ deutlicher Indikator, der fast als Lackmustest für Rechtsextremismus gelten kann, die Antwort auf Frage, wer als Deutscher angesehen wird: Die demokratische Position in dieser Frage ist, nach der Deutsche/r ist, wer die deutsche Staatsangehörigkeit besitzt; die rechtsextreme Position erweitertе den Kreis entweder (mit Blick auf angebliche Deutsche im Ausland, die Bürger/innen anderer Staaten sind, aber aus völkischen Gründen als Teil der deutschen Nation deklariert werden) und/oder verengt ihn (mit Blick auf angebliche Nicht-Deutsche, denen aus rassistischen Gründen die Zugehörigkeit zur deutschen Nation abgesprochen wird, die aber staatsrechtlich real Deutsche sind).

Die konkrete Stoßrichtung im Rechtsextremismus ist insofern jeweils unterschiedlich, zielt aber im Kern immer auf völkische Exklusivität, die innenpolitisch Out-Groups definiert und aus der deutschen Gesellschaft ausschließen und diese in eine völkisch-homogene Gemeinschaft transformieren möchte und die außen- bzw. geopolitisch eine Neuordnung des europäischen Kontinents nach völkischen Kriterien erstrebt: Dafür kann sie aus völkischen Motiven deutschen Staatsbürger(inne)n mit Migrationshintergrund absprechen, Deutsche zu sein, aus antisemitischen Gründen infrage stellen, dass Jüdinnen und Juden als Bürger/innen zur deutschen Staatsnation gehören, behaupten, dass Ausländer, die in den an die Bundesrepublik angrenzenden Gebieten leben, Deutsche seien (am resistentesten erweist sich diese rechtsextreme Ideologie mit Blick auf Österreich – oder, umgekehrt, im Blick österreichischer Rechtsextremisten, die sich als „deutschnational" sehen) oder mit Blick auf Einwanderungspolitik populistisch unterscheiden zwischen Migrant(inn)en, die dem „deutschen Volk" nutzen und solchen, die es nicht tun[1] – in allen Fällen wird damit der *Referenzrahmen Europa* tangiert, entweder (staats-)rechtlich, migrationspolitisch oder geografisch.

1 Die Paradoxie liegt darin, dass es in jeder Gesellschaft Menschen gibt, die – im Sinne eines sozioökonomischen Marktradikalismus – volkswirtschaftlich effektiv sind und solche, die es nicht sind; lehnt man aber Migration mit diesem Motiv ab, verbindet man nicht nur marktradikale mit rassistischen Positionen, sondern legt seinem Argument auch die sozialhygienische und tendenziell antisemitische Vorstellung eines genuin „nützlichen" „deutschen Volkes" zugrunde. Vgl. Schatz/Woeldike 2001.

Deutschland im europäischen Kontext[2]

Bereits unmittelbar nach Kriegsende versuchten rechtsextreme Intellektuelle eine völkische Europaidee im Rückgriff auf (prä-)faschistische Ideologien, krude „Rassenlehre“ und NS-Propaganda zu rekonstruieren. Die rechtsextreme Ideologie einer „Nation Europa”, die sich zur dritten Weltmacht aufschwingen sollte, ging auf den britischen Faschistenführer Sir Oswald Mosley zurück, der sich bereits Ende der 1940er Jahre an die Reorganisation einer braunen Internationalen machte. Die strategische Bezugnahme auf Europa im rechtsextremen Projekt knüpfte zudem an die Nazi-Propaganda von der Waffen-SS als „Vorkämpferin“ für ein „vereintes Europa” an (vgl. Kletzin 2000; Kluke 1955). 1951 gründete der vormalige SS-Sturmbannführer Arthur Erhardt die Zeitschrift mit dem programmatischen Titel *Nation Europa* (später: *Nation & Europa*). In seinem „Politischen Testament“ erklärte Erhardt, eine „europäische Großnation“ um die natürliche Führungsmacht Deutschland – notwendig aufgrund einer „blutsmäßig bedingten weitgehenden Wesensgleichheit unserer Völker“ – sei 1945 im Kampf der „europäischen Kameraden, der französischen Legion im Kampf um Berlin und der nordischen, flämischen, osteuropäischen SS-Kameraden an allen Fronten [...] mit Blut getauft“ worden (Ehrhardt 1971: 5 f.).

Man nahm dabei von Beginn an eine militante Position gegen die beiden Supermächte USA und UdSSR ein. Mit der osteuropäischen Transformation rückte 1989/90 dieser Gegensatz jedoch in den Hintergrund. Nun sollte diese „europäische Großnation“ zu neuem Bewusstsein erwachen und sich nach dem realen Sozialismus auch von der amerikanischen Hegemonie befreien: „Die Zeit ist reif für eine grundlegende Umorientierung der europäischen Völker – weg vom raumfremden, überstaatlichen Weltpolizisten, hin zu einer neuen kontinentalen Großraumordnung, die europäischen Interessen endlich Vorrang einräumt und Europa wieder in den Rang einer souverän handelnden Größe erhebt.“ (Richter 1992: 3) Die geistige Urheberschaft derartiger Forderungen war und ist evident: Carl Schmitt formulierte bereits 1939 eine *Völkerrechtliche Großraumordnung mit Interventionsverbot für raumfremde Mächte* als geopolitische Doktrin des Nationalsozialismus, die sich machtpolitisch vor allem gegen eine amerikanische Einflussnahme auf dem Kontinent orientierte (vgl. Salzborn 2008).

Die nationalen Partikularismen, welche die extreme Rechte immer wieder gegen die Europäische Union (EU) als Institution und gegen den Euro als gemeinsame Währung agitieren lassen und bis in die Gegenwart in den meisten europäischen Staaten zu Erfolgen gerade für populistisch agierende Rechtsextremisten geführt haben, verhinderten bisher zwar die Ausbildung einer institutionalisierten Zusammenarbeit über Ländergrenzen hinweg oder gar die Entstehung einer europaweit operierenden

2 Das Unterkapitel „Deutschland im europäischen Kontext“ basiert auf einer Untersuchung, die der Verf. zusammen mit Heribert Schiedel durchgeführt hat (vgl. Salzborn/Schiedel 2003).

rechtsextremen Partei (vgl. Davies/Jackson 2008; Langenbacher 2011; Minkenberg 2008; Mudde 2007). Diese dauerhafte Kooperation scheiterte neben persönlichen Eitelkeiten des jeweiligen Führungspersonals auch an unterschiedlichen Strategien hinsichtlich der anvisierten politischen Machterlangung (vgl. Frölich-Steffen/Rensmann 2005), was auch die Politikpraxis rechtsextremer Parteien im Europäischen Parlament zeigt (vgl. Osterhoff 1997). Eine gewisse Ausnahme in Bezug auf die einigermaßen dauerhafte Schaffung übernationaler Strukturen bildet lediglich der militante Neonazismus, der originär am Konzept der „weißen Rasse" festhält und gegen den „gemeinsamen Feind aller Völker", das „internationale Großkapital" kämpft (vgl. Grumke 2002: 43ff.; siehe auch Backes/Moreau 2012).

Rechtsextreme bekämpfen die EU als „amerikanische" Form der Integration und setzen ihr ein „Europa der Regionen" oder ein „Europa der Völker" bzw. „Volksgruppen" entgegen. Der Regionalismus als ethnisierende Gemeinschaftsideologie soll den (Staats-)Nationalismus ablösen und die zu schaffende „Nation Europa" im Inneren formieren und strukturieren. Nationalrevolutionäre Ideologen setzen der EU als „Brechreiz-Einheitsbrei" und „McDonald-Paradies" (Nenning 1989: 20) eine unmittelbare Heimeligkeit entgegen. Aus der Ideologiewerkstatt der FPÖ heißt es: „Das Europa der Regionen bedeutet Verwurzelung in der Heimat." (Hatzenbichler 1991 a: 8) Diese sei im „Pseudo-Nationalstaat", der es nicht vermochte, „alle Angehörigen eines Volkes in einem Staat zu vereinen", nicht gegeben (Hatzenbichler 1991 b: 16).

Statt eines pluralen politischen Systems wird ein autoritäres bzw. totalitäres angestrebt, das sich auf organische Volkstumsvorstellungen gründen soll (vgl. Hafeneger 1994; Schmidt 2001). Die Freiheit des Individuums soll infolge einer bedingungslosen Vorzugsstellung des Einheits-, Ordnungs- und Gemeinschaftsgedankens der Omnipotenz eines europäischen Reiches (quasi als „völkisch-regionaler Antinationalstaat") untergeordnet werden. Die „Nation Europa" als zentrales Motiv rechtsextremer Europaideologie formuliert einen Anspruch auf uneingeschränkte Herrschaft einer möglichst omnipotenten Macht, die in politischer und militärischer Konfrontation zur amerikanischen Hegemonie gesehen wird. Zugleich ist damit aber auch eine Projektionsfläche formuliert, die in der Ablehnung einer multikulturellen Gesellschaft besteht, mit dem von rechtsextremer Seite nach wie vor besonders die USA identifiziert werden. Als Projektionsfläche wirken hier die gemeinsamen Feindbilder – die USA und die „Globalisierer" von der dortigen „Ostküste" (ein in rechtsextremen Kreisen ubiquitär verwandter antisemitischer Code; vgl. Kap. 2) – vereinheitlichend (vgl. Greven/Grumke 2006; Grumke/Wagner 2003; Maegerle 2005; Rensmann 2008). Ein Europa der kleinen (völkischen) Einheiten und der Regionen wird, wie es beispielsweise die italienische Lega Nord betont, einem „Europa der Hochfinanz, der Profitwirtschaft, der Banken und Großkonzerne" vorgezogen (zit. n. FAZ v. 19.03.2002).

Klassifizierungsansätze zur Geschichte des Rechtsextremismus in Deutschland

Fokussiert man nun jenseits dieser europäischen Kontextualisierung des deutschen Rechtsextremismus auf die Frage nach den generalisierbaren Entwicklungslinien der Geschichte des Nachkriegsrechtsextremismus *in Deutschland*, dann lassen sich im Wesentlichen fünf Deutungsansätze erkennen, die sich teilweise ergänzen, aber punktuell auch widersprechen. Als historisch-genetische Ansätze sind die Lesarten von Armin Pfahl-Traughber, Lee McGowan und Gideon Botsch zu klassifizieren, als historisch-programmatisch ist der Ansatz von Richard Stöss und als historisch-kontextualisierend der von Wolfgang Kreutzberger zu verstehen. Gemeinsam ist allen fünf Modellen, dass sie von Entwicklungsphasen und damit voneinander abgrenzbaren Periodisierungen in der Geschichte des bundesdeutschen Rechtsextremismus ausgehen.

Armin Pfahl-Traughber (2001: 71ff.; siehe auch ders. 2006) rekonstruiert die historische Entwicklung des Rechtsextremismus in Deutschland entlang von vier Handlungs- bzw. Aktionsfeldern: Aktion – Gewalt – Kultur – Politik. Den Vorteil der Beschreibung der Geschichte des Rechtsextremismus im Wechselspiel dieser Handlungsfelder zu interpretieren, sieht er darin, einerseits wesentliche Formen des Handelns zu skizzieren, andererseits aber gerade durch Betonung der Differenzen in der Handlungsform auch die Interaktionen und Bezüge zwischen ihnen deutlich werden zu lassen. Die Politik-Phase in den 1950er Jahren (Reorganisation der Parteien) wird für Pfahl-Traughber von einer Kultur-Phase begleitet, in der wesentliche „Kulturorganisationen, Publikationsorgane und Verlage" entstehen, woran sich dann – mit dem Aufstieg der NPD in den 1960er Jahren – eine zweite Politik-Phase anschließt. Die zunehmende Relevanz der militanten Neonazi-Szene in den 1970er Jahren tangiert das Feld „Aktion", an das sich zeitgleich durch die Entwicklungen eines intellektuellen Flügels im Rechtsextremismus eine zweite Kultur-Phase anbindet. Die Aktions-Phase der Neonazi-Szene in den 1980er Jahren radikalisiert sich dann in seiner Lesart zur ersten Gewaltphase des Rechtsterrorismus, der in den 1970er Jahren beginnt und vor allem in den 1980er Jahren prägend ist. Es folgt wieder eine Politik-Phase in den späten 1980er und 1990er Jahren (DVU-Erfolge auf Landesebene), die begleitet wird von einer dritten Aktions-Phase: der Entstehung der Neonazi-Szene in den neuen Bundesländern. Fast parallel zu den Erfolgen der DVU liegen die der „Republikaner" (REP), die Pfahl-Traughber als eigene Politik-Phase charakterisiert, was allerdings innerhalb seiner Systematik wenig überzeugend ist. Die Felder Aktion und Gewalt bekommen dann – zum einen mit Blick auf die Entwicklung der Neonazi-Strukturen nach zahlreichen Verboten in den 1990er Jahren, zum anderen mit der abermaligen Entstehung rechtsterroristischer Strukturen in den 1990er/2000er Jahren – Bedeutung, wobei die Erfolge der NPD im Spannungsfeld zwischen „Aktion und Partei" vor allem in den Jahren seit der Jahrtausendwende eine weitere Politik-Phase beschreiben (was bei Pfahl-Traughber schon sehr weitsichtig anklingt, weil sein Aufsatz im Jahr 2001 veröffentlicht wurde und er damit viele der Folgeentwicklungen nur antizipieren konnte).

Lee McGowan (2002: 147ff.) formuliert die Geschichte des Rechtsextremismus in Deutschland nicht als ein Wechselspiel unterschiedlicher Handlungsfelder, sondern als einen historischen Prozess, der letztlich auf immer mehr (weltanschauliche) Radikalisierung im Sinne einer zunehmend offener werdenden Bezugnahme auf zentrale Aspekte der NS-Weltanschauung bei gleichzeitiger Zunahme von Gewaltbereitschaft und Gewalteinsatz hinausläuft. Für McGowan steht am Anfang zunächst die Phase des Wiederaufstiegs („Resurgence") in der unmittelbaren Nachkriegszeit, die – bis zum Aufstieg der NPD Mitte der 1960er Jahre – von einer Phase der Stagnation und des Sinkens unterbrochen sei, was McGowan allerdings ausschließlich mit Fokus auf den Niedergang von Wahlergebnissen (Deutsche Reichspartei, Deutsche Partei, Block der Heimatvertriebenen und Entrechteten) begründet und dabei die Organisationen der Altnazis ebenso übersieht, wie das außerparlamentarische Spektrum von Kultur- und Jugendorganisationen. Nach dem Aufstieg und Fall der NPD folgt für ihn eine Phase der Zersplitterung in den 1970er Jahren („Fractionalization"), die direkt in einen Radikalisierungsprozess Anfang der 1980er Jahre mündet und sich seither (McGowans Buch datiert auf das Jahr 2002 und berücksichtigt insofern die Folgeentwicklungen nicht mehr) in zunehmender Militanz und Militarisierung ausdrückt.

Gideon Botsch (2012) skizziert, wie McGowan, die Entwicklung des Rechtsextremismus in Deutschland in mehrere Langzeitphasen, die ebenfalls auf die Genese und damit auch den Wandel in einer entwicklungsgeschichtlichen Perspektive abheben; im Unterschied zu McGowan zeichnet Botsch aber insgesamt ein differenzierteres Bild, da er detailreicher auf die Transformationen eingeht und sie folglich in seiner Phaseneinteilung genauer fassen kann, als McGowan. Für Botsch beginnt die Geschichte des Nachkriegsrechtsextremismus mit der „Nationalen Opposition" als „Fundamentalopposition" (1949–59), die in einer „nationalen Sammlung" in und durch die NPD mündet und bis zu deren parlamentarischem Scheitern (1969) reicht. Sehr ähnlich zu McGowan sieht Botsch die 1970er Jahre auch durch die Motive der „Desintegration" und des „Wandels" bestimmt und betont die 1980er Jahre auch als Phase der Radikalisierung, legt allerdings mehr Gewicht auf das Wechselspiel zwischen „Terror und Wahlkampf", das auch bei Pfahl-Traughber anklingt, also die damit attestierbare zweigleisige Entwicklung des deutschen Rechtsextremismus, der partielle parlamentarische Erfolge bei Wahlen erzielt, aber zugleich durch massive Gewalttaten und Terrorismus in Erscheinung tritt. Diese „neonazistische Mobilisierung" charakterisiert, in Fortsetzung der Gewalttätigkeit, für Botsch dann auch die Phase von 1990 bis 1999, an die sich ein Wiederaufstieg und eine zunehmend integrierende Rolle für die NPD anschließt.

Im Unterschied zu den drei historisch-genetischen Ansätzen argumentiert Richard Stöss (2010: 31ff.) historisch-programmatisch, d.h. er identifiziert jenseits von Organisations- und Aktionsformen verbindende Momente zwischen den unterschiedlichen Segmenten des Rechtsextremismus, auf die sich diese – tendenziell und weitgehend – in ihrer Kampagnenpolitik orientiert haben. Die analytisch bemerkenswerte Idee daran ist, dass jenseits einer Phaseneinteilung mit Blick auf Organisations- und Aktionsformen das verbindende Moment *zwischen allen Spektren* deutlich wird – allerdings muss einschränkend festgehalten werden, dass bei dem Kampagnenmodell von Stöss nicht übersehen werden darf, dass beispielsweise die völkische Grundhaltung oder der Antisemitismus immer zentral waren (und sind) und letztlich alle Kampagnenthemen unterlegten, auch wenn sie nur teilweise explizit Bestandteil waren. In historischer Folge sieht Stöss fünf längerfristige Themenfelder, auf die sich die extreme Rechte in der Geschichte der Bundesrepublik orientiert hat: die „Kampagne zur Wiederherstellung des Deutschen Reichs“, die Kampagne zur Revision des Geschichtsbildes („Revisionismuskampagne“, einschließlich der Relativierung oder Leugnung der Shoah), die rassistische „Überfremdungskampagne“, die heimattümelnde und antisemitische „Antiglobalisierungskampagne“ und die gegen Muslime gerichtete „Antiislamkampagne“.

Bei letztgenannter scheint allerdings noch schwer abschätzbar, ob diese wirklich eine ähnlich integrative Funktion für das rechtsextreme Spektrum hat, wie die anderen Kampagnen (vgl. Kap. 9), weil – im Unterschied zu den vier anderen Kampagnenthemen, bei denen sich die rechtsextreme Szene inhaltlich nicht widersprochen hat – im rechtsextremen Spektrum neben den rassistisch motivierten Äußerungen gegen Muslime gleichermaßen Stimmen vernehmbar sind, die die Gemeinsamkeiten zwischen (radikalem) Islam und rechtsextremer Ideologie (Vergemeinschaftungsvorstellungen, Unterordnung der Frau, Antisemitismus, Homophobie) betonen (vgl. Weiß 2007) und so für strategische Allianzen plädieren, wie es sie historisch bereits zwischen Amin al-Husseini (dem Großmufti von Jerusalem) und Adolf Hitler gegeben hat (vgl. Küntzel 2002; Milson 2003; Perry/Schweitzer 2008; Wurst 2005).

Das historisch-kontextualisierende Modell von Wolfgang Kreutzberger (1998 a; 1998 b) ist von allen das integrativste, weil es besonders auf die Entwicklung des Rechtsextremismus im Verhältnis zur politischen Kultur, den ökonomischen Rahmenbedingungen und der sich wandelnden Gesamtparteienkonstellation orientiert. Es kann, wie auch das von Stöss, als Ergänzung zu den historisch-genetischen Ansätzen gelesen werden, die vor allem Rahmen wie Kontext der (Miss-)Erfolge der extremen Rechten *als Teil* der bundesdeutschen Politik und Kultur begreift – und sie damit nicht isoliert betrachtet.

In der ersten Phase (1945–52) wird die Entstehung rechtsextremer und rechtskonservativer Parteien sowie der Netzwerke der Altnazis dadurch begünstigt, dass der Antikommunismus den Nationalsozialismus überdauert hat und auf seiner Grundlage eine Reintegration von vormaligen Nationalsozialist(inn)en in Politik, Gesellschaft und Wirtschaft der Bundesrepublik – mit Ausnahme der vor allem die höchsten NS-Funktionseliten betreffenden Kriegsverbrecherprozesse – weitreichend möglich war.

Zugleich werden aber auch strafrechtliche Möglichkeiten zur Bekämpfung von NS-Artikulationen implementiert, ergänzt um repressive Maßnahmen wie etwa das neugefasste Bundesbeamtengesetz (1950/53) und das SRP-Verbot (1952). Den Hintergrund dieser ambivalenten Haltung – Repression bei gleichzeitiger Integration – bildete die nachhaltige NS-Prägung der gesamten Gesellschaft im Kontext der „Wiederaufbau"-Ideologie, die verbunden war mit sozialen Problemen, nicht zuletzt auch wegen der Flüchtlinge aus den ehemaligen deutschen Ostgebieten, deren politische Organisationen von Beginn an eine aggressive antikommunistische, geschichtsrevisionistische und integrationsverweigernde Rhetorik vertraten.

Die zweite Phase (1952–1960) sieht Kreutzberger geprägt vom Niedergang explizit rechtsextremer Parteien, die einerseits zu einer Integration von Rechtsextremen in kleinere Parteien (FDP, DP, BHE) führt, andererseits zu einer Ausbildung einer umfangreichen rechtsextremen Subkultur mit Traditionsverbänden, Jugendorganisationen, Zeitschriften und Verlagen. Gesellschaftlich zentral ist in dieser Phase die antisemitische „Schmierwelle" 1959/60, wobei der politische Kontext geprägt ist von einer Remilitarisierung der deutschen Gesellschaft, in dem einerseits repressiv gegen Nazi-Organisationen vorgegangen wird, zugleich aber an der Legendenbildung des militärischen (rechtskonservativen) Widerstandes gegen Hitler (20. Juli 1944) gearbeitet wird, was unter der autoritären Führung der Adenauer-Administration bei geringer politischer Partizipation der Bevölkerung und politisch motivierter Rechtsprechung mit antikommunistischer Intention im Kontext des Kaltes Krieges insgesamt günstige Gelegenheitsstrukturen für den Rechtsextremismus und seinen Wiederaufstieg in der dritten Phase (1961–70) schaffte: Hier dominierte nicht nur die NPD mit Wahlerfolgen, sondern ab Mitte der 1970er Jahre nehmen auch die antisemitischen und neonazistischen Propagandadelikte deutlich zu. Zugleich ist aber auch die Konfrontation mit dem Rechtsextremismus gesellschaftlich intensiv: Die beginnende Studierendenbewegung stellt die autoritäre Dominanz in der Politik in Frage, das Parteienspektrum mit einer übermächtigen Union erodiert, die Gesellschaft hat begonnen, sich nachhaltig durch ausländische Arbeitsmigration zu verändern, während aber die Unionsparteien mit Blick auf den Rechtsextremismus nach wie vor zwischen Repression und Integration schwanken, auch begründbar durch ihre Ablehnung der aufkommenden neuen sozialen Bewegungen.

Die lange vierte Phase (1970–85) sieht Kreutzberger ebenfalls als die der Zersplitterung und der Entstehung des Rechtsterrorismus, wobei er den Niedergang der NPD in Zusammenhang mit einer „organisatorischen Ausdifferenzierung" – der Entstehung der DVU 1971 – und einer Phase der publizistischen Konjunktur, auch und gerade in Verbindung mit der Entstehung der „Neuen Rechten" deutet. Der Fokus der öffentlichen Wahrnehmung war aber in dieser Zeit vor allem auf die politische Linke gerichtet, die durch unkonventionelle Protestformen und den massiven Linksterrorismus, vor allem der RAF, die Aufmerksamkeit für die Transformationen der extremen Rechten vergleichsweise gering ausfallen ließ, sich zugleich die Repression aber vor allem gegen Links richtete und die – nun oppositionellen – Unionsparteien im Gleichklang mit den Vertriebenenverbänden gegen die Neue Ostpolitik und für eine starke völkisch-nationale Wende eintraten, die dann mit der Regierung Kohl 1982 auch ihren Auftakt in einer „geistig-moralischen Wende“ nahm, deren Politikinhalte vor allem im Bereich der Geschichtspolitik (Bitburg, Historikerstreit) viele Überschneidungen zur extremen Rechten aufwies und diese insofern hoffähig machte. Die fünfte Phase (1985–89) schloss hieran nahtlos an, nur dass sie nun nicht mehr von einem Niedergang, sondern von neuen (Wahl-)Erfolgen rechtsextremer Parteien (DVU, REP) geprägt war, die von einem generellen Niedergang der politischen Partizipationsbereitschaft in der Bevölkerung und einer zunehmenden gesellschaftlichen Polarisierung in migrationspolitischen Fragen begleitet wurde.

Für die sechste Phase (1990–93) betont Kreutzberger insgesamt eine massive öffentliche Präsenz des Rechtsextremismus, die weniger in Wahlerfolgen, sondern in alltäglicher Gewalt zu beobachten war: von den zahlreichen Pogromen gegen Flüchtlinge und Ausländer, über das Anwachsen einer rechtsextremen Skinhead-Szene auf dem Gebiet der ehemaligen DDR bis hin zu zunehmenden Aktivitäten neonazistischer Organisationen durch Demonstrationen und Aktivitäten gegen politische Gegner („Anti-Antifa“). Geprägt von einem, so Kreutzberger, „Vereinigungspathos“, zeigten sich die Maßnahmen gegen Rechtsextremismus nicht nur pädagogisch weitgehend hilflos, sondern operierten auch strafrechtlich mit vergleichsweise milden Urteilen gegen fremdenfeindliche Gewalttäter, obgleich es auch zu neuen Vereinigungsverboten kam. Wesentliche Rahmenbedingungen waren hierbei auch, dass im Kontext der deutschen Einheit die Toleranz für fremdenfeindliche Gewalttaten in der Bevölkerung zunahm, überdies mit den Stimmen fast aller Parteien das Asylrecht drastisch eingeschränkt wurde, zugleich aber auch die linke Opposition parlamentarisch schwach war (die Grünen waren nicht im Bundestag vertreten, die PDS war keine Fraktion, sondern hatte nur Gruppenstatus). Dass die Bundesrepublik in dieser Phase auch die Ostgrenzen völkerrechtlich verbindlich anerkannt hat, war zugleich ein schwerer Schlag für das gesamte rechtsextreme Spektrum, nicht nur für die Vertriebenenverbände. In der letzten (beschriebenen) Phase (1993–98) setzte sich der Trend zu Militanz, Gewalt und Subkulturalisierung ebenso fort, wie auch eine, wie Kreutzberger sagt, öffentliche „Hinnahme-Bereitschaft gegenüber Gewalt“, wobei die konservativ-liberale Koalition zunehmend an Integrations- und Bindekraft verlor und zugleich außenpolitisch ein Trend zu einer neuen deutschen Machtpolitik zu beobachten war.

Übungsaufgaben

- Inwiefern hat der deutsche Rechtsextremismus *immer* auch eine europäische Dimension?
- Vergleichen Sie das rechtsextreme Europabild mit Europavorstellungen aus anderen politischen Spektren.
- Diskutieren Sie die Vor- und Nachteile der fünf Modelle zur Klassifizierung der Geschichte des Rechtsextremismus in Deutschland.

Literatur zur Einführung

Gideon Botsch: Die extreme Rechte in der Bundesrepublik Deutschland 1949 bis heute, Darmstadt 2012.

Martin Langebach/Andreas Speit: Europas radikale Rechte. Bewegungen und Parteien auf Straßen und in Parlamenten, Zürich 2013.

Armin Pfahl-Traughber: Rechtsextremismus in der Bundesrepublik. 4. akt. Aufl., München 2006.

Heribert Schiedel: Extreme Rechte in Europa, Wien 2011.

Weiterführende Literatur

Thomas Grumke/Bernd Wagner: Volksgemeinschaft gegen McWorld. Rechtsintellektuelle Diskurse zu Globalisierung, Nation und Kultur, Leipzig 2003.

Anton Maegerle: Globalisierung aus Sicht der extremen Rechten, Braunschweig 2005.

Ralf Melzer/Sebastian Serafin (Hg.): Rechtsextremismus in Europa. Länderanalysen, Gegenstrategien und arbeitsmarktorientierte Ausstiegsarbeit, Berlin 2013.

4. Parteien

In der unmittelbaren Nachkriegszeit fokussierten die Bestrebungen der Altnazis in der Bundesrepublik darauf, ihrer Strafverfolgung zu entgehen oder unter Annahme von Deckidentitäten bzw. in der Hoffnung, dass ihre Vergangenheit nicht ermittelt oder zumindest nicht als Problem angesehen wird, im politischen, medialen und ökonomischen Bereich weiter zu agieren, auch und gerade in Parteien, die nicht dem rechtsextremen, sondern dem konservativen bzw. liberalen Spektrum zuzuordnen waren (vgl. Kopp/Neef 2014; Nentwig/Walter 2014). Neben Versuchen der Vertuschung der eigenen NS-Vergangenheit und/oder dem Versuch, durch subtile Integration auf diesem Weg nationalsozialistisches Gedankengut im demokratischen Kontext weiter vertreten zu können, war die dritte Variante des Umgangs mit dem Nationalsozialismus, explizit in an diesen anschließenden Organisationen daran zu arbeiten, die NS-Verbrechen, insbesondere die Shoah zu leugnen, den Nationalsozialismus zu verherrlichen und an einer Wiedererrichtung eines den Nationalsozialismus plagiierenden Systems zu arbeiten.

Einen wesentlichen Anteil daran hatten die außerparlamentarischen Organisationen im neonazistischen Spektrum (vgl. Kap. 5), aber auch rechtsextremen Parteien kam von Anfang eine Schlüsselstellung hierbei zu. Während dem ersten Deutschen Bundestag (1949–1953) gleich mehrere, kleine rechtsextreme und rechtskonservative Parteien angehören, an deren Namen man sich heute kaum noch erinnert (Deutsche Partei DP; Deutsche Konservative Partei-Deutsche Rechtspartei DKP-DRP; Wirtschafts Aufbau-Vereinigung WAV; vgl. Stöss 2013: 581ff.), sind es vor allem zwei Parteien, die die ersten Nachkriegsjahrzehnte im rechten Milieu prägten: die im Oktober 1949 in Hannover gegründete Sozialistische Reichspartei (SRP) und der im Januar 1950 in Kiel gegründete Block der Heimatvertriebenen und Entrechteten (BHE – später: Gesamtdeutscher Block/BHE). Während die SRP offen an den Nationalsozialismus anschloss (vgl. Büsch/Furth 1957; Hansen 2007), verfolgte der BHE vor allem gebiets- und geschichtsrevisionistische Anliegen, verbunden mit einer innenpolitisch ausgerichteten Entschädigungsrhetorik für die Flüchtlinge aus den ehemaligen deutschen Ostgebieten (vgl. Neumann 1968). Beide Organisationen waren, bis hinauf in ihre höchsten Führungsgremien, von hochrangigen Altnazis besetzt und stellten den offensichtlichsten Ausdruck einer direkten Verknüpfung von weltanschaulichen, organisatorischen und zugleich personellen Kontinuitätslinien dar.

Für die SRP, die aufgrund ihrer nationalsozialistischen und antidemokratischen Orientierung 1952 vom Bundesverfassungsgericht als erste Partei in der Geschichte der Bundesrepublik verboten wurde, ist vor allem ihr noch Jahrzehnte später in der rechtsextremen Szene verehrter Mitgründer und stellvertretender Bundesvorsitzender Otto Ernst Remer, gegen den 1952 auch eines der wenigen (erfolglosen) Verfahren mit dem Ziel des Entzuges der Grundrechte nach Art. 18 GG vor dem Bundesverfassungsgericht angestrengt wird (dem er sich zunächst durch Flucht nach Ägypten entzieht), zentral, der im Nationalsozialismus bis zur Funktion eines Generalmajors aufstieg und an der Niederschlagung des Anschlags auf Hitler vom 20. Juli 1944 beteiligt war. Bei dem BHE, der aufgrund der erfolgreichen Vertriebenenintegration in der Bundesrepublik und der milliardenschweren Entschädigungszahlungen an die Flüchtlinge, nach und nach an Bedeutung verliert und schließlich Anfang 1961 mit der DP zur Gesamtdeutschen Partei fusioniert, hat eine ähnlich charismatische Funktion Theodor Oberländer, im zweiten Kabinett Adenauer Bundesminister für Vertriebene, Flüchtlinge und Kriegsgeschädigte. Oberländer war bereits am 9. November 1923 mit Hitler zur Feldherrnhalle marschiert und unter anderem Reichsführer des Bundes Deutscher Osten, Gauamtsleiter der NSDAP, SA-Führer und Leiter des Landesverbandes Ostpreußen des Vereins für das Deutschtum im Ausland (vgl. Salzborn 2001: 131ff.). Hochrangige BHE-Politiker wie Linus Kather, der auch an Schlüsselstellungen bei den Vertriebenenverbänden agiert hat, wechseln später auch zur NPD.

Nach dem SRP-Verbot fehlt es in der rechtsextremen Szene an integrativer Kraft, die rechtsextremen Organisationen in den 1950er Jahren orientieren entweder von vornherein nicht auf parteipolitische Aktivitäten oder sind faktisch ohne nennenswerte Einflüsse auf das parlamentarische System. Das ändert sich mit der Parteigründung der Nationaldemokratischen Partei Deutschland (NPD) 1964 in Hannover, die von Anfang an das rechtsextreme Spektrum zusammenführen will, so dass sich neben ehemaligen Angehörigen der NSDAP, der Waffen-SS auch vorherige Mitglieder der verbotenen SRP an der Gründung beteiligen (vgl., auch zum Folgenden: Bergsdorf 2007; Hoffmann 1999; Kurth 2011 a; Virchow/Dornbusch 2008). Nach erfolgloser Kandidatur bei der Bundestagswahl 1965 zog die NPD in den Folgejahren mit Ergebnissen zwischen 5,8 und 9,8 Prozent in sieben Landtage ein (vgl. Kap. 10), scheiterte aber bei der Bundestagswahl 1969 mit 4,3 Prozent knapp. Dieser Misserfolg leitete den vorläufigen Niedergang der NPD ein, was durchaus symptomatisch für das rechtsextreme Parteienspektrum ist, in dem entweder Kleinstparteien ohne jede Bedeutung agieren, oder – im Falle von zeitweiligen parlamentarischen Erfolgen – ein punktuelles Scheitern immer sofort zu nachhaltigen Verwerfungen und Konflikten im gesamten rechtsextremen Spektrum führt. So verlor auch die NPD nach und nach alle ihre Landtagsmandate und damit ihre integrative Kraft: Während die einen den Ansatz der NPD für intellektuell zu anspruchslos hielten und – vor allem aus den süddeutschen Landesverbänden – die Aktion Neue Rechte (vgl. Kap. 7) initiierten und nationalrevolutionäre Ansätze verfolgten, war den anderen der Ansatz der NPD zu legalistisch und als systemkonform verpönt, so dass sie sich in Richtung des (militanten) Neonazismus orientierten (vgl. Kap. 5).

Mit der Wahl des Holocaust-Leugners Günter Deckert zum Parteivorsitzenden begann 1991 die Rückorientierung der NPD an das neonazistische Spektrum, wobei vor allem Udo Voigt die Partei wieder für das militante und aktionistische Milieu öffnete. 1996/97 werden entsprechende Unvereinbarkeitsbeschlüsse gekippt, Voigt betont, dass es mit ihm keine „zweite Entnazifizierung“ innerhalb der NPD geben werde (vgl. Steiner 2012). Seither hofiert die NPD Führungsfiguren von (auch verbotenen) Neonazi-Organisationen, die in den 1990er Jahren in hohe Parteiämter aufsteigen, was letztlich eine Rückorientierung an den Beginn der Parteigeschichte ist (vgl. Botsch/Kopke 2009; Röpke/Speit 2009). Mit ihren parlamentarischen Erfolgen in Ostdeutschland, respektive in Sachsen (2004: 9,2 Prozent; 2009: 5,6 Prozent) und Mecklenburg-Vorpommern (2006: 7,3 Prozent) verlagert sich der organisatorische Schwerpunkt der NPD in den Osten, ihre Erfolge feiert sie vor allem in strukturschwachen Regionen, in geografischen Randlagen, die ländlich und kleinstädtisch geprägt sind, in denen die NPD auch zunehmend versucht, als Initiator einer sozialen Bewegung von rechts aktiv zu werden (vgl. Kap. 14).

Dass noch heute über die juristische Möglichkeit (nicht die politische Sinnhaftigkeit: die ist, mit Blick auf die Diskussion über erfolgreiche Präventions- und Repressionsstrategien, streitbar; vgl. Kap. IV) eines Parteienverbots der NPD diskutiert wird, hat weniger mit der aus wissenschaftlicher Perspektive offensichtlich gegebenen Demokratie- und Verfassungsfeindlichkeit der Partei zu tun, sondern mehr mit der Frage der Rolle und des Einflusses von V-Leuten des Verfassungsschutzes in der NPD, wegen deren Aktivitäten auch das erste Verfahren 2003 aus formalen Gründen eingestellt wurde (vgl. Fischer 2001; Leggewie/Meier 2002). Seitdem der Bundesrat im Dezember 2013 einen erneuten NPD-Verbotsantrag beim Bundesverfassungsgericht eingereicht hat, der besonders die hohe programmatische Identität von NPD und NSDAP betont, zeigen sich in der NPD erhebliche Selbstzerfleischungstendenzen und mehr oder weniger offene Präventivreaktionen auf das drohende Verbot: Diese reichen von persönlichen Diffamierungen innerhalb der Partei, gehen über ein Wechselspiel von Ämterrücktritten und damit verbundenen Neubesetzungen, Austritten oder Umorientierung von Funktionsträgern in Richtung anderer Parteien, wie der bereits 2012 gegründeten neonazistischen Kleinstpartei „Die Rechte".

Die Jahre der zwischenzeitlichen Erfolglosigkeit der NPD sind zugleich die Jahre, in denen andere rechtsextreme Parteien von sich reden machen (vgl. Mecklenburg 1999 a; siehe hierzu auch Arzheimer 2008): die Deutsche Volksunion (DVU) und die Republikaner (REP). Die DVU (vgl. Fischer 1999; Holtmann 2002; Linke 1994; Obszerninks/Schmidt 1998), mehr oder weniger das Privatprojekt des Münchner Verlegers Gerhard Frey in Verbindung mit seinem rechtsextremen Zeitungsimperium um die *National-Zeitung*, beginnt 1971 zunächst als Verein und wird erst 1987 als Partei gegründet, erhält durch eine Fusion von Verein und Partei aber schlagartig Mitgliederzuwachs. Nach Erfolgen in Norddeutschland (1991 Bremen: 6,2 Prozent, 1999: 3,0 Prozent, 2003: 2,3 Prozent, 2007: 2,7; 1992 Schleswig-Holstein: 6,3 Prozent) ist auch die DVU vor allem im Osten bei Wahlen erfolgreich (1998 Sachsen-Anhalt: 12,9 Prozent, 1999 Brandenburg: 5,3 Prozent, 2004 Brandenburg: 6,1 Prozent), agiert aber parlamentarisch fast immer dilettantisch und aufgrund ihrer direkten Abhängigkeit von ihrem Vorsitzenden oft ohne jede Bindung an ihre eigene Klientel. Mit dem Rückzug von Frey vom Parteivorsitz 2009 verlor die Partei ihre Orientierung und fusionierte 2010/11 mit der NPD.

Während die DVU für eine Verharmlosung der Verbrechen des Nationalsozialismus und eine glühende Verehrung soldatischer Traditionen in Verbindung mit einem offenen und plumpen Rassismus und Antisemitismus stand, agieren die REP (vgl. Jaschke 1993; Kellershohn 1992), die von abtrünnigen CSU-Politikern und dem Rundfunkjournalisten und ehemaligen SS-Angehörigen Franz Schönhuber in Bayern gegründet werden und ausschließlich in Süddeutschland parlamentarisch erfolgreich sind (Baden-Württemberg 1992: 10,9 Prozent und 1996: 9,1 Prozent) in ihrer Strategie oft populistisch, unter anderem mit national-chauvinistischen Begründungen gegen die Europäische Integration, den Euro als Währung oder für die Stärkung direktdemokratischer Elemente wie Volksbefragungen, insbesondere bei europapolitischen Themen, aber auch vielfältig mit rassistischen Positionen, die sich an einer völkischen Heimatideologie und einer geschürten Überfremdungsangst orientieren. Die

Wahlerfolge von DVU und REP sind, wie Richard Stöss (2012) mit Blick auf die rechtsextremen Parteien insgesamt schreibt, „kurzfristig und unbeständig". Gerade in der Tradition der REP folgen immer wieder populistisch agierende Parteien, die vor allem eine Agitation gegen die Europäische Integration mit einer nationalsouveränistischen Positionierung verbinden, wie der Bund freier Bürger – Offensive für Deutschland (BfB-OfD), die Partei Rechtsstaatliche Offensive, die Pro DM-Partei oder die Alternative für Deutschland (AfD).

Ob sich die AfD nach ihren ersten Wahlerfolgen im Jahr 2014 bei der Europawahl (7,1 Prozent) und besonders – wie vor ihr DVU und NPD – in Ostdeutschland (Sachsen: 9,7 Prozent; Brandenburg: 12,2 Prozent und Thüringen: 10,6 Prozent), bereits etabliert hat, kann allein schon deshalb nicht gesagt werden, weil auch der knappe Erfolg im Stadtstaat Hamburg (2015: 6,1 Prozent) ebenfalls auf rechte Wahltraditionen zurückverweist (Partei Rechtsstaatliche Offensive) und sich erst bei einer Wahl ohne längere rechte Tradierungen zeigen wird, ob die AfD ein Potenzial mobilisieren kann, das über das bekannte Maß im rechten Milieu hinausgeht.

Neu ist der Ansatz der AfD insofern nicht – allerdings sind die Gelegenheitsstrukturen für die AfD günstiger, als noch für den BfB-OfD oder die Pro DM-Partei: Zum einen begann der medial durch eine ungewöhnlich wohlwollende und intensive Berichterstattung begleitete Aufstieg der AfD in einer Phase, in der für die Ausrichtung der AfD günstige Wahlen (Europa, Landtagswahlen in Ostdeutschland) anstanden, bei denen es rechten Parteien generell leichter fällt, ihre Anhänger zu mobilisieren (Europawahl) bzw. bei denen die Zahl potenziell rechter Wähler/innen vergleichsweise hoch ist (Ostdeutschland); zum anderen befand sich die NPD durch die neuerliche Verbotsdiskussion und interne Macht- und Richtungskämpfe in einer parteiinternen Krise, die DVU war zerfallen, so dass dieses organisatorische Vakuum, das im rechtsextremen Spektrum selbstverschuldet entstanden war und agitatorischen Raum gerade für eine migrations- und europafeindliche Partei hinterlassen hat, der AfD zugutekam.

Außerdem fiel die europafeindliche Rhetorik der AfD zusammen mit einer (Finanz-)Krise der Europäischen Union, auf die die AfD zwar keine konsistenten Antworten zu bieten hat, dies aber durch ihre Selbstinszenierung als Partei des Sachverstandes und der Wirtschaftskompetenz suggeriert. Es gibt aber, so David Bebnowski (2013: 158), keine „neutrale ökonomische Expertise", keine „unideologische wirtschaftswissenschaftliche Wahrheit". So basiert auch das programmatische Gerüst der AfD nur auf der Lüge der Ideologiefreiheit, setzt sich tatsächlich aber zusammen aus sehr heterogenen Versatzstücken unterschiedlicher Denkschulen des Neoliberalismus und des Konservatismus, die nur dadurch miteinander verbunden sind, dass sie zum einen marktradikal und staatsfeindlich, zum anderen antiegalitär und antisozial sind. Die ideologische Grundposition der AfD ist nicht nur neoliberal, sondern umfasst auch Elemente des Konservatismus, denn ihrem Marktradikalismus entspricht kein politischer Liberalismus. Während die Freiheit der Wirtschaft und die Freiheit zur Realisierung von Unternehmensprofiten radikal eingefordert wird (bei gleichzeitiger, verschwörungstheoretische Züge annehmender Agitation gegen Banken und Staat), soll die Freiheit des Individuums extrem eingeschränkt werden – dies zeigt sich beim Thema Migration ebenso wie bei der Ablehnung von gleichgeschlechtlichen Partnerschaften oder der Glorifizierung der traditionellen Familie (vgl. Bebnowski 2015; Häusler/Roeser 2015).

Zugleich kokettiert die Ideologie des wirtschaftswissenschaftlichen Expertentums auch mit der Idee der gelenkten und gesteuerten Demokratie, in der vermeintlich neutrale Experten Entscheidungen treffen – und nicht Mehrheiten. Dass diese Experten demokratisch nicht legitimiert sein können, macht die Argumentation der AfD, (direkt-)demokratische Legitimation erweitern zu wollen, zu einem Selbstwiderspruch: argumentativ schließt sie sich aus und zeigt damit, dass die AfD vor allem damit nicht einverstanden ist, dass ihre eigene, konservativ-marktradikale Position nicht hegemonial ist, unterstellend, dass diese der „wahre" Wille des Volkes sei. Ideengeschichtlich fußt dieses Argument, in dem direkte Demokratie eingefordert wird, allerdings diejenigen, die sie einfordern, vorher schon zu wissen vorgeben, was denn das Ergebnis direktdemokratischer Beteiligung sein soll, auf Überlegungen von Carl Schmitt – dem wichtigsten Protagonisten der Konservativen Revolution in der Weimarer Republik und einem der zentralen Vordenker des Nationalsozialismus. Schmitt (1923, 1932) hatte den Weimarer Parlamentarismus scharf kritisiert und zwei Motive gegen die repräsentative Demokratie in Stellung gebracht: Die Einforderung von mehr direktdemokratischen Momenten in Verbindung mit einer Person, die diesen „Volkswillen" zu erspüren in der Lage sei, so dass das Volk gar nicht mehr abstimmen muss, weil sein Wille „erfühlt" werden kann. Im Ergebnis ist ein solches Modell also nicht nur die Suspendierung von Partizipation, sondern auch die Installation einer mächtigen Führungsperson gegen die Demokratie (vgl. Salzborn 2015 a: 53ff.).

Vor diesem Hintergrund die AfD mit dem inhaltsleeren Etikett des „Rechtspopulismus" zu versehen, beschreibt zwar einen Teil ihrer politischen Strategie, verharmlost aber damit zugleich ihre politische Programmatik und ihre objektive gesellschaftliche Funktion als „Türöffnerin nach Rechts" (vgl. Kurth/Salzborn 2014). Kai Arzheimer (2015: 17) hat auf Grundlage einer quantitativen und qualitativen Analyse insofern auch zurecht darauf hingewiesen, dass die AfD „is indeed located at the far-right end of Germany's political spectrum because of its nationalism, its stance against state support for sexual diversity and gender mainstreaming, and its market liberalism." Und Sebastian Friedrich (2015: 101) spricht, die funktionale Rolle der AfD betonend, von einem „neokonservativen Hegemonieprojekt", das die AfD verfolge und betont dabei besonders das „mediale Bündnis" der AfD mit der Wochenzeitung *Junge Freiheit*, aber auch mit rechtsextremen Internetblogs. Ob die AfD sich dabei längerfristig im Politischen System der Bundesrepublik wird etablieren können oder ob es sich bei ihr abermals um eines der kurzfristigeren parlamentarischen Intermezzi am rechten Rand handelt, ist noch offen.

GG Art. 21

(1) Die Parteien wirken bei der politischen Willensbildung des Volkes mit. Ihre Gründung ist frei. Ihre innere Ordnung muß demokratischen Grundsätzen entsprechen. Sie müssen über die Herkunft und Verwendung ihrer Mittel sowie über ihr Vermögen öffentlich Rechenschaft geben.

(2) Parteien, die nach ihren Zielen oder nach dem Verhalten ihrer Anhänger darauf ausgehen, die freiheitliche demokratische Grundordnung zu beeinträchtigen oder zu beseitigen oder den Bestand der Bundesrepublik Deutschland zu gefährden, sind verfassungswidrig. Über die Frage der Verfassungswidrigkeit entscheidet das Bundesverfassungsgericht.

(3) Das Nähere regeln Bundesgesetze.

PartG § 1

(1) Die Parteien sind ein verfassungsrechtlich notwendiger Bestandteil der freiheitlichen demokratischen Grundordnung. Sie erfüllen mit ihrer freien, dauernden Mitwirkung an der politischen Willensbildung des Volkes eine ihnen nach dem Grundgesetz obliegende und von ihm verbürgte öffentliche Aufgabe.

(2) Die Parteien wirken an der Bildung des politischen Willens des Volkes auf allen Gebieten des öffentlichen Lebens mit, indem sie insbesondere auf die Gestaltung der öffentlichen Meinung Einfluß nehmen, die politische Bildung anregen und vertiefen, die aktive Teilnahme der Bürger am politischen Leben fördern, zur Übernahme öffentlicher Verantwortung befähigte Bürger heranbilden, sich durch Aufstellung von Bewerbern an den Wahlen in Bund, Ländern und Gemeinden beteiligen, auf die politische Entwicklung in Parlament und Regierung Einfluß nehmen, die von ihnen erarbeiteten politischen Ziele in den Prozeß der staatlichen Willensbildung einführen und für eine ständige lebendige Verbindung zwischen dem Volk und den Staatsorganen sorgen.

(3) Die Parteien legen ihre Ziele in politischen Programmen nieder.

(4) Die Parteien verwenden ihre Mittel ausschließlich für die ihnen nach dem Grundgesetz und diesem Gesetz obliegenden Aufgaben.

Abb. 5: Verfassungsrechtliche Grundlagen für Parteien in der Bundesrepublik.

Quelle: Grundgesetz für die Bundesrepublik Deutschland (GG) und Gesetz über die politischen Parteien (PartG).

Die parteipolitische Unbeständigkeit zeigt sich auch mit Blick auf die rechtsextremen Kleinstparteien, die in der Geschichte der Bundesrepublik den Parteienstatus ausschließlich als Deckmantel gebraucht haben, um offen neonazistische Positionen zu vertreten und entweder nie oder nur sporadisch oder ohne einen echten Wahlkampf und damit ohne die reale Absicht, parlamentarisch tätig zu werden, agiert haben. An besonders prominenter Stelle ist hier die Freiheitliche Deutsche Arbeiterpartei (FAP) zu nennen, die vor allem um ihren charismatischen, aber in der Szene auch wegen seiner Homosexualität angefeindeten, Michael Kühnen agierte, der seit Mitte der 1980er Jahre die FAP maßgeblich beeinflusst und zahlreiche Kader des bundesdeutschen Rechtsextremismus, die heute noch an Schlüsselstellen agieren, geschult hat (vgl. Kniest 2000). Die FAP trat nicht nur weltanschaulich offen neonazistisch auf, sondern propagierte auch den am Vorbild der SA angelehnten Kampf auf der Straße und trat schon in den 1980er Jahren mit medienwirksam inszenierten Aktionen, vor allem im Bereich der Holocaust-Leugnung, in Erscheinung. Bis zu ihrem Verbot 1995 – nicht als Partei, sondern als Vereinigung: weil sie eben die gesetzlichen Kriterien, die an eine Partei angelegt werden, nie erfüllt hat und deshalb faktisch keine Partei war – agiert die FAP mit ihren Umfeld- und Vorfeldorganisationen als Kaderschmiede des bundesdeutschen Neonazismus; ihre ehemaligen Funktionäre sind heute noch in einem weiten Netzwerk des bundesdeutschen Rechtsextremismus aktiv, das von der NPD über die Kameradschaften, die Fußball- und Hooliganszene bis hinein in die Burschenschaften reicht.

Übungsaufgaben

- Erfüllen rechtsextreme Parteien – formal wie inhaltlich – die verfassungsrechtlichen Anforderungen, wie sie vom Grundgesetz und vom Parteiengesetz formuliert werden?
- Welche Faktoren spielen für die wechselhaften Auf- und Abstiege rechtsextremer Parteien eine Rolle? Berücksichtigen Sie interne und externe Aspekte.
- Diskutieren Sie Vor- und Nachteile von Parteienverboten als Instrument zur Bekämpfung von Rechtsextremismus.

Literatur zur Einführung

Alexandra Kurth (Hg.): Die NPD. Fakten – Hintergründe – Kritik, Gießen 2011.

Jens Mecklenburg (Hg.): Braune Gefahr. DVU, NPD, REP – Geschichte und Zukunft, Berlin 1999.

Richard Stöss: Der rechte Rand des Parteiensystems, in: Oskar Niedermayer (Hg.): Handbuch Parteienforschung, Wiesbaden 2013, S. 563–618.

Weiterführende Literatur

Kai Arzheimer: Die Wähler der extremen Rechten 1980–2002, Wiesbaden 2008.

Andrea Röpke/Andreas Speit (Hg.): Neonazis in Nadelstreifen. Die NPD auf dem Weg in die Mitte der Gesellschaft?, Bonn 2009.

Richard Stöss: Rechtsextremismus im Wandel, Berlin 2010.

5. Neonazismus, militante Organisationen und Rechtsterrorismus

Die strukturell gewaltförmige Dimension rechtsextremer Weltanschauung äußert sich in einem erheblichen Teil des organisierten Rechtsextremismus auch in einer aktiv gewalttätigen Praxis. Während rechtsextreme Parteien ihre Ziele (nicht ausschließlich, aber auch) auf parlamentarischem Weg verfolgen, orientieren die neonazistischen Gruppierungen im außerparlamentarischen Bereich auf die Durchsetzung ihrer Ziele mit Gewalt und Terror – getreu des historischen Vorbildes aus den 1920er Jahren, etwa der faschistischen Kampfbünde in Italien oder der SA in Deutschland, wobei das Zusammenspiel von illegalem und legalem Agieren, also zwischen Militanten und Partei(en), nicht nur in der Nachkriegsgeschichte, sondern auch schon historisch zu beobachten war.

Im Spektrum der militanten Organisationen und des Rechtsterrorismus wird die demokratiefeindliche Ausrichtung aggressiv vertreten und handfest spürbar. Rechtsextreme Parteien lassen sich, mitunter auch aus strategischen Erwägungen, auf den legislativen Rahmen der parlamentarischen Demokratie zumindest soweit ein, als sie sich mit ihrem Handeln den Regularien – und damit auch den Kontrollmechanismen, wie sie Grundgesetz und Parteiengesetz für Parteien formulieren – unterwerfen. Insofern wird ihre faktische Gegnerschaft zur Demokratie zumindest punktuell gebrochen – die zahlreichen Strafermittlungsverfahren und rechtskräftige Verurteilungen, nicht nur gegen Mitglieder und Funktionäre, sondern auch gegen Abgeordnete von rechtsextremen Parteien (allein in der NPD waren zum Zeitpunkt des zweiten Verbotsantrags im Jahr 2013 etwa ein Drittel der Funktionäre vorbestraft; vgl. Kopietz 2013), zeigen freilich, dass der antidemokratische Geist oft nicht nur inhaltlich vorhanden ist, sondern auch das Handeln prägt. Die außerparlamentarischen Gruppen und militanten Organisationen des Rechtsextremismus stehen hingegen in grundsätzlicher Fundamentalopposition zum „System" – wie die Demokratie im Szenejargon abwertend genannt wird.

Sieht man vom rechtsintellektuellen Spektrum (vgl. Kap. 7) ab, dann trifft diese Klassifizierung als pronazistische Fundamentalopposition grundsätzlich auf fast alle rechtsextremen Gruppierungen zu, die nicht *kontinuierlich* parteipolitisch bzw. parlamentarisch agieren – egal, ob es sich um eine kleine Kameradschaft, eine militante Wehrsportgruppe, eine soldatisch-bündische Jugendorganisation im Nachfolgeverständnis von Hitler-Jugend (HJ) bzw. Bund Deutscher Mädel (BDM), rechte Skinheads oder um organisierte Terroristen handelt. Gemeinsam ist diesen Gruppen, dass sie einen positiven Bezug auf den Nationalsozialismus formulieren, die NS-Zeit verherrlichen und ihr Ziel in der Wiedererrichtung einer den Nationalsozialismus kopierenden politischen Ordnung besteht. Systematisch muss in diesem Spektrum jedoch hinsichtlich der quantitativen wie qualitativen Gewaltausrichtung unterschieden werden: Die nicht nur hypothetische, sondern reale Gewaltbereitschaft und Gewalttätigkeit umfasst (aktiv ausgeübte oder demonstrierte) Militanz, (punktuelle oder fortwährende) Gewalt und (systematischen und organisierten) Terror(ismus). Die Geschichte des neonazistischen Rechtsextremismus zeigt, dass die Grenzen zwischen diesen Formen immer fließend waren und wenn überhaupt bei einzelnen Gruppierungen vorhanden, dann stets nur punktuell und strategisch (vgl. Röpke/ Speit 2013).

Mit Blick auf die politischen Agitationsformen des militanten und neonazistischen Rechtsextremismus zeigt sich, dass die Adressaten der Agitation und Aktion von denen in der demokratischen Öffentlichkeit grundsätzlich abweichen: Der Neonazismus adressiert *nicht* primär an ein breites Publikum, das von den eigenen Positionen überzeugt werden soll, im Gegenteil; die strategische Zielrichtung orientiert auf ein alternatives Kommunikationsmodell, das nur auf Teilsegmente der Öffentlichkeit zielt. Dabei geht es einerseits darum, die eigene In-Group, die „Szene", die neonazistischen Zirkel zu erreichen und innerhalb dieser für Information und Austausch zu sorgen, andererseits aber – gerade im Bereich der Symbolpolitik – auch darum, bei den als Feinden ausgemachten Personen durch Gewalttätigkeit Angst und Schrecken zu verbreiten: Beim politischen Gegner, insbesondere antifaschistischen Gruppen, unter Migrantinnen und Migranten bzw. Deutschen mit Migrationshintergrund, bei Jüdinnen und Juden, Sinti und Roma, Obdachlosen oder Homo- und Transsexuellen.

Ihren operationalen Hintergrund hat die neonazistische Szene in Organisationen, die in der unmittelbaren Nachkriegszeit gegründet wurden und – personell wie weltanschaulich – positiven Bezug auf den Nationalsozialismus genommen haben. Hierzu zähl(t)en die Stille Hilfe für Kriegsgefangene und Internierte und die ODESSA, die konspirativ Altnazis zur Flucht und Schaffung neuer Identitäten verhalfen bzw. inhaftierte Nazi-Verbrecher betreuten, die HIAG und die OdR als Schaltstellen für Altnazis, die nicht inhaftiert und auch nicht abgetaucht waren, aber auch und ganz besonders die SRP, die unter ihrem Dach als zunächst legale Partei bis zum Verbot 1952 versuchte, in direkter programmatischer Anlehnung an die NSDAP, die Altnazis in der Bundesrepublik neu zu organisieren. Von diesen Organisationen gingen wesentliche Impulse für die Reorganisation eines militanten Neonazismus aus (vgl. Schröm/Röpke 2001; Wilke 2011), weil sie aufgrund ihrer affirmativen Haltung zum NS-Regime in Verbindung mit der Relativierung oder Leugnung der Shoah und gleichzeitiger prinzipieller Ablehnung der Demokratie den weltanschaulichen Akzeptanzraum für die später entstehenden neonazistischen Organisationen bereitet haben (vgl. Braunthal 2009; Dudek/Jaschke 1984).

HIAG: Hilfsgemeinschaft auf Gegenseitigkeit – Bundesverband der Soldaten der ehemaligen Waffen-SS
ODESSA: Organisation der ehemaligen SS-Angehörigen
OdR: Ordensgemeinschaft der Ritterkreuzträger des Eisernen Kreuzes
SRP: Sozialistische Reichspartei
Stille Hilfe für Kriegsgefangene und Internierte

Abb. 6: Schlüsselorganisationen der Altnazis in der frühen Bundesrepublik.

Eigene Zusammenstellung auf Basis von Mecklenburg (1996) und Grumke/Wagner (2002).

Zwei weitere Kontexte sind wesentlich zur Charakterisierung der militanten, neonazistischen Dimensionen im bundesdeutschen Rechtsextremismus: Zum einen, dass neben der Gewaltakzeptanz und Gewaltbereitschaft durch eine geschichtsrevisionistischen Grundierung Kultur- und Publizistikorganisationen bzw. pseudowissenschaftliche Einrichtungen (DKEG, GfP, ZFI, VRBHV) als organisatorische Scharniere zwischen Parteien und Militanten fungieren, an denen kontinuierlich Austausch und Vernetzung zwischen den Spektren vollzogen wird; zum anderen, dass paramilitärische Jugendorganisationen (WJ, BHJ, HDJ) nicht nur die Vermittlung von nationalistischen, soldatischen und völkisch-bündischen Grundüberzeugungen bereits bei Kindern vornehmen, sondern diese im Rahmen von Ferienlagern und kasernierten Schulungen für das NS-Weltbild in seiner unmittelbaren Militanz sozialisieren (vgl. Röpke 2008, 2010). Seit Mitte der 1980er Jahren kam überdies für das neonazistische Spektrum mit Blick auf sozialisatorische Aspekte das Skinhead- und Hooligan-Spektrum hinzu, das durchaus heterogen ist (und gerade mit Blick auf die Entstehung der Skinhead-Bewegung Anfang der 1970er Jahre in Großbritannien zwar in einem ohne Zweifel martialischen, aber zunächst eher dem sozialistischen [Arbeiter-]Spektrum nahestehenden proletarischen Männlichkeitskult seine Ursprünge hatte), aber in einem nicht kleinen Teil offen für vulgär-nazistische Dominanzpositionen in Verbindung mit aggressiven Männlichkeitskulten (vgl. Bredel 2002; El-Nawab 2001; Farin/Seidel 1995) und über die Verbindung zum Rechtsrock, insbesondere das Netzwerk Blood & Honour, ein erweitertes und um den zunächst vorpolitischen Bereich der Musik nachhaltig wirkendes Agitationsfeld darstellt (vgl. Kap. 6).

B&H: Blood & Honour
BHJ: Bund Heimattreue Jugend
DKEG: Deutsches Kulturwerk Europäischen Geistes
GfP: Gesellschaft für freie Publizistik
HDJ: Heimattreue Deutsche Jugend
VRBHV: Verein zur Rehabilitierung der wegen Bestreitens des Holocaust Verfolgten
WJ: Wiking Jugend
ZFI: Zeitgeschichtliche Forschungsstelle Ingolstadt

Abb. 7: Organisatorische Schnittstellen zwischen Neonazismus und rechtsextremen Parteien.

Eigene Zusammenstellung auf Basis von Mecklenburg (1996) und Grumke/Wagner (2002).

So gestaltet sich der militante und neonazistische Flügel des Rechtsextremismus auf der verbindenden Basis einer positiven Bezugnahme auf den Nationalsozialismus und einer grundsätzliche Ablehnung der Freiheitlich-Demokratischen Grundordnung der Bundesrepublik, die verbunden wird mit dem Ziel eines Wideraufbaus der NSDAP – für den die SRP stand und der seit den frühen 1970er Jahren von der NSDAP-AO (Auslands- und Aufbauorganisation, mit Sitz in Lincoln/Nebraska) logistisch und propagandistisch forciert wird – vor diesem organisatorischen Hintergrund als ein weit verzweigtes Netz von zahllosen Organisationen und Gruppierungen. Deren nominelle Existenz ist zum Teil nur kurzweilig, die Gruppierungen benennen sich immer wieder um und reorganisieren sich (auch nach Verboten) und wandeln ihre konkrete Organisationsform, sind sich dabei aber vor allem darin einig, dass sie politische Herrschaft durch Gewalt – und nicht durch Wahlen (also nicht durch mehrheitliche Zustimmung der Bevölkerung) – erringen wollen. Zu Bruchlinien im militanten Spektrum kommt es dabei immer wieder entlang der Frage der Wortgläubigkeit bzw. der Linientreue: Während einige den Nationalsozialismus für unumstößlich und unhinterfragbar halten, zweifeln andere diesen Kadavergehorsam an und orientieren sich z.B. eher an den Strasser-Brüdern (die das sozialistische Moment in der NSDAP stärker betonten) oder SA-Chef Ernst Röhm (der den Weimarer Legalismus der NSDAP ablehnte und eine stärker männerbündische und homoerotische Linie vertrat) oder an einer jeweils zeitgenössischen Abwandlung des nationalsozialistischen Weltbildes. In diesen Bereich fallen auch die Debatten im neonazistischen Spektrum bzgl. der (Nicht-)Sinnhaftigkeit formalisierter Organisationsstrukturen, die – vor allem in den 1990er Jahren – von den „Freien Kameradschaften" und später den „Autonomen Nationalisten" in Frage gestellt wurden („Organisierter Wille braucht keine Partei"), nicht zuletzt auch, um möglichen Verboten und damit staatlicher Repression aus dem Weg zu gehen (vgl. Röpke/Speit 2004; Schedler/Häusler 2011).

Trotz der netzwerkartigen Struktur lassen sich in der Geschichte der militanten und neonazistischen Organisationen immer wieder personelle und organisatorische Schaltstellen ausmachen, d.h. das einige Organisationen den Kern des Neonazismus bilden, auch wenn sie formal nicht mehr existieren, aber durch die persönliche Vernetzung ihrer (ehemaligen) Kader fortwirken (vgl. Maler 1996). Es handelt sich insofern, wie ein auf umfangreichen Materialanalysen fußendes Handbuch Anfang der 1990er Jahre es akzentuierte, um Netzwerke mit „Drahtziehern" (vgl. Antifaschistisches Autorenkollektiv 1996). Auch wenn die empirischen Studien zu den einzelnen Organisationen der militanten und neonazistischen Szene noch lange nicht umfangreich genug sind, um eine endgültiges Bild der funktionalen Aspekte dieses „Netzwerkes" und seiner „Drahtzieher" zeichnen zu könne, lässt sich zumindest sagen, dass Schlüsselrollen den verbotenen Organisationen FAP, NF, WJ, NL und HNG sowie der GdNF zukommen, deren Ex-Funktionäre bis heute aktiv und einflussreich in der neonazistischen Szene sind. Ein wichtiges Auffangbecken zur Bündelung und Engführung der Vernetzung des Neonazismus bildet seit Mitte der 1990er Jahre auch die NPD, die die funktionalen Ziele der SRP weitgehend übernommen und auch den pronazistischen und militanten Flügel des Rechtsextremismus bewusst integriert hat (vgl. Botsch 2011 b).

FAP: Freiheitliche Deutsche Arbeiterpartei
GdNF: Gesinnungsgemeinschaft der neuen Front
HNG: Hilfsgemeinschaft für nationale politische Gefangene und deren Angehörige
NF: Nationalistische Front
NL: Nationale Liste
WJ: Wiking Jugend

Abb. 8: Schaltstellen des bundesdeutschen Neonazismus.

Eigene Zusammenstellung auf Basis von Mecklenburg (1996) und Grumke/Wagner (2002).

Die militante Dimension des Rechtsextremismus muss systematisch differenziert werden in eine aktionistische und eine organisierte Ausprägung: Die aktionistische Form findet ihren Ausdruck in tendenziell eher spontanen Gewaltakten (rassistische und antisemitische Gewalttaten, Angriffe von politischen Gegnern etc.), die organisierte in systematisch geplanten Handlungen, die in Wehrsportgruppen und paramilitärischen Vereinigungen trainiert werden, sich oft an einem Führer- und Gehorsamkeitsprinzip orientieren und vor allem seit 1989/90 auch immer wieder damit verbunden sind, (auch) im Ausland in der Handhabung von Waffen geschult zu werden oder gar als Söldner an Kriegen teilzunehmen. Insofern ist die Geschichte der rechtsextremen Militanz und des rechtsextremen Terrors, interpretiert man die aktionistische und die organisierte Ausprägung als Varianten desselben Phänomens, eine kontinuierliche (vgl. Röpke/Speit 2013). Hierzu zählen die Aktivitäten der

Wehrsportgruppe Hoffmann (WSG), insbesondere der durch mindestens einen WSG-Aktivisten verübte Sprengstoffanschlag auf das Münchner Oktoberfest im September 1980 (12 Tote) (vgl. Chaussy 2014) und zwei gezielte antisemitische Morde in Erlangen, fünf Sprengstoff- und zwei Brandanschläge der Deutschen Aktionsgruppen um (den dann für 13 Jahre inhaftierten) Manfred Roeder, die unter anderem Flüchtlingsunterkünfte, eine jüdische Schule und eine Ausstellung über das KZ Auschwitz zum Ziel hatten, das Anlegen von „Feindlisten" durch die NF und ein rassistischer Brandanschlag durch einen NF-Angehörigen (Josef Saller) 1988 auf ein Haus in Schwandorf (vier Tote), die paramilitärischen Aktivitäten der Wiking Jugend und der kontinuierliche Straßenterror durch die FAP, der bis heute unter anderem in Gestalt der neonazistischen Dortmunder „Borussen-Front" um „SS-Siggi" Siegfried Borchardt und die Dortmunder Neonazi-Szene fortwirkt (vgl. Kap. 14), die Aufforderung zu Gewalttaten durch die Anti-Antifa-Postille *Der Einblick*, in der Anfang der 1990er Jahre Adressen von (vermeintlichen) politischen Gegnern veröffentlicht wurden, der Amoklauf des Neonazis Kay Diesner 1997, bei dem dieser mit einer Pumpgun einen Buchhändler in Berlin angeschossen und auf der Flucht bei einem Schusswechsel einen Polizisten erschossen hatte, aber auch die zahlreichen Brandanschläge und Morde auf Asylsuchende und Migrant(inn)en Anfang der 1990er Jahre, von denen der Brandanschlag in Lübeck (zehn Tote) und Solingen (fünf Tote) und die mit Molotowcocktails begangenen Morde in Mölln (drei Tote) am markantesten sind, wie auch die rechtsextremen Pogrome gegen Flüchtlinge in Rostock-Lichtenhagen und Hoyerswerda.

Allein im Zeitraum von 1990 bis 2012 zählt die Amadeu Antonio Stiftung 184 Tote durch Neonazis und Rechtsextremisten, worunter sich zahlreiche Opfer rechtsextremer Alltagsgewalt befinden (vgl. Erkol/Winter 2015). Nach Recherchen der *Neuen Osnabrücker Zeitung* auf Basis der von BKA und Landespolizeibehörden durchgeführten Überprüfung von ungeklärten Tötungsdelikten im Zeitraum von 1990 bis 2011 hatten sich in 749 Fällen Anhaltspunkte für einen möglichen rechtsextremen Tathintergrund ergeben (vgl. Fisser 2013), bei einem Großteil davon konnte dieser Anfangsverdacht jedoch nicht erhärtet werden (vgl. BT-Drs. 18/1786). Unterhalb der Ebene von versuchten oder realisierten Tötungsdelikten ist überdies eine massive Verrohung mit Blick auf rassistische Alltagsgewalt zu attestieren. Die Zahl der Angriffe auf Flüchtlingsunterkünfte ist zuletzt in drastischem Maße gestiegen, wobei sich darunter auch Brand- und Sprengstoffanschläge befinden: Auf Basis der vorläufigen Angaben hat es 2014 mindestens 150 Anschläge auf Flüchtlingsunterkünfte in Deutschland gegeben, die Zahl hat sich zum Vorjahr etwa verdreifacht, wobei auch von 2012 zu 2013 bereits eine Verdopplung festzustellen war (vgl. Dernbach 2015).

Der Nationalsozialistische Untergrund (NSU), der zwischen 1998 und 2011 mindestens zehn Morde begangen hat und für mehrere Sprengstoffanschläge und Banküberfälle verantwortlich war, stellt dabei die konsequente Fortsetzung des rechten

Terrors in Deutschland dar, weil er zahlreiche Prinzipien der vorangegangenen Jahrzehnte aufgegriffen und weiterentwickelt und letztlich die Nazi-Ideologie in ihrer ganzen Grausamkeit vollstreckt hat (vgl. Baumgärtner/Böttcher 2012; Gensing 2012; Sundermeyer 2012). Dabei hat der NSU die kommunikative Strategie verfeinert: Abstinenz in der Öffentlichkeit, die die Nazi-Morde selbst rassistisch als „Döner-Morde" fehlinterpretierte, bei gleichzeitiger fortwährender Präsenz in der eigenen Szene (die Integration in die Neonazi-Szene bestand von Beginn an und wurde teils chiffriert, aber szeneintern unmissverständlich kommuniziert – so beispielsweise in einem Gruß an den NSU in der Neonazi-Postille *Der Weisse Wolf* [Nr. 18] im Jahr 2002: „Vielen Dank an den NSU, es hat Früchte getragen ;-) Der Kampf geht weiter ...") und dem offensiven Schüren von Angst bei Menschen mit Migrationshintergrund, die ja – trotz der fatalen Medienberichterstattung – mehrheitlich wissen müssten, dass es sich um rassistische Morde gehandelt haben muss. Überdies hat der NSU die logistische Einbindung des Nazi-Terrors in legale und halblegale Strukturen des bundesdeutschen Rechtsextremismus über einen langen Zeitraum aufrechterhalten können: Die NSU-Hauptaktivisten Uwe Mundlos, Uwe Böhnhardt und Beate Zschäpe kamen aus dem Nationalen Widerstand Jena, waren im Vor- und Umfeld der dortigen NPD aktiv und haben sich an zahlreichen NPD-Aktivitäten beteiligt. Die Schlüsselfiguren, die die Morde überhaupt erst durch die Beschaffung bzw. Übermittlung der in fast allen Fällen eingesetzten Tatwaffe ermöglicht haben, waren beide NPD-Funktionäre, wobei einer – der Mitangeklagte Ralf Wohlleben – auch an der Fluchtorganisation beteiligt gewesen ist. Da laut Generalbundesanwaltschaft die drei Abgetauchten nur eine einziges Mal in der Zeit ihres Untertauchens „eigenes" Geld abgehoben haben (1998 von Böhnhardts Konto), muss auch davon ausgegangen werden, dass sie neben dem Geld aus Banküberfällen auch von Geld aus der „Szene" lebten.

Angesichts der im (vor dem Oberlandesgericht München seit Mai 2013 laufenden) NSU-Prozess – trotz der Bemühungen um Verwischung durch ein „schweigendes und lügendes Umfeld" (Kuhn/Stolle 2014: 61) und eine damit bisher sehr zögerliche Aufarbeitungsbereitschaft (vgl. Burschel 2014) – immer umfangreicher zutage tretenden Verbindungen des NSU in die rechte Szene steht zu befürchten, dass der NSU entweder Nachahmer in der militanten Neonazi-Szene finden wird, oder dass noch Teile des NSU-Netzwerkes überhaupt nicht ermittelt worden sind, die zu späteren Zeitpunkten weiter morden könnten, denn allein das nähere Umfeld des NSU wird auf 100 bis 200 Personen geschätzt. Zumindest ist der NSU-Terrorismus kein neuartiges Phänomen, sondern Teil einer in der unmittelbaren Nachkriegszeit beginnenden Reorganisation des Alt- und Neonazismus, der über eine organisatorische Findungsphase vor allem seit den 1980er Jahren kontinuierlich in Gewalt und Terror mündet (vgl. Jaschke u.a. 2001; Kuban 2012; Maegerle 2013).

Übungsaufgaben

- Was sind die Gründe, aus denen sich Teile des rechtsextremen Spektrums bewusst nicht als Parteien zusammenschließen?
- Worin liegen die Unterschiede zwischen Militanz, Gewalt und Terror(ismus) als Politikformen des Rechtsextremismus?
- Diskutieren Sie die Bedeutung der Zusammenschlüsse von Altnazis für die strukturellen und weltanschaulichen Grundlagen im Neonazismus.

Literatur zu Einführung

Stefan Aust/Dirk Laabs: Heimatschutz. Der Staat und die Mordserie des NSU, München 2014.

Patrick Gensing: Terror von rechts. Die Nazi-Morde und das Versagen der Politik, Berlin 2012.

Andrea Röpke/Andreas Speit (Hg.): Blut und Ehre. Geschichte und Gegenwart rechter Gewalt in Deutschland, Berlin 2013.

Oliver Schröm/Andrea Röpke: Stille Hilfe für braune Kameraden. Das geheime Netzwerk der Alt- und Neonazis, Berlin 2001.

Weiterführende Literatur

Andrea Röpke/Andreas Speit (Hg.): Braune Kameradschaften. Die neuen Netzwerke der militanten Neonazis, Berlin 2004.

Jan Schedler/Alexander Häusler (Hg.): Autonome Nationalisten. Neonazismus in Bewegung, Wiesbaden 2011.

6. Medien und Kommunikation: Presse, Internet, Musik

Kommunikation scheint im Zeitalter digitaler Medien etwas selbstverständliches, noch zumal im politischen Geschäft: Wer politisch etwas umsetzen, durchsetzen oder verändern will, ist auf die kommunikative Vermittlung seiner Ziele ebenso angewiesen, wie auf eine mediale Vernetzung mit Gleichgesinnten. Von dieser Grunderkenntnis ist der Rechtsextremismus nicht ausgenommen – gleichwohl finden sich eine Reihe von spezifischen Aspekten der Mediennutzung in der rechtsextremen Szene wie die kommunikativen Funktionen, die gerade mit Blick auf den Adressatenkreis teilweise deutlich von der Orientierung massenmedialer Kommunikation abweichen: Die Artikulation rechtsextremer Kommunikation zielt nur bedingt auf die allgemeine Öffentlichkeit und eine damit verbundene Breitenwirkung, ein Großteil der rechtsextremen Medien richtet sich vielmehr an die eigene Szene, also die In-Group und intendiert mit Blick auf den außerhalb der Binnenstruktur liegenden externen Bereich vor allem auf eine Wahrnehmung durch Menschen, die vom Rechtsextremismus abgelehnt und bekämpft werden – um sie einzuschüchtern und zugleich die eigenen narzisstischen Omnipotenzphantasien zu stärken (vgl. Braun/Geisler/Gerster 2009; Pörksen 2005).

Die bisher umfangreichste und sozialwissenschaftlich elaborierteste Studie über rechtsextreme Medien hat Thomas Pfeiffer (2002) vorgelegt, der zwischen den Arten bzw. Funktionen von Medientypen, ihrer Kommunikationsorientierung, ihren symbolischen Implikationen, ihren Wechselwirkungen innerhalb des Rechtsextremismus und ihrer weltanschaulichen Ausrichtung unterscheidet. Besonders die Funktionsanalyse von Pfeiffer macht deutlich, dass man nicht nur zwischen den Formen der Visualisierung (Print, Video, Online) unterscheiden kann, sondern dass jede Form eines rechtsextremen Mediums bestimmte, spezifische Funktionen für die rechtsextreme Kommunikation in einem „informationellen Kapillarsystem“ (Pfeiffer 2002: 341) erfüllt. Die wesentlichste Unterscheidung ist die zwischen periodischen und nichtperiodischen Veröffentlichungen: Während nichtperiodische Medien vor allem Mobilisierungsfunktionen – für eine bestimmte Kampagne, für eine Demonstration, für eine Wahlentscheidung – erfüllen und nicht nur das klassische Flugblatt, sondern auch Aufkleber, Plakate und Transparente umfassen, zielen periodische Medien in der rechtsextremen Szene auf eine mittel- bis langfristige politische und soziale Bindung ihrer Klientel, die weltanschaulich informiert, gefestigt und überzeugt werden, zugleich aber auch durch die Partizipation an den Medien – passiv: als Leser/in, aber auch aktiv: als Autor/in – integral in ihrer sozialen Rolle als Rechtsextremist/in bestärkt und damit aus ihren sonstigen sozialen (nicht-rechtsextremen) Bezügen so weit als möglich desintegriert werden soll.

Zentral ist an dieser Funktion, dass sie dazu dient, alle kontinuierlichen Leser/innen von periodischen Medien dazu zu bringen, das hermetisch abgeschlossene und hermeneutisch keinen Widerspruch duldende Weltbild des Rechtsextremismus so intensiv und nachhaltig zu verinnerlichen, dass es nicht nur vollumfänglich im Sinne einer „politischen Religion“ (Voegelin 1938) geglaubt wird, sondern auch offensiv gegen Dritte vertreten werden kann, was zugleich eine intern bindende und extern abstoßende Funktion erfüllt. Wer in das rechtsextreme Denk- und Handlungssystem voll integriert ist, muss in der demokratischen Gesellschaft desintegriert sein und wird gerade wegen dieser erlebbaren Isolierung dazu bereit sein, seine Weltanschauung auch in Handeln umzusetzen (vgl. Klein 2003). Die Variationsbreite periodischer Vernetzungsmedien im rechten Spektrum ist dabei groß: Sie reicht von professionell gemachten Wochenzeitungen wie der *Jungen Freiheit* (vgl. Kellershohn 1994, 2013), geht über „traditionsreiche Ideologieorgane“ (Pfeiffer 2002: 145) wie die (inzwischen eingestellte, aber unter dem Titel *Zuerst!* fortgeführte) *Nation & Europa*, umfasst Agitationsblätter wie *Europa Vorn* (später: *Signal*, heute: *nation24*), Spartenzeitschriften wie die *Deutsche Militärzeitschrift* für das militaristische Spektrum oder die *Preußische Allgemeine Zeitung* für das Vertriebenenspektrum, explizite Schulungsorgane wie die *Sezession*, Mitgliederzeitungen wie die *Deutsche Stimme*, die *Burschenschaftlichen Blätter* oder die (inzwischen wegen Verbots der Dachorganisation eingestellten) *HNG-Nachrichten* oder auf Massenabsatz in Bahnhofsbuchhandlungen ausgerichtete Blätter wie *Zuerst!*, die *National-Zeitung* oder den *Schlesier*. In den 1990er Jahren existierten mehr als 130 rechtsextreme Zeitungen und Zeitschriften (vgl. Lange 1993: 9); das Bundesamt für Verfassungsschutz (BfV) zählte im Jahr 2012 insgesamt 91 rechtsextreme Periodika (vgl. BMI 2013: 128).[3] Da das BfV aber ein eingeschränktes und wissenschaftlich verkürztes Rechtsextremismusverständnis vertritt und Teile des rechtsextremen Spektrums amtlich nicht berücksichtigt werden, ist nach wie vor von einer deutlich größeren Zahl rechtsextremer Periodika auszugehen.

Aufgrund der Erscheinungsweise fungieren die periodischen Medien der extremen Rechten meist eher als Diskussions- oder Schulungsorgane, weil sie oft nur monatlich, quartalsweise oder auch unregelmäßig erscheinen, einzige Ausnahme mit Blick auf Mobilisierungs- und Interventionsfunktion sind die Wochenzeitungen. Als „aktuelles Servicemedium“ (Pfeiffer 2002: 211) waren in den 1990er Jahren die Nationalen Infotelefone (NIT) initiiert worden, die vor allem von neonazistischen Gruppierungen betrieben wurden und technisch wie Anrufbeantworter funktionierten, auf denen kurze Informationstexte verlesen wurden. Einerseits sollten aktuelle Ereignisse schnell in der Szene transportiert werden (oft wurden Pressemitteilungen oder ähnliche Erklärungen vorgelesen), andererseits bestand das Ziel darin – in Zeiten vor einer umfangreichen Internetnutzung – zeitnah mobilisieren zu können, etwa für Demonstrationen oder Konzerte. Da die Telefonnummern aber schnell auch staatlichen Ermittlungsbehörden und antifaschistischen Initiativen bekannt wurden und so der interne Vernetzungscharakter hinfällig wurde, aber auch, weil die NIT über weite Strecken unprofessionell gemacht waren und durchaus – in Ermangelung von neu aufgesprochenen Ansagen – ihre „Neuigkeiten“ über Wochen hinweg unverändert blieben, verschwanden sie in der Versenkung.

Einen Teil ihrer Funktion übernahmen Anfang der 1990er Jahre Newsgroups und Mailinglisten, allen voran das 1993 startende Thule-Netz und das 1997 von diesem abgespaltene Nordland-Netz. Die Kommunikation war nun keine Einbahnstraße mehr, die Servicefunktion wurde durch interaktive Kommunikation erweitert und ermöglichte – zeitweise – eine relativ abgeschlossene Möglichkeit zur internen Kommunikation. In den Netzen wurde unter Pseudonym publiziert (oft gewählt in Anlehnung an nordische Mythologie- oder andere Fantasiefiguren), man benötigte Zugangspassworte, um sich in den Verbund via Modem einwählen zu können und sich dann an der Kommunikation in Newsgroups zu beteiligen; durch die Recherche antifaschistische Gruppen wurden aber immer wieder vereinzelt – und später dann auch: alle – Kommunikationen des Thule-Netzes öffentlich, die Pseudonyme wurden

3 Die Rubrik „Rechtsextremistische Verbreitungsstrukturen“, in dem Angaben über die Zahl rechtsextremer Periodika gemacht wurden, ist im Verfassungsschutzbericht über das Jahr 2013 gestrichen worden (vgl. BMI 2014), s.d. keine aktuelle behördliche Quantifizierung mehr existiert.

(weitgehend) enttarnt und die technische Dilettanz der Betreiber/innen trug ihr übrigens zum Ende dieser Kommunikationsform bei, die heute ihre Fortsetzung in internen Webseitenbereichen oder – öffentlichen oder internen – Bereichen von sozialen Netzwerken gefunden hat.

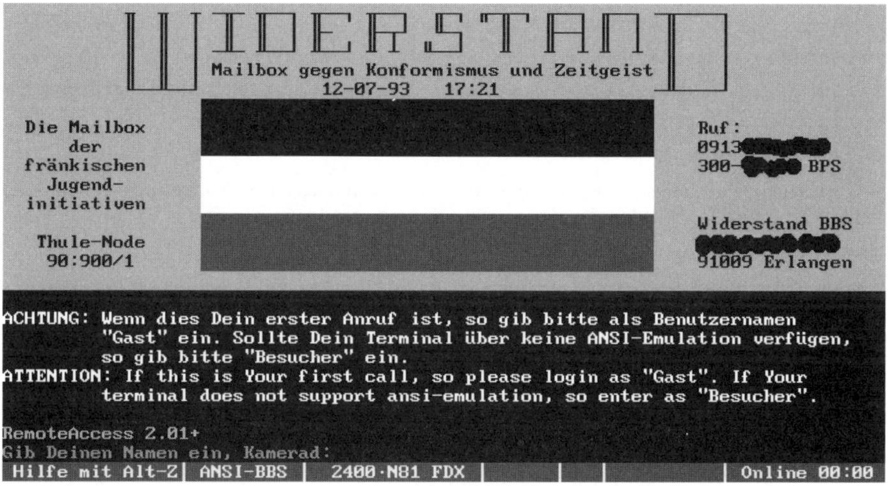

Abb. 9: Screenshot der Titelseite der Widerstand BBS, Mitgründerin des Thule-Netzes, aus dem Jahr 1993.

Quelle: Stiftung Journalistenakademie Dr. Hooffacker (journalistenakademie.de).

Gewandelt hat sich in den sozialen Netzwerken aber auch die mediale Funktion: Während sich NIT und Thule-Netz ausschließlich an überzeugte Rechtsextremist(inn)en und Neonazis richtete, versuchen rechtsextreme Gruppierungen gerade in sozialen Netzwerken heute, über populäre Themen, die mit rechtsextremen Thesen verbunden werden, auch Menschen an sich zu binden, die zwar (teilweise) rechtsextreme Einstellungen haben, aber (noch) unorganisiert sind. Eines der populistischen Themen sind dabei Onlinepräsenzen zum Thema „Todesstrafe für Kinderschänder“, bei dem vordergründig das Thema Kindesmissbrauch aufgegriffen wird, bei dem es in allen Bevölkerungsteilen hohe Ablehnung gibt, und mit der rechtsextremen Forderung nach Wiedereinführung der Todesstrafe verbunden und oft rassistisch aufgeladen wird. In sozialen Netzwerken agieren Rechtsextremisten dabei insofern mit der Strategie der „Diskurspiraterie“ (Wamper u.a. 2010) durch Kampagnenpolitik, bei der Teilen und Liken als Moment niedrigschwelliger Agitation und Integration fungiert.

Ebenfalls fallweise zu attestieren ist der auf Twitter von rechtsextremer Seite betriebene Versuch, Hashtags zu „kapern“, wie dies am prominentesten 2013 mit dem antirassistischen Hashtag #schauhin geschehen ist, als mit Referenz auf dieses von einer antirassistischen Initiative lancierte Hashtag rassistische Tweets abgesetzt wurden oder die diskurspiraterische Strategie auf Youtube, durch Umlabeling Nutzer/innen auf die eigenen Seiten zu ziehen, besonders prominent geschehen in dem Video der so genannten Identitären, die eine eigenes Propagandavideo unter dem Label „Fluch der Karibik 5 [Official Trailer]" bei Youtube veröffentlicht haben – in der Hoffnung, so Nutzer(inn)en, die eigentlich auf der Suche nach dem fünften Teil des prominenten Actionfilms waren, auf ihre Propaganda aufmerksam zu machen. Im Jahr 2013 gehen laut einer Untersuchung von jugendschutz.net rund 70 Prozent der gesichteten 5.500 rechtsextremen Seiten auf das Social Web zurück (vgl. Gutglück 2014; jugendschutz.net 2014).

Zwei weitere Funktionen der Medien sind im rechtsextremen Spektrum von Bedeutung: Einerseits ermöglichen Medien eine „symbolische Integration" (Pfeiffer 2002: 233), andererseits dienen sie der – weltanschaulichen wie kommerziellen – Werbung. Für die Werbefunktion spielt – neben den Berichten in Printmedien – das Internet eine zunehmend größere Rolle (vgl. Busch 2010; Fromm/Kernbach 2001; Wiederer 2007), weil die Informationsmöglichkeiten einfach und auch für erstmalig an rechtsextremen Positionen interessierte Personen niedrigschwellig zu beschaffen sind, da ein Zugang zu einer rechtsextremen Website ohne größere Kontrollen und ohne wahrnehmbaren sozialen Druck möglich ist (zu dem es z.B. beim Kauf einer rechtsextremen Zeitung an einem Kiosk kommen kann, wenn man darauf angesprochen wird); außerdem bietet das Internet Neonazis dieselben Möglichkeiten, wie allen anderen auch – etwa durch die Verbreitung von Pressemitteilungen, Fotos, Erklärungen usw.[4]

Zu sehen ist die Analogie der rechtsextremen Internetnutzung in Relation zu den allgemeinen Entwicklungen auch im Bereich der rechtsextremen Printmedien, die in gleicher Weise auf die zunehmende allgemeine Relevanzzunahme des WWW reagiert haben, wie andere Print-Medien auch: Die Verbindung von Offline- und Online-Angebot findet sich vor allem im Bereich rechter Wochenzeitungen (*Junge Freiheit*, *Preußische Allgemeine Zeitung* und *National-Zeitung*), bei denen sich politische Anliegen mit monetären unmittelbar verbinden, die also für die Fortexistenz ihrer Tätigkeit unverzichtbar auf die Bereitschaft ihrer Konsument(inn)en angewiesen sind, für ihr Produkt auch zu bezahlen – online und/oder real. Gerade im Bereich der rechtsextremen Medien, bei denen der Anspruch der weltanschaulichen Missionierung gegenüber dem monetären Aspekt deutlich überwiegt, ist allerdings auch eine Umstellung auf *Online-Only* festzustellen, wie etwa bei dem rechtsextremen Traditi-

4 Das BfV zählt in den Jahren 2011 und 2012 eine fast unveränderte Zahl von rund 1.000 bzw. 950 Websites, die von deutschen Rechtsextremisten betrieben werden (vgl. BMI 2013: 116). Für 2013 nennt das BfV rund 880 Seiten, wobei der Rückgang auf die zunehmende Bedeutung sozialer Netzwerke zurückgeführt wird (vgl. BMI 2014: 54). Die tatsächliche Zahl dürfte aus den genannten Gründen auch hier höher liegen. Siehe zum Problem der BfV-Statistiken auch Jentsch 2012.

onsmedium *Europa Vorn*, das inzwischen als nation24.de zur Agitationsplattform der Pro-Bewegung geworden ist.

Neben der weltanschaulichen steht die kommerzielle Funktion: Während es noch in den 1990er Jahren aufwändig war, rechtsextreme Kleidung oder neonazistische Musik zu erwerben – es gab wenig Geschäfte, in denen ein Kauf überhaupt möglich war, vielfach war/ist rechtsextreme Musik indiziert und war, selbst in Szeneläden, somit nur „unter dem Ladentisch" erhältlich – ist dies über Internetversandhandel leicht möglich geworden, auch und gerade, wenn die Betreiber auf ausländische Domains (und damit in Fragen der legalen Möglichkeit zur Verbreitung von NS-Symbolik oft freizügigere Rechtssysteme) zurückgreifen und ihre Ware ggf. auch aus dem Ausland versenden. Die Verkaufs- und Vertriebsstrukturen des Rechtsextremismus haben insofern erheblich von den technischen Möglichmachungen des Internets profitiert, weil die unterschiedlichen nationalstaatlichen Rechtslagen den Interaktionsraum für Rechtsextremismus deutlich erweitert und die staatlichen Kontrollmöglichkeiten zugleich reduziert haben.

Das zeigt sich auch und besonders im Bereich rechtsextremer Musik, die nicht mehr – wie noch in den 1990er Jahren – mühselig in Szeneläden erworben und dann in schlechter Tonqualität vielfach auf Cassetten weiterverbreitet werden muss, sondern über Online-Musikportale verbreitet und ausgetauscht werden kann. Dies ist dann auch für das Moment der symbolischen bzw. virtuellen Interaktion von großer Bedeutung, weil Musik, genauso, wie auch Computerspiele (das erste, massenhaft illegal verbreitete, grafisch primitiv programmierte Nazi-Computerspiel war bereits in den 1980er Jahren der „KZ-Manager", in dem man analog zu anderen Managementsimulationsspielen ein Konzentrationslager leiten sollte), ein wesentlicher ideologischer Werbeträger des Rechtsextremismus ist. Ian Stuart Donaldson, verstorbener Sänger der für die Rechtsrock-Szene stilbildenden britischen Band Screwdriver und Gründer des internationalen Neonazi-Musik-Netzwerkes Blood & Honour, hat dieses Moment in einer prominenten Formulierung folgendermaßen zusammenfasst: „Musik ist das ideale Mittel, Jugendlichen den Nationalsozialismus näher zu bringen, besser als dies in politischen Veranstaltungen gemacht werden kann, kann damit Ideologie transportiert werden." (zit. n. Sposito 2007) Musik ist damit ein mediales Schlüsselinstrument des Rechtsextremismus (vgl. zu rechtsextremer Musik grundlegend: Dornbusch/Raabe 2002), weil in ihr integrationsstiftende Parolen und Klänge generiert werden, die eine erhebliche Verbreitung und damit soziale Festigung ihrer Anhänger ermöglichen. Verbunden mit wiederkehrenden Symbolisierungen und Kleidungsdresscodes stiftet sie den identitären Kontext, aus dem heraus rechtsextreme Mobilisierung erfolgt (vgl. ebd.). Es ist insofern kein Zufall, dass bei Ermittlungen nach rechtsextremen Straftaten immer wieder zu Tage tritt, dass die Gewalttäter vorher rechtsextreme Musik gehört oder bei einem rechtsextremen Konzert gewesen sind, die oft auch illegal durchgeführt werden.

In den 1980er Jahren beginnt Rechtsrock zum wesentlichen Moment rechter Subkultur zu werden, das sozial integriert, weltanschaulich formt und habituell verroht (vgl. Farin/Flad 2001). Die Impulse hierfür kamen aus der britischen Skinheadbewegung, die sich vom Punk abgrenzte und vor dem Hintergrund proletarischer Wurzeln zunehmend ethnisierte und nationalisierte. Eine der wichtigsten Bands des Rechtsrock, die britischen Screwdriver, machten selbst die Entwicklung vom Punkrock zum „Rock Against Communism“ (RAC) bzw. zur „White Power Music“ durch. Während in Deutschland zu dieser Zeit zunächst noch Volks- und Marschmusik in der rechtsextremen Szene vorherrschten und sich auch so genannte Liedermacher, die allerdings oft weder ihr Instrument beherrschten, noch einigermaßen tonal singen konnten, nachhaltiger Beliebtheit erfreuten, exportierte die britische Nazi-Skin-Szene zunehmend ihren Musikstil auch auf den Kontinent. Am Anfang waren es in Deutschland vor allem Bands wie die Böhsen Onkelz, Störkraft, Noie Werte und Endstufe, die den Rechtsrock populär machten und deren Tapes und Bootlegs sich rasend schnell „unter der Hand“ verbreiteten. Rechtsextreme Plattenlabel, wie Rock-O-Rama oder später Rock Nord verknüpften dabei Vertriebs- und Geschäftsaspekte mit der Verbreitung neonazistischer Inhalte, wobei die Rechtsrock-Szene in ihrer gesamten Geschichte im Spannungsverhältnis von (musikalischer) Legalität und Illegalität agierte, zeitweise populäre Gruppen wie Landser agierten selbst kriminell und wurden verboten.

Während Anfang der 1990er noch „nationale Barden“ wie Frank Rennicke vor allem mit Rechtsrock konkurrierten, differenzierte sich die Musikszene Mitte der 1990er Jahren rasch aus: Während Musikrichtungen wie Gothic, Dark Wave oder die Neue Deutsche Härte aufgrund ihrer Sehnsucht nach Identität, Sinn und Tiefe und der Fokussierung auf Mystik und Apokalyptik Anknüpfungspunkte für eine rechtsextreme Subkultur bieten, sind es die inszenierte Brutalität, Christenhass und Antisemitismus sowie die Glorifizierung und Ikonisierung von Krieg und Zerstörung, die den Death Metal, insbesondere den satanistischen Black Metal für Rechtsextremisten anschlussfähig machen. Mehrere (Ritual-)Morde werden von satanistischen Rechtsextremisten verübt, in Deutschland hat vor allem 1993 die Ermordung von Sandro Beyer durch Sebastian Schauseil, Hendrik Möbus und Andreas Kirchner, Mitglieder der (musikalisch selbst für das Genre limitierten) NS-Black-Metal-Band Absurd, für Aufsehen gesorgt (vgl. Billerbeck/Nordhausen 2001).

Aber auch in Musikszenen, die aufgrund ihrer Geschichte scheinbar wenig Affinität für rechtsextreme Subkultur haben, entstehen entsprechende Musikgruppen – wie im Rap, der zwar seine Ursprünge im afroamerikanischen Milieu und folgerichtig antirassistische Implikationen hat, bei dem aber zugleich Männlichkeitskult, Sexismus und Antisemitismus dominante Momente darstellen (und viele amerikanische Rap-Bands der 1980er Jahre den weißen Rassismus nicht grundsätzlich kritisierten, sondern lediglich in einen schwarzen Rassismus umkehren wollten), so dass auch hier Anknüpfungspunkte für expliziten NS-Rap vorhanden sind (vgl. Loh/Güngör

2002; Killmann 2011/12; Peltonen 2012). Eine Vergleichsanalyse von zwei der prominentesten Acts in diesem Genre (MaKss Damage, Dee Ex) hat gezeigt, dass die offene Bezugnahme auf eine NS-Tradition zwar fallweise differiert, Demokratie und das bundesdeutsche Politische System aber abgelehnt werden und ein Umsturz gefordert wird, der angelehnt an rechtsextreme Europakonzepte mal rassistisch, mal ethnopluralistisch begründet wird (vgl. Struppek 2014).

Mit Blick auf die Musikszene kann insofern durchaus zu Recht auch von „Diskurspiraterie" (Wamper u.a. 2010) gesprochen werden, also der modifizierten Übernahme von linken Symbolen oder Stilen, allerdings wird in vielen Fällen – wie eben beim NS-Rap – eben an Elemente angeschlossen, die tatsächlich auch anschlussfähig *sind* (siehe hierzu auch: Schröder 2000). Dass es sich in Nazi-Kreisen immer mehr als Element symbolischer Kommunikation etabliert, so genannte Palästinenser-Tücher zu tragen, ist nur vordergründig Ausdruck einer die politischen Grenzen nivellierenden Querfrontstrategie und basiert vielmehr darauf, dass dieses Tuch in erster Linie antisemitischen Terror (und nicht: linke Selbstverortung) symbolisiert, der eben auch in bestimmten Teilen der linken Szene glorifiziert wurde bzw. wird.

„Den Stolz Deutsch zu sein woll'n sie dir nehmen / das Land in den Dreck zieh'n / die Fahne verhöhnen / Doch wir sind stolz / in dir geboren zu sein / Wir sind stolz drauf / Deutsche zu sein ..." *Böhse Onkelz: „Deutschland" (1984)*	„Die Zeit ist reif für unseren Widerstand / und keine Nation kann dagegen was tun / Es ist unser Land / in dem wir leben wollen / Verliere keine Zeit / laß den Kampf nicht ruhen / [...] Deutschland erwache!" *Störkraft: „Kraft für Doitschland" (1990)*
„Für die Reinheit unserer Rasse sind wir bereit / zu den Waffen zu greifen, / es kommt unsere Zeit. / Für Deutschland und Europa, / so soll es diesmal sein, / für die Wiedergeburt des Guten, / stolz, weiß und rein!" *Kraftschlag: „Trotz Verbot nicht tot" (1992)*	„Ein Adler auf dem schwarzen Schild, das Schwert fest in der Hand / Steht ein jeder von uns Kriegern stolz für unser Heimatland [...]" *Absurd: „Germanien über alles" (1999)*
„Setzte mich für mein Blut und unsere Tugenden ein. [...] Ich trage den Hass in meinem Herzen wie das Steinar-Hemd und ich rappe für mein Land bis mich jeder kennt." *MaKss Damage/King Bock: „Die Faust geht zum Kopf" (2011)*	„Häng dem Adolf Hitler, häng dem Adolf Hitler, / häng dem Adolf Hitler den Nobelpreis um / Hiß die rote Fahne, hiß die rote Fahne, hiß die rote Fahne / mit dem Hakenkreuz!" *Radikahl: „Hakenkreuz" (1991)*
„Jude, ab, ab in den Ofen / Jude, wir werden Dich ersaufen." *Macht & Ehre: „Ab in den Ofen" (1997)*	„Ich bin stolz, daß ich ein Deutscher bin / Deutsch ist mein Fühlen, deutsch ist mein Sinn." *Frank Rennicke: „Ich bin stolz, daß ich ein Deutscher bin" (1987)*

„Wenn ich das seh, bin ich echt sauer: / Polackenlümmel schreien ‚White Power' / und wie ich dieses Scheißvolk hasse, /seit wann gehören Polacken zur arischen Rasse? // 45 haben sie uns unser Land genommen, / lassen seitdem Haus und Hof verkommen. / Denn tief im Innern ahnten sie's die ganze Zeit, / wir kommen wieder im feldgrauen Ehrenkleid." *Landser: „Polackentango" (1998)*	„Wir haben es getan, haben es gemacht / Haben Leute verdroschen, über die Folgen nicht nachgedacht / Wir haben die Straßen der Stadt für uns in Anspruch genommen / Keine Gefangenen gemacht / Wir haben gesoffen und geboxt, standen oft vorm Richter / Keine Reue, haben darüber gelacht." *Frei.Wild: „Nennt es Zufall, nennt es Plan" (2012)*

Abb. 10: Rechte Songs unterschiedlicher Genre.

Alle dokumentiert nach: Dornbusch/Raabe (2002: 28, 36, 97, 102 f., 106, 115, 300) und publikative.org (Zitate von MaKss Damage/King Bock u. Frei.Wild).

Eine Schlüsselstellung für die Akzeptanzerweiterung von Versatzstücken rechtsextremen Denkens durch Musik kommt zunächst den Böhsen Onkelz (1980–2005) zu, die – nach offener Nazi-Positionierung in ihren ersten Songs (Album: „Der nette Mann", 1984) – sich zwar formal von der Nazi-Szene lossagen, aber in ihren Songs immer wieder auf ihre angeblich verworfenen Positionen anspielen, selbstverliebt und selbstviktimisierend mit ihrer Vergangenheit kokettieren und in ihrer programmatischen Ausrichtung auch heroisierende, martialische und nationale Themen massenwirksam verbreiten, die im intellektuellen Niveau letztlich „Durchhalteparolen für geschlagene Heimkinder" sind, wie Martin Büsser (2001: 65) zynisch angemerkt hat, aber genau deshalb eine Klientel ansprechen, die sich selbst benachteiligt und zurückgesetzt *fühlt*. Eine ähnliche Funktion übernimmt nach der Jahrtausendwende die italienische Band Frei.Wild, die in ihren deutschsprachigen Songs aus einem Südtirol-Habitus agierende völkische Heimatidentifikation ebenfalls mit selbststilisiertem Verfolgtengestus verknüpft und auch ein Publikum anspricht, das für rechtsextreme Politikangebote empfänglich ist, ohne (zunächst) rechtsextrem organisiert zu sein (vgl. Schiedel 2014).

Der 2004 zunächst von militanten Neonazis initiierte, später dann vor allem von der NPD unternommene Versuch, wiederholt mit Samplern unter dem Label „Schulhof-CD" rechtsextreme Musik unterschiedlicher Genre kostenlos unter Jugendlichen auf Schulhöfen zu verteilen, zielt auf die Strategie, die potenzielle Klientel auf eine niedrigschwellige Weise zu erreichen und deren Einstellungen in konkrete politische Zustimmung umzuwandeln.

Übungsaufgaben

- Diskutieren Sie die Bedeutung von nichtperiodischen und periodischen Medien für die extreme Rechte.
- Welche Rollen und welche Funktionen hat Musik für den Rechtsextremismus?
- Welche Funktionen hat das Internet für den Rechtsextremismus? Diskutieren Sie Gemeinsamkeiten und Unterschiede im Vergleich zur Nutzung in demokratischen Kontexten.

Literatur zu Einführung

Christian Dornbusch/Jan Raabe (Hg.): RechtsRock. Bestandsaufnahme und Gegenstrategien, Münster 2002.

Thomas Pfeiffer: Für Volk und Vaterland. Das Mediennetz der Rechten – Presse, Musik, Internet, Berlin 2002.

Weiterführende Literatur

Stephan Braun/Alexander Geisler/Martin Gerster (Hg.): Strategien der extremen Rechten. Hintergründe – Analysen – Antworten, Wiesbaden 2009.

Martin Büsser: Wie klingt die neue Mitte? Rechte und reaktionäre Tendenzen in der Popmusik, Mainz 2001.

Bernhard Pörksen: Die Konstruktion von Feindbildern. Zum Sprachgebrauch in neonazistischen Medien, 2. erw. Aufl., Wiesbaden 2005.

7. „Neue“ und intellektuelle Rechte

Der Begriff „Neue Rechte“ ist einer derjenigen Termini in der Rechtsextremismusforschung, die sehr unterschiedlich und nicht selten auch diffus verwandt werden. Es existieren mindestens drei Begriffsverständnisse, die sich oft auch überlappen. Zum einen wird der Begriff als eine vor allem chronologisch intendierte Beschreibung verwandt, zum anderen – sehr eng gefasst – mit Blick auf alle Strömungen der extremen Rechten, die sich selbst als neurechts verstehen und schließlich – vor allem in analytischer Intention – als Kategorie, die nicht nur die Selbstbeschreibung einzelner Akteure umfasst, sondern darüber hinaus auch funktional danach fragt, was oder wer als „Neue Rechte“ beschrieben werden kann bzw. sollte.

Der sozialwissenschaftlich am wenigsten zielführende, in der Öffentlichkeit aber nach wie vor präsente Gebrauch ist der erst genannten. Er wird gern in journalistischem Kontext verwandt und amalgamiert dabei wissenschaftlich positive, wie negative Aspekte: die positive Seite ist, dass (Fach-)Journalist(inn)en „neue“ Entwicklungen im Rechtsextremismus oft früher wahrnehmen, als die wissenschaftliche Analyse und dass sie zugleich zumeist auch mehr mit Primärmaterial aus der rechten Szene arbeiten; die negative Kehrseite ist jedoch, dass der analytisch-konzeptionelle Anspruch bisweilen hinter diesem Innovationspotenzial deutlich zurückbleibt, was mit Blick auf die „Neue Rechte" heißt, zu wenig zu reflektieren, dass das Etikett „neu" so lange, wie es einfach nur meint *anders als das, was (irgendwann) vorher war*, nicht nur eine sinnfreie, sondern letztlich nutzlose Kategorie ist, die nicht dazu befähigt, soziale Sachverhalten zu erklären oder zu verstehen. Dies führt dann zu journalistischen Analysen wie der von Toralf Staud, der mit seinem Buch *Moderne Nazis. Die neuen Rechten und der Aufstieg der NPD* eine kenntnis- und aufschlussreiche Reportage über die Entwicklungen der NPD geschrieben hat, in der die „Neue Rechte" aber nur am Rande – in Person ihres Vordenkers Henning Eichberg – tangiert wird, so dass die Etiketten „alte" und „neue" Rechte letztlich nicht viel mehr meinen, als dass die eine eben die nationalsozialistische und die andere eben die der Nachkriegsgeschichte oder der Post-Wende-Zeit seit 1989/90 sei. Problematisch daran ist nicht nur, dass durch solche Begriffswahlen unbeabsichtigt auch Kontinuitätslinien überdeckt werden, sondern mehr noch, dass gar nicht deutlich wird, was denn eine „n/Neue Rechte" inhaltlich kennzeichnet.

Nach dem in der Rechtsextremismusforschung relativ wenig beachteten, von Iring Fetscher schon 1983 herausgegebenen Band *Neokonservative und „Neue Rechte"*, sind es vor allem die Arbeiten *Die Stimme ihrer Herren. Ideologie und Strategien der „Neuen Rechten" in der Bundesrepublik* von Martina Koelschtzky (1986), *Die „Neue Rechte" in der Bundesrepublik* von Margret Feit (1987), *Neue Rechte und Rechtsextremismus in Europa* von Franz Greß, Hans-Gerd Jaschke und Klaus Schönekäs (1990) sowie *Rechtsradikale in Deutschland. Die alte und die neue Rechte* von Thomas Assheuer und Hans Sarkowicz (1990), die die sozialwissenschaftliche Diskussion über die „Neue Rechte" inspiriert und geprägt haben. Alle Arbeiten stehen für eine Auseinandersetzung mit der „Neuen Rechten", die den Gegenstand zunächst phänomenologisch aufgreift (mit Blick auf die Selbstbeschreibung der französischen Nouvelle Droite und der deutschen Aktion Neue Rechte), ihn dann aber analytisch vertieft und insofern ein Begriffsverständnis prägt, das substanzielle Unterschiede der „Neuen Rechten" herausarbeitet, sowohl was deren politische Strategie, wie deren weltanschauliche Inhalte angeht.

Das politische Ziel der „Neuen Rechten" lässt sich im Wesentlichen unter zwei Schlagworten zusammenfassen: die Intellektualisierung des Rechtsextremismus durch die Formierung einer intellektuellen Metapolitik und die Erringung einer (rechten) „kulturellen Hegemonie" (vgl. Cremet u.a. 1999; Brauner-Orthen 2001; Griffin 2000; Pfahl-Traughber 1998). Beim Begriff der Intellektualisierung mag sich, aus einer gesellschaftskritischen Perspektive, spontan Unbehagen einstellen, weil mit ihm umgangssprachlich ein aufgeklärtes, reflektiertes, selbstkritisches Denken verbunden wird – allesamt Kategorien, die nicht nur im Widerspruch zum Rechtsextremismus stehen, sondern auch von Rechtsextremisten abgelehnt werden. „Intellektualisierung“ kann aber eben auch, in einem wertneutralen Sinn verwandt, meinen, dass die eigenen Positionen formal nachvollziehbar formuliert sein sollen und dass sie in ihrer Bezugnahme auf dritte Referenzen dem Anspruch einer intellektuellen Auseinandersetzung genügen. Dies meint Intellektualisierung auch im Sinne der „Neuen Rechten“: dass die völkischen Positionen, die (auch) von der „Neuen Rechten“ vertreten werden, umfangreich begründet und mit Referenzen aus der Geistes- und Ideengeschichte fundiert werden sollen. Dabei geht es der „Neuen Rechten“ um „kulturelle Hegemonie“, d.h. sie ist eine lose Bewegung, die politische Macht gerade nicht durch Erringung von parteipolitischer Regierungsverantwortung erreichen will, sondern ihre Positionen gesellschaftlich als hegemonial durchsetzen möchte. Das kann dann auch bedeuten, dass eine Partei ihre Positionen (schleichend) übernimmt, orientiert aber mehr darauf, Einstellungen und Werthaltungen auf einer breiten gesellschaftlichen Ebene zu beeinflussen.

Der historische Entstehungszusammenhang der „Neuen Rechten“ ist das Scheitern der NPD auf dem parlamentarischen Weg Ende der 1960er Jahre – was auch zeigt, dass bereits entstehungsgeschichtlich eine Trennung von „alter“ und „neuer“ Rechter wenig sinnvoll ist, weil es diese nicht ohne jene geben würde und beide faktisch strategische Optionen des Rechtsextremismus darstellen, die nicht substanziell (weltanschaulich oder organisatorisch) getrennt wären, sondern sich lediglich in bestimmten Nuancen und eben strategischen Überlegungen unterscheiden. Zugleich ist die „Neue Rechte“ in Deutschland aber auch ein bewusster Gegenpol zur in den späten 1960er Jahren entstehenden Neuen Linken der Anti-Vietnamkriegs- und Studierendenprotestgeneration, die von dieser bestimmte strategische Ansätze übernimmt, man könnte auch sagen: plagiiert. Dazu zählt auf der einen Seite die Strategie, losen Zirkeln und Gruppen den Vorzug vor einer großen, einheitlichen Organisation zu geben, zum anderen die starke Orientierung auf die intellektuelle Auseinandersetzung im medialen Raum und schließlich auch der fluide Charakter von vorhandenen Organisationen, an die sich im Spektrum der „Neuen Rechten“ weniger geklammert wird, als beispielsweise im Parteienspektrum. So nimmt es auch wenig Wunder, dass nicht nur die als Abspaltung von der NPD 1972 gegründete Aktion Neue Rechte schnell in der Bedeutungslosigkeit verschwindet, die neurechten Wertvorstellungen allerdings an anderen Orten weiter diskutiert und lanciert werden.

Die 1970er Jahre sind nämlich auch das Jahrzehnt der Gründung zahlreicher Publikationsorgane, die sich teilweise zu wesentlichen Organen der neurechten Szene entwickeln werden (wie z.B. das bieder aufgemachte Magazin *Criticón*), andere aber, nachdem in ihnen einflussreiche Debatten geführt, sie aber an Verbreitung verloren haben, auch sang- und klanglos untergehen (wie die nationalrevolutionäre *wir selbst*, deren Chefideologe Henning Eichberg in der Frühphase der neurechten Bewegung maßgeblichen Einfluss auf die Ideologieproduktion, aber auch die Brückenbildung bis in die grün-alternative Szene hatte; vgl. Heni 2007). Ebenfalls nicht zu unterschätzen, wenngleich auch erst in den späten 1980er, frühen 1990er Jahren wirklich einflussreich in der bundesdeutschen Szene, ist auch die französische Nouvelle Droite mit ihrem organisatorischen Kern der GRECE um den Chefdenker Alain de Benoist (vgl. Bar-On 2013; Weber 2011), der im Bereich der Begriffspolitik vor allem durch sein Konzept des *ethno-différencialisme* prägend war (vgl. Taguieff 1994; Spektorowski 2003: 111ff.) – eine begriffliche Variation der ethnischen Ungleichheitsideologie des Rechtsextremismus, die allerdings kulturalistisch und nicht rassistisch argumentiert und an das Konzept des „Ethnopluralismus" anknüpft, dessen Formulierung wesentlich Henning Eichberg zugeschrieben wird.

Die „Neue Rechte"

Politisches Ziel

Kulturelle Hegemonie und intellektuelle Metapolitik

Entstehung und Genese	Organisation und Strategie
Bezugnahme auf die französische Nouvelle Droite Scheitern der NPD (Ende der 1960er Jahre) 1972: Aktion Neue Rechte (ANR) in Deutschland 1970er Jahre: Gründung zahlreicher Zeitschriften	Gegenpol zur Neuen Linken Intellektuelle Metapolitik und konservative „Kulturrevolution" Lose Zirkel und Gruppen Politische „Mimikry"
Ideologie	**Historische Bezüge**
Antiuniversalismus/Primat der Ungleichheit Differenzdenken („Freund-Feind"-Dichotomien) Postulat der Homogenität/Soziobiologie Ethnopluralismus (als Europakonzept) Völkischer Nationalismus Autoritärer Etatismus Sakralität, Spiritualität und Ganzheitlichkeitsdenken	Weimarer Republik: „Konservative Revolution" formale Abgrenzung vom Nationalsozialismus

Abb. 11: Die „Neue Rechte" in Deutschland.

Eigene Darstellung.

Die politische Strategie der „Neuen Rechten" ist, in Erweiterung der Aspekte einer (weitgehenden) Organisationslosigkeit und der Adaption linker Kulturtechniken, gekennzeichnet durch eine politische Mimikry und den Versuch, eine intellektuelle Metapolitik mit dem Ziel einer konservativen Kulturrevolution zu betreiben. Auch hier sind die terminologischen Adaptionen an die politische Linke, insbesondere den italienischen Hegemonietheoretiker Antonio Gramsci unübersehbar; das strategische Ziel besteht darin, durch Mimikry – also durch äußerliche (terminologische) Anpassung an die jeweilige (politische, mediale) Umgebung – die eigenen Ziele zu verschleiern und so in den gesellschaftlichen Mainstream hineinzuwirken, diesen nicht in Detailfragen zu verändern, sondern im Sinne einer Metapolitik grundlegende Denkrichtungen einer Gesellschaft zu prägen und zu bestimmen, um so den Bereich der (politischen) Kultur zu besetzen, der dann – mittel- oder langfristig – auch zu einer politischen Neuordnung im Sinne der „Neuen Rechten“ führen soll. Es ist also ein Umweg, der auch scheinbar vor- und unpolitische Felder wie Kunst und Musik einschließt, als Teil der strategischen Erwägungen jenseits der Parteiförmigkeit des Rechtsextremismus.

Mit Blick auf die weltanschaulichen Ankerpunkte der „Neuen Rechten“ muss zunächst betont werden, dass das Adjektiv „neu“ hier auch tendenziell auf eine falsche Fährte lockt – denn, mit Ausnahme des Terminus des „Ethnopluralismus“, ist nichts an der Weltanschauung der „Neuen Rechten“ wirklich neu (vgl. Bötticher 2008), sondern nimmt vielmehr, ausdrücklich und explizit, Anleihe bei der – von Armin Mohler (1950), der wie kaum ein zweiter für das Bestreben nach Integration zwischen den Spektren im rechtsextremen Milieu stand – so etikettierten Konservativen Revolution der Weimarer Republik, deren Protagonisten ihrerseits retrospektiv zurecht als weltanschauliche Vordenker und Wegbreiter des Nationalsozialismus gesehen wurden, zugleich diesem aber intellektuell auch überlegen waren. Insofern sind die ideengeschichtlichen Referenzen innerhalb der „Neuen Rechten“ auch jene Intellektuelle der Weimarer Zeit, die das weltanschauliche Grundgerüst des Nationalsozialismus – direkt oder indirekt – geprägt haben, wie Max Hildebert Boehm, Arthur Moeller van den Bruck, Oswald Spengler, Othmar Spann, Carl Schmitt, Martin Heidegger, Georges Sorel, Edgar Julius Jung, Ernst Niekisch und Ernst Jünger (vgl. Beyme 2013; Lenk u.a. 1997; Prehn 2013).

Die „Neue Rechte“ geht dabei, wie alle Teilsegmente des Rechtsextremismus, von einer Ungleichheit der Menschen aus, die nach wie vor ethnisch, aber nicht mehr explizit rassistisch zu begründen versucht wird und deren Antiuniversalismus nicht, wie in der NS-Ideologie, in der Vernichtungs-, sondern einer Segmentierungsvorstellung mündet, der konsequenten räumlichen Separierung und geopolitischen Trennung von Menschen nach ethnisch-kulturalistischen Kriterien („Ethnopluralismus“). Diese ethnische Kategorialtrennung basiert auf einem homogenisierenden und soziobiologischen Differenzdenken, in dem einerseits Menschen nur in ihrer ethnisch-kulturellen Identität – und nicht in ihrer Subjektivität – gedacht werden, immer nur als Teil eines (unabänderlichen) Kollektivs, das anderen Kollektiven gegenüber- und entgegensteht, im Sinne einer auch kämpferisch und kriegerisch gedachten Freund-Feind-Dichotomie, die sich mit einem homoerotisch-heroischen Männlichkeitsideal zur „männlichen Nation“ (Kämper 2005) amalgamiert. Mit Blick auf den Gesellschaftsaufbau dominiert innenpolitisch ein völkischer Nationalismus in Verbindung mit einem autoritären Etatismus, der sich außenpolitisch in ethnopluralistische Konzepte übersetzt. Ein gewichtiger Faktor in der neurechten Diskussion ist zudem die Spiritualität und das Ganzheitlichkeitsdenken, was nicht nur eine organische und hierarchische Staatsorganisation umfasst, sondern auch eine starke Hinwendung zu religiösen Vorstellungen, neben christlich-fundamentalistischen Programmatiken besonders zu (neu-)heidnischen, naturreligiösen oder germanischen Vielgötterglauben.

Die Hochzeit der „Neuen Rechten" in Deutschland sind zweifelsfrei die 1990er Jahre, was nicht zuletzt aus dem Kontext der so genannten geistig-moralischen Wende resultiert, die die Regierung Kohl seit 1982 proklamiert und die sich, nicht nur weltanschaulich, sondern auch personell, in den 1990er Jahren nachhaltig verfangen hatte: denn das Programm, ein völkisches Nationenselbstverständnis (wieder) salonfähig zu machen, die offizielle Geschichtsschreibung mit Blick auf den Nationalsozialismus zu revidieren und sich selbst zu Opfern zu stilisieren, waren wesentliche Politikinhalte nicht nur der extremen Rechten, sondern auch von Teilen der christlich-liberalen Regierungskoalition. Insofern waren die, wie man sozialwissenschaftlich sagt, Gelegenheitsstrukturen für die „Neue Rechte" günstig, das grundsätzliche Klima in der Bundesrepublik war staatsoffiziell rechtskonservativ, das Asylrecht 1993 mit den Stimmen fast aller Parteien so nachhaltig eingeschränkt, dass zeitgenössisch oft von dessen faktischer Abschaffung gesprochen wurde, die rassistischen Morde und Anschläge auf Asylbewerberunterkünfte über lange Zeiträume von der Staatsgewalt toleriert und oft nur mit der Sorge bedacht, sie könnten dem Ansehen Deutschlands in der Welt schaden (vgl. Heilbrunn 1996; Kurthen/Minkenberg 1995: 185–191; Minkenberg 1992, 1993; Schönwälder 1995), herrschte ein politisches Klima Anfang der 1990er Jahre, in denen neurechte Positionen auch außerhalb der rechtsextremen Szene Fuß fassen konnten (vgl. Gessenharter 1994; Lenk 1994).

So hatten es auch einige neurechte Intellektuelle geschafft, in den Medien ein Netzwerk der gegenseitigen und wechselseitigen Rezeption zu etablieren, die die eigenen Thesen einer größeren Öffentlichkeit bekannt machten (vgl. Junge u.a. 1997; Butterwegge/Hentges 1999), im Fahrwasser des Historikerstreits war es einem der wichtigsten Vordenker der Neuen Rechten in Deutschland, Karlheinz Weißmann (1995) gelungen, seine Sicht über den Nationalsozialismus in der renommierten Reihe „Propyläen Geschichte Deutschlands" unterzubringen (der Band wurde, kurz nach Erscheinen, wegen seiner geschichtsrevisionistischen Positionen wieder vom Markt genommen), neurechte und rechtsextreme Intellektuelle lancierten weit verbreitete Aufrufe wie den zum 50. Jahrestag der Befreiung vom Nationalsozialismus unter dem Titel „8. Mai 1945 – Gegen das Vergessen" (FAZ, 07.04.1995), dessen Intention es war, die Deutschen zu Opfern zu stilisieren und die deutsche Verantwortung für den Nationalsozialismus klein zu reden – an sich nichts ungewöhnliches in der rechtsextremen Szene, nur dass dieser Aufruf nicht einfach in rechten Postillen erschien, sondern in der meinungsführenden *Frankfurter Allgemeinen Zeitung* – und hier, was auf die Strategie der Verwischung der Grenzen zwischen Rechtsextremismus und politischer Mitte verwies, auch gemeinsam mit zahlreichen Unterschriften von Politikern der Unionsparteien und FDP.

Zugleich war die in den 1990er Jahren als Flaggschiff der „Neuen Rechten“ geltende Wochenzeitung *Junge Freiheit* (vgl. Braun/Vogt 2007; Kellershohn 1994) um intensive, intellektuell anspruchsvolle Debattenführung und Lancierung von Themen bemüht und die im neurechten Spektrum anzusiedelnden Monatsmagazine wie *Criticón* und *Mut* schafften es nicht nur, immer wieder auch Autor(inn)en außerhalb des rechten Spektrums zu gewinnen, sondern auch, neben politischen und historischen Themen, ästhetisch-kulturelle Fragen intensiv zu thematisieren. Mitte/Ende der 1990er Jahre wurden aber die Differenzen innerhalb des Konservatismus wieder stärker – das mag zum einen damit zu tun haben, dass eine der in Sachen Rechtsextremismus wenigen wirklich aufmerksamen Verfassungsschutzbehörden (die von Nordrhein-Westfalen, nachdem Hamburg zuvor das Thema kurz zuvor aufgegriffen hatte) begann, sich intensiv mit der „Neuen Rechten“ als Teil des Rechtsextremismus zu befassen, zum anderen damit, dass die Detailstudien zu Teilaspekten der rechtsintellektuellen Bewegung deutlich zunahmen und intensive Reflexionen sowohl über die (neu-)heidnischen und esoterischen (vgl. Heller/Maegerle 2001), die ökologisch-lebensschützenden (vgl. Geden 1996; Sierck 1995; Wölk 1992), die männerbündischen (vgl. Heither u.a. 1997; Krebs/Kronauer 2010; Kurth 2004) oder auch die geschichtsrevisionistischen Aspekte (vgl. Salzborn 2000; Wiegel 2001) stattfanden, und schließlich sicher auch damit, dass die „geistig-moralische“ Vorherrschaft des rechten Konservatismus in den Unionsparteien nicht nur durch den rot-grünen Regierungswechsel 1998 politisch gebrochen wurde, sondern dass der offen rassistische Flügel in der Union – sei es aus Einsicht, sei es aus machtpolitischem Kalkül – zunehmend von (wieder) stärker transatlantisch orientierten Kräften dominiert wurde und insofern auch innerparteilich an Einfluss verlor.

Außerdem sollte auch nicht vernachlässigt werden, dass gerade im Bereich der neurechten Medien das intellektuelle Potenzial geradezu dramatisch zusammengebrochen ist, es etwa bei der *Jungen Freiheit* eine nachhaltige Hinwendung zum gesamten rechten Spektrum (und damit eine massive Entintellektualisierung) gegeben hat und die bundesdeutsche Rechte an ihr intellektuelles Potenzial der 1990er Jahre über längere Zeiträume hinweg zunächst nicht mehr anknüpfen konnte, schlichtweg weil das (Diskussions-)Niveau (wieder) einfältiger und primitiver geworden ist. Eines der großen, einflussreich intendierten Werke der „Neuen Rechten“, das vom *Criticón*-Chef Caspar von Schrenck-Notzing herausgegebene *Lexikon des Konservatismus* (1996), das sich vor allem dadurch auszeichnete, dass es um nachhaltige Differenzverwischungen zwischen Konservatismus und Rechtsextremismus bemüht war und zugleich auf ästhetisch-kulturellem Gebiet Dominanz entwickeln wollte, erschien nicht nur in einem abseitigen österreichischen Verlag, sondern verpuffte in der Szene weitgehend. Die FAZ (05.05.1997) – wenige Jahre zuvor noch ein wichtiger Hebel neurechter Intellektueller, um ihre Positionen zu platzieren – verriss es in wenigen Zeilen wegen seiner einseitigen Ausrichtung sogar als „schwachbeinig".

Seit den späten 1990er Jahren hat sich insofern der Einfluss der „Neuen Rechten" gewandelt, was auch an der sozialwissenschaftliche Diskussion abzulesen ist: Die von Wolfgang Gessenharter und Hartmut Fröchling bzw. Wolfgang Gessenharter und Thomas Pfeiffer herausgegebenen Bände *Rechtsextremismus und Neue Rechte in Deutschland. Neuvermessung eines politisch-ideologischen Raumes?* (1998) und *Die Neue Rechte – eine Gefahr für die Demokratie?* (2004) diskutierten, nun bemerkenswerterweise sogar in einem ernsthaften Dialog zwischen Verfassungsschutz und Wissenschaft – ein seither nicht mehr wiederholtes Novum, von dem beide Seiten profitierten –, vor allem funktionale Aspekte der „Neuen Rechten": War sie ein Scharnier, war sie eine Brücke, war sie ein Bindeglied zum Konservatismus? Sollte man also die „Neue Rechte" als rechtsextremen Teil des Konservatismus begreifen – oder als vom Konservatismus zunächst unabhängige Strömung des Rechtextremismus? Oder zielte sie möglicherweise, fluktuierend zwischen allen Szenen, vor allem darauf, ihre kulturalistisch-völkische Sichtweise in möglichst vielen politischen Spektren zu lancieren und platzieren, war sie also, wie ein Begriff in der Debatte lautete, möglicherweise ein politisches Chamäleon?

Damit führte die Diskussion zurück in einen Bereich, der in der Rechtsextremismusforschung immer wieder diskutiert worden war – die so genannte Grauzone bzw. das so genannte Brückenspektrum. Also dasjenige Spektrum von Organisationen, die sich selbst nicht als Teil des Rechtsextremismus sehen, aber weltanschaulich in wesentlichen Punkten mit rechtsextremen Positionen übereinstimmen und durch personelle oder organisatorische Überschneidungen selbst auch immer wieder Brücken zwischen Konservatismus und Rechtsextremismus bauen. Der Begriff der Grauzone betont den stufenweisen (weltanschaulichen) Übergang vom Rechtsextremismus zur politischen Mitte (ist aber analytisch schwach, weil eine Grauzone letztlich alles sein kann und damit faktisch nichts ist; vgl. Salzborn 2012 b), der des Brückenspektrums die Funktion bestimmter Gruppen für die Etablierung des Rechtsextremismus in der Mitte der Gesellschaft. Die zwei wichtigsten sozialen Milieus, die weltanschaulich wie organisatorisch über längere Traditionen verfügen und strukturell in dieses Spektrum fallen, sind die Vertriebenenverbände (vgl. Salzborn 2000, 2001) und Teile der studentischen Verbindungen, vor allem die Burschenschaften, die Gildenschaften und die VDSt-Verbindungen (vgl. Heither u.a. 1997; Projekt „Konservatismus und Wissenschaft" 2000; Weidinger 2015).

Beide verbindet eine starke (völkische) Traditionsorientierung, ein reaktionäres Familien- und Geschlechterbild, ein Festhalten an organisatorischen und gesellschaftlichen Hierarchien ebenso, wie eine rassistisch und/oder ethnoplural begründete Ablehnung des Universalitätspostulats und damit ein völkisches Menschen- und Gesellschaftsbild sowie eine starke Tendenz zu geschichtsrevisionistischen Positionen, insbesondere mit Blick auf die Umkehr des Täter-Opfer-Verhältnisses. Damit vertreten beide Milieus, die sich oft auch personell mit dem organisierten Rechtsextremismus überlappen, wesentliche Aspekte der neurechten Weltanschauung, die zwar nicht aus dieser Tradition stammen, aber trotzdem dieselben soziostrukturellen Funktionen erfüllen, wie die „Neue Rechte“ sich ihr programmatisch verschrieben hat. Insofern erweitern sich die sozialwissenschaftlichen Debatten der Rechtsextremismusforschung über die „Neue Rechte“ zunehmend (wieder) in Richtung eines intellektuellen Brückenspektrums, das selbstbeschreibend zwar nicht Teil der „Neuen Rechten“ ist, ihr weltanschaulich aber nahe steht (vgl. Butterwegge u.a. 2002; Schmidt 2001; siehe hierzu auch Weiß 2011).

Waren die späten 1990er und frühen 2000er Jahre die Zeit des Niedergangs der „Neuen Rechten“ in der Bundesrepublik und ihrer öffentliche Marginalisierung, so waren sie zugleich auch die Zeit der internen Sammlung und Reorganisation neurechter Strukturen – fernab der großen öffentlichen Bühne wurden neue Organisationen und Zeitschriften gegründet, neue Aktionsformen entwickelt und über die Frage diskutiert, in welcher Weise denn der Anspruch auf eine rechte kulturelle Hegemonie durch eine intellektuelle Metapolitik mit dem Ziel einer konservativen Kulturrevolution erreicht werden könnte.

Im Umfeld der Wochenzeitung *Junge Freiheit*, die in den 1990er Jahren das Flaggschiff der „Neuen Rechten“ war und maßgeblich für die Verbreitung eines „völkischen Nationalismus“ (Kellershohn 1994) in der öffentliche Debatte verantwortlich, entwickelten sich – nach dem vorübergehenden intellektuellen Niedergang der Zeitung – in den beginnenden 2000er Jahren mehrere Projekte zur Reorganisation der „Neuen Rechten“. Der *Jungen Freiheit* selbst kommt dabei – wieder – die Funktion der Strukturierung von Debatten und der Integration verschiedener rechter Strömungen zu, wobei sie mit einer verkauften Auflage von rund 22.000 Exemplaren wöchentlich (Stand: 3/2014; zum Vergleich: Anfang 2008 waren es noch etwas mehr als 15.000) die Rolle eines rechten Leitmediums erfüllt.

Die Entwicklung der „Neuen Rechten“ seit der Jahrtausendwende vollzog sich in zwei unterschiedlichen Schritten: Der erste bestand in der Schaffung neuer Institutionen bzw. Organisationen, vor allem dem Institut für Staatspolitik (IfS) und der Bibliothek des Konservatismus, sowie der Gründung neuer Zeitungsprojekte, vor allem der *Sezession* und der *Blauen Narzisse*, der zweite in der Entwicklung und dem Einsatz neuer Formen sozialer Bewegung von rechts, vor allem in der Adaption der Identitären Bewegung in Deutschland (vgl. Bruns u.a. 2014). Die beiden zentralen, neu geschaffenen neurechten Strategieorte waren und sind das Institut für Staatspolitik und die Bibliothek des Konservatismus: Das Institut für Staatspolitik, das in keiner Beziehung zu einer Universität steht (der Terminus „Institut“ wird zwar fast ausschließlich von Universitäts-Instituten verwandt, ist aber kein geschützter Begriff; dass das IfS ihn verwendet, ist Teil der neurechten Mimikry-Strategien, bei dem man gerade gegenüber Unwissenden suggeriert, wissenschaftlich auf universitärem Niveau zu arbeiten), wurde im Mai 2000 unter maßgeblicher Führung von drei Gildenschaftern gegründet: Dieter Stein, Chefredakteur der *Jungen Freiheit* und Gildenschafter der Freiburger Hochschulgilde, Karlheinz Weißmann, Gildenschafter der Göttinger Hochschulgilde sowie Götz Kubitschek, langjähriger Aktivensprecher der Deutschen Gildenschaft und zeitweilig Ressortchef für den Bereich „Sicherheit und Militär" bei der *Jungen Freiheit* (vgl. Kellershohn 2001: 1). Kubitschek übernahm die Geschäftsführung des IfS, zusätzlich aber auch die redaktionelle Leitung der *Sezession* sowie des neuinitiierten Verlags Edition Antaios. Das IfS fokussiert auf fünf thematische Kernbereiche: „Staat und Gesellschaft", „Politik und Identität", „Zuwanderung und Integration", „Erziehung und Bildung", „Krieg und Krise" und führt regelmäßig Sommer- und Winterakademien durch und veröffentlicht wesentliche der dort gehaltenen Vorträge in Aufsatz- oder Broschürenform (vgl. Kellershohn 2009). Dem Institut für Staatspolitik fällt im neurechten Spektrum die Funktion der „Wissenschaft und Bildung sowie der Politik- und Medienberatung" zu, wie Helmut Kellershohn (2001: 1), schreibt, wobei das IfS dabei eine operationelle Aufgabenteilung mit *Junger Freiheit* und der Edition Antaios eingeht: Während die *Junge Freiheit* die Medienöffentlichkeit schafft, fokussiert die Edition Antaios auf die „Publikation von Arbeitsergebnissen, die im Kontext dieses Netzwerkes entstehen".

Ein weiterer Baustein in diesem institutionellen Netzwerk der „Neuen Rechten" in Deutschland ist die Bibliothek des Konservatismus, die wie das IfS im Jahr 2000 entstanden ist: Die Bibliothek des Konservatismus entstand auf Betreiben des vormaligen *Criticón*-Chefs Caspar von Schrenck-Notzing, der im Jahr 2000 eine gemeinnützige Förderstiftung Konservative Bildung und Forschung (FKBF) ins Leben rief und diese wiederum eng mit der *Jungen Freiheit* verzahnte, als er im Jahr 2007 den Stiftungsvorsitz an den Chefredakteur der *Jungen Freiheit*, Dieter Stein, übergab. Die FKBF verwaltete zunächst die rund 15.000 Bände umfassende Privatbibliothek von Schrenck-Notzing sowie das Archiv der *Criticón*, rekrutierte aber zahlreiche Spenden, so dass im Jahr 2011 an zentraler Stelle in Berlin eine Bibliothek des Konservatismus eingeweiht werden konnte, die mittlerweile auf drei Etagen umfangreiche Bestände an Literatur zur Verfügung stellt, aber auch Vortragsveranstaltungen organisiert, eigene Publikationen herausgibt und langfristig das Ziel verfolgt, „eine konservative Denkfabrik mit verschiedenen Veranstaltungsformaten, vielleicht sogar hin zu einer Akademie oder einem hochschulähnlichen Zweig" (Fenske 2014: 5) zu etablieren. Man wolle die „konservativen Eliten von morgen" mit dem „geistigen Rüstzeug" ausstatten (vgl. Moritz 2014: 5), also für das neurechte Konzept – das hier begrifflich streng orientiert an der Terminologie der Konservativen Revolution der Weimarer Republik als „konservativ" etikettiert wird – einer Intellektualisierung durch Metapolitik den Ort schaffen.

Nachdem Medien wie die *Criticón* oder die *wir selbst*, die die intellektuelle Debatte der neurechten Szene vor allem in den 1980er Jahren maßgeblich und intensiv geprägt hatten, ihr Erscheinen eingestellt hatten, war eine für die neurechte Szene eklatante Lücke entstanden: Anfang der 2000er Jahre gab es keinen medialen Ort mehr, der die intellektuelle Diskussion neurechter Themen *jenseits* das Tagesgeschäfts organisierte und strukturierte. Diese Lücke sollte die vom Institut für Staatspolitik herausgegebene Zeitschift *Sezession* schließen, die seit 2003 mit zunächst vier, dann mit sechs Ausgaben jährlich erscheint. Als intellektueller und metapolitischer Debattenort der „Neuen Rechten“ arbeitet sie an einer Reaktualisierung der Theorien der Konservativen Revolution der Weimarer Republik und integriert deren Positionen in aktuelle politische und gesellschaftliche Debatten. Die erste Ausgabe der *Sezession* erschien im April 2003, das Editorial eröffnet mit dem an Carl Schmitt erinnernden Satz: „Der Ernstfall hat den Vorzug, die Tatsachen deutlicher hervortreten zu lassen.“ (Weißmann 2003: 1). Auch wenn der damalige Chefideologie der *Sezession* und wichtigste Vordenker der „Neuen Rechten“ im Deutschland der Gegenwart, Karlheinz Weißmann, damit zunächst nur ein Heft mit dem Themenschwerpunkt „Ernst Jünger“ einleitete, in dem es aber faktisch fast nur um Krieg ging, konnte dieser Satz programmatisch für das Gesamtanliegen der *Sezession* gelesen werden. Getreu des ersten Satzes in Carl Schmitts *Politischer Theologie* (1922), nach dem souverän sei, wer über den Ausnahmezustand entscheide, attestiert Weißmann hier als Anliegen den „Ernstfall“, in den sich der neurechte Rechtsextremismus in Deutschland und Europa versetzt sieht, nachdem sich die weltpolitische und geostrategische Kartografie aufgrund von 9/11 nachhaltig verändert, ja das antiamerikanischen und eurozentrische Anliegen der rechtsintellektuellen „Neuen Rechten“ vom Islam und Islamismus vor grundlegend neue, eben nicht nur religiöse, sondern gerade politische Herausforderungen gestellt wurde. Das Generalziel der *Sezession* ist dabei eine Resakralisierung der Politik, die aber nicht einfach gleichzusetzen ist mit einer reinen Rückholung oder Umkehrung der Aufklärungs- und Säkularisierungsprozesse in Deutschland und Europa, sondern diese vielmehr in die Weltbildformulierung einbezieht, sich damit also nicht nur gegen den Prozess der Säkularisierung, sondern zugleich auch gegen den der Individualisierung von Religion wendet. Die Agenda der *Sezession* ist gegen eine „heillose Welt“ (Gerlich 2011: 29) gerichtet, gegen eine „‚judenchristlich‘ inspirierte deutsche Reformation“ (ebd.) und für einen „in ‚politische Form‘ gebrachten Katholizismus“ (ebd.).

Eine ähnliche Agenda, allerdings nur auf dem intellektuellen Niveau einer anspruchsvollen Schülerzeitung, verfolgt die *Blaue Narzisse* (die 2004 ursprünglich auch als Schülerzeitung in der ostdeutschen Stadt Chemnitz entstanden ist): die Popularisierung neurechter Ideen, allerdings nicht wie bei der *Sezession* adressiert an fest in der Szene integrierte und weltanschaulich überzeugte Anhänger neurechter Ideologie, sondern gerichtet an ein jüngeres Publikum, das zwar empfänglich für rechte Ideologie, aber eben gerade noch nicht gefestigt und in die Szene integriert ist. Auch wenn die *Blaue Narzisse* teilweise mit gedruckten Papierausgaben erscheint, ist ihr zentrales Schlachtfeld das Internet, wo neurechte Weltanschauungen in niedrigschwelliger Weise vermittelt und somit an Rezipienten verbreitet werden, die intentional möglicherweise nie auf die „Neue Rechte“ gestoßen wären, aber auf diese

Weise fast zufällig den ersten Kontakt zur Szene hergestellt bekommen. Die *Blaue Narzisse* ist insofern im neurechten Netzwerk der gegenwärtigen Bundesrepublik eine Vorfeldinstitution für Agitation und Propaganda, die eine Einstiegsmöglichkeit auf geringem intellektuellem Niveau, aber mit zentralen Themen und Strategien der „Neuen Rechten“ ermöglicht.

Ähnlich einzuschätzen ist auch die Entstehung der Identitären Bewegung in Deutschland, die – wie schon die „Neue Rechte“ bei ihrer Entstehung in den 1970er Jahren – zentral von den Entwicklungen in Frankreich inspiriert wurde (vgl. Bruns u.a. 2014). Die Identitäre Bewegung Deutschland entstand im Oktober 2012 zunächst virtuell – auf Facebook; sie begreift sich als Ableger der französischen Jugendorganisation Génération Identitaire und proklamiert – getreu der neurechten Strategie der Mimikry – eine formale Abgrenzung gegenüber offen nationalsozialistischen Positionen (und auch gegenüber linken Positionen, aber da dies inhaltlich offensichtlich und evident ist, handelt es sich hierbei auch um eine bewusste Strategie der analogisierenden Gleichsetzung, bei der es mit Blick auf die Rezipienten vor allem darum geht, nicht den Eindruck einer Nähe zum Rechtsextremismus zu erwecken).

Gudrun Hentges u.a. (2014) haben in einer systematischen Untersuchung die Aktivitäten der Identitären Bewegung in Deutschland untersucht, die diese virtuell und im wirklichen Leben durchgeführt hat. Wie bei der Blauen Narzisse ist der Schwerpunkt der „Identitären“ dabei das Internet, das heißt, von einer wirklichen sozialen Bewegung kann schon allein aufgrund mangelnder Realpolitik nicht gesprochen werden; gleichwohl ist das Internet als Medium für die Agitation von partizipationsfernen Personen, die allerdings grundsätzlich über eine rechte Weltanschauung verfügen, der ideale Ort für die intensivere Einbindung in neurechte Denkweisen. Die Strategie der Identitären besteht dabei darin, im realen Leben möglichst spektakuläre Aktionen (vor allem gegen Zuwanderung) durchzuführen, die dann gefilmt und online vermarktet werden – so inszeniert, dass kaum auffällt, dass die tatsächliche „Bewegung“ bei ihren Aktionen kaum mehr als eine Handvoll Aktivisten versammeln kann, die aber filmisch so dargestellt werden, als seien sie eine große Bewegung:

„Das Internet ermöglicht mit einem geringeren Organisationsaufwand die Simulation eines kontinuierlichen Protestgeschehens, das überregional – gar transnational und international vernetzt – aufrechtgehalten wird, so dass eine Diskrepanz zwischen den eigentlichen Aktionen ‚auf der Straße‘, die bisweilen von nicht mehr als einem Dutzend Aktivisten durchgeführt werden, und dem virtuellen Echo, das diese Aktionen aufgrund viraler Verbreitung im Internet erfahren, entsteht.“ (Hentges u.a. 2014: 9)

Die Identitäre Bewegung stellt damit so etwas wie den aktionistischen Arm der „Neuen Rechten“ dar, der neurechte Themenfelder wie Identitäts- und Heimatpolitik oder Antimigrationsagitation besonders für Jugendliche attraktiv machen soll und hierfür moderne Kommunikationsformen adaptiert.

Übungsaufgaben

- Worin bestehen Gemeinsamkeiten, worin Unterschiede zwischen „alter“ und „n/Neuer“ Rechter?
- Zwischen dem Anspruch, möglichst eindeutige Definitionen zu formulieren und der politischen Wirklichkeit, dass eine Szene wie die „Neue Rechte“ sich bewusst dieser Eindeutigkeit zu entziehen versucht, besteht eine erhebliche Spannung. Diskutieren Sie Möglichkeiten, mit dieser Spannung umzugehen.
- Das öffentliche Urteil über Burschenschaften und Vertriebenenverbände ändert sich immer wieder, mal gelten sie in der medialen Debatte als Teil des Rechtsextremismus, mal wird ihr Wirken als harmlos und folkloristisch bzw. fast albern dargestellt. Worin könnten solche Schwankungen und Wandlungen begründet sein?

Literatur zur Einführung

Thomas Assheuer/Hans Sarkowicz: Rechtsradikale in Deutschland. Die alte und die neue Rechte, München 1990.

Wolfgang Gessenharter/Thomas Pfeiffer (Hg.): Die Neue Rechte – eine Gefahr für die Demokratie?, Wiesbaden 2004.

Roger Griffin: Between metapolitics and apoliteia: the Nouvelle Droite's strategy for conserving the fascist vision in the „interregnum”, in: Modern & Contemporary France, H. 1/2000, S. 35–53.

Alberto Spektorowski: The New Right: ethno-regionalism, ethno-pluralism and the emergence of a neo-fascist „Third Way”, in: Journal of Political Ideologies, H. 1/2003, S. 111–130.

Weiterführende Literatur

Julian Bruns/Kathrin Glösel/Natascha Strobl: Die Identitären. Handbuch zur Jugendbewegung der Neuen Rechten in Europa, Münster 2014.

Gabriele Kämper: Die männliche Nation. Politische Rhetorik der neuen intellektuellen Rechten, Köln 2005.

Kurt Lenk/Günter Meuter/Henrique Ricardo Otten: Vordenker der Neuen Rechten, Frankfurt/New York 1997.

8. Öffentlichkeit und Alltag

Rechtsextremismus hat eine Einstellungs- und eine Verhaltensdimension: Während sich rechtsextreme Einstellungen im Verhalten manifestieren und beispielsweise (passiv) zur Wahl einer rechtextremen Partei führen oder (aktiv) zur Mitgliedschaft in einer rechtsextremen Organisation und insofern rechtsextreme Einstellungen Grundlage für rechtsextremes Verhalten sind, muss gleichwohl unterschieden werden zwischen einem geschlossen rechtsextremen Weltbild und dem Vorhandensein von einzelnen Versatzstücken rechtsextremer Ideologie. Diese Differenzierung wird noch dadurch komplexer, dass Personen mit rechtsextremen Einstellungen – dies haben vor allem Einstellungsuntersuchungen unter Studierenden gezeigt (vgl. Ahlheim/Heger 2002; Demirović/Paul 1996) – sich in ihrem Selbstbild nicht zwingend als rechts einstufen, sondern in ihrer Eigenwahrnehmung bisweilen auch glauben, (diffus) linke Positionen zu vertreten. Insofern ist die Einstellungsdimension im Rechtsextremismus nicht nur von der Verhaltensdimension zu unterscheiden, sondern auch mit Blick auf mögliche Differenzen zwischen Selbst- und Fremdwahrnehmung.

Im Alltag begegnet man Varianten rechtsextremer Äußerungen an vielfältigen Stellen: Vom (sprichwörtlichen) Stammtisch über den Fußballplatz, von den Leser(innen)briefspalten in der Lokalpresse über Pöbeleien in Bussen oder Straßenbahnen, von Graffiti über Musikclips, vom sozialen Netzwerk im Internet bis hin zur Schmiererei auf der Schultoilette. Teilaspekte rechtsextremer Weltanschauung sind insofern omnipräsent, was aber nicht zu dem Trugschluss führen sollte, dass sie auch gesellschaftlich dominant wären – denn in vielen Bereichen gibt es mittlerweile Initiativen gegen rassistische, antisemitische, homophobe oder anderweitig diffamierende Alltagsartikulationen, zahlreiche Fußballclubs engagieren sich ebenso wie Faninitiativen, es gibt Projekte für „Schulen ohne Rassismus", antirassistische Betriebsvereinbarungen, antifaschistische Initiativen und lokale, oft einen Großteil der Parteien und Interessenverbände umfassende, Bündnisse gegen Rechts (vgl. Frohloff 2001; Kulick/Staud 2013; Mecklenburg 1999 b; Salzborn 2002 b; Schneider 2001).

Gleichwohl lässt sich konstatieren: Der Anteil von Menschen mit rechtsextremen Einstellungen liegt deutlich über dem Anteil derjenigen, die diese auch durch ihr Verhalten artikulieren, so dass rechtes Denken über das Spektrum des organisierten Rechtsextremismus hinaus in der bundesdeutschen Gesellschaft verankert ist. Zugleich zeigen aber quantitative Einstellungsuntersuchungen wie die von der Friedrich-Ebert-Stiftung seit 2006 im Zweijahresrhythmus durchgeführten Erhebungen, dass über ein geschlossen rechtsextremes Weltbild immerhin neun Prozent (2012) der Deutschen verfügen, wobei die Tendenz seit 2008 im Gesamtbundesgebiet steigend ist, allerdings regional differiert: Während seit 2006 ein moderater Rückgang des prozentualen Anteils von Menschen mit geschlossen rechtsextremem Weltbild im Westen festzustellen ist, gibt es im selben Zeitraum einen deutlichen Anstieg im Osten Deutschlands (vgl. Decker u.a. 2012).

Geschlossenes rechtsextremes Weltbild von 2002-2012
(in Prozent)

Geschlossenes rechtsextremes Weltbild	2002	2004	2006	2008	2010	2012
Gesamt	9,7	9,8	8,6	7,6	8,2	9,0
Ost	8,1	8,3	6,6	7,9	10,5	15,8
West	11,3	10,1	9,1	7,5	7,6	7,3

Grenzwert > 63 bei Minimum 18 und Maximum 90
Der Grenzwert von 63 wird überstiegen, wenn alle 18 Items mit durchschnittlich mindestens 3,5 (insgesamt fünf Antwortmöglichkeiten: 3 = »teils/teils«, 4= »stimme überwiegend zu«, 5 = »stimme voll und ganz zu«) beantwortet wurden.

Abb. 12: Die Entwicklung des geschlossen rechtsextremen Weltbildes.

Quelle: Decker u.a. 2012: 54. Copyright: Friedrich-Ebert-Stiftung/Verlag J.H.W. Dietz Nachf.

Verfehlt wäre jedoch die Annahme, dass rechtsextreme Einstellungen sich ausschließlich bei den Personen finden, die über ein geschlossen rechtsextremes Weltbild verfügen – im Gegenteil: Die neun Prozent mit geschlossen rechtsextremem Weltbild sind lediglich diejenigen, die rechtsextremen Positionen im Rahmen von Meinungsumfragen *vollumfänglich* zustimmen. All diejenigen Bürger/innen, die zum Beispiel eine autoritäre Herrschaftsform ablehnen und die Demokratie grundsätzlich für gut halten, allerdings zugleich rassistische oder antisemitische Einstellungen haben, werden statistisch nicht zu dieser Personengruppe gezählt. Insofern liegt in empirischen Einstellungsuntersuchungen – so erschreckend die Zahlenwerte auch jeweils sein mögen – immer auch vordergründig sogar ein beruhigendes Potenzial mit Blick auf das Thema Rechtsextremismus, weil als „echte" Rechtsextremist(inn)en – oder als „echte" Rassist(inn)en", „echte" Antisemit(inn)en usw. – immer nur diejenigen gezählt werden, die mit Blick auf *alle* Einstellungsdimensionen hohe Zustimmungswerte haben – also diejenigen, bei denen es *keinerlei* Zweifel gibt – und insofern die Zahlen, so erschreckend sie auch schon sind, letztlich tendenziell immer zu niedrig angesetzt sind.

Dass das Potenzial deutlich höher ist, sieht man nicht zuletzt daran, dass ein Effekt demokratischer Sozialisation auch darin besteht, zumindest gelernt (nicht zuletzt durch strafrechtliche Sanktionsandrohungen) zu haben, öffentlich nicht für eine autoritäre oder totalitäre Diktatur einzutreten, was zugleich aber nichts über tatsächliche Einstellungen und Werthaltungen verrät, da Antworten auf Fragen in quantitativ ausgerichteten Meinungsumfragen immer auch die Dimension der so genannten sozialen Erwünschtheit tangieren: Das, was die Befragten für sozial nicht-erwünscht halten – weil sie glauben, es werde von dem Gesprächspartner, von Freunden oder auch von der Mehrheit der Gesellschaft abgelehnt – kommunizieren sie dann auch nicht.

In mittlerer zeitlicher Perspektive kann man dieses Faktum an der ersten großen empirisch-quantitativen Rechtsextremismus-Studie des Sinus-Instituts vom Anfang der 1980er Jahre sehen: Nach dieser waren fünf Millionen Westdeutsche der Auffassung, dass „wir wieder einen Führer haben sollten", wobei die Studie zeigte, dass mindestens 13 Prozent der Westdeutschen über ein geschlossen rechtsextremen Weltbild verfügten (vgl. SINUS 1981). Im Vergleich der Daten ist dann zwar mit Blick auf die Deutlichkeit der Zustimmung zu einer offenen Diktatur eine Abnahme, aber im Gesamtkontext doch nur eine Verschiebung von einer kommunizierten zu einer nicht mehr offen kommunizierten Einstellung zu konstatieren – denn die absoluten Werte der Zustimmung zu einem „geschlossen rechtsextremen Weltbild" sind absolut betrachtet ja fast identisch geblieben, weil sich durch die deutsche Einheit die Grundgesamtheit verändert hat.

Anlassbezogen und punktuell ist es immer aufschlussreich, etwas über Zustimmungs*veränderungen* zu einzelnen Facetten rechtsextremen Denkens (wie Antisemitismus, Rassismus, Sexismus, Homophobie, Demokratiefeindlichkeit usw.) in der Bevölkerung zu wissen, um konkrete Interventionsmöglichkeiten abwägen zu können – die Detailverschiebungen der quantitativen Einstellungsuntersuchungen sind allerdings in den meisten Fällen wenig aufschlussreich, weil oft nur marginal.[5] So zeigt sich zum Beispiel, dass es in der Bundesrepublik – jenseits von demoskopischen Veränderungen und unabhängig von konkreten politischen Ereignissen – von ihrer Gründung bis in die Gegenwart etwa 15 bis 20 Prozent Antisemit(inn)en gibt, also der Wert in der Bilanz quasi unverändert bleibt und nur die konkreten Formen antisemitischer Äußerung variieren. Mit Blick auf die Kernaussagen der empirischen Studien der zurückliegenden Jahrzehnte zeigen sich insofern durchaus einige grundsätzliche Erkenntnisse über Art und Ausmaß rechter Einstellungen in der deutschen Bevölkerung. Langzeituntersuchungen wie die des Bielefelder Projekts „Gruppenbezogene Menschenfeindlichkeit", in dem in jährlichem Turnus über einen Zeitraum von zehn Jahren repräsentative Befragungen durchgeführt wurden (vgl. Heitmeyer 2002–2011), machen drei grundlegende Tendenzen deutlich:

1. Der Anteil von Versatzstücken rechtsextremen Denkens in der deutschen Bevölkerung ist *kontinuierlich deutlich höher*, als die Existenz eines geschlossen rechtsextremen Weltbildes.

5 Ein technisches Problem der Vergleichbarkeit von quantitativen Daten besteht überdies darin, dass diese in der Geschichte der Bundesrepublik von wechselnden Umfrageinstituten durchgeführt worden sind und dabei keine Vereinheitlichung der Fragen bzw. Items existiert, sie insofern zwar grundsätzliche Tendenzen und Trends beschreiben können, allerdings im Detail wenig Aussagekraft haben. Der scheinbare Nachteil einer Uneinheitlichkeit der Items hat aber auch einen Vorteil: Denn viele Items der empirischen Sozialforschung waren und sind konzeptionell unterkomplex, so dass jede Überarbeitung die Chance bietet, die empirischen Instrumente besser den theoretischen Erkenntnissen anzupassen – das dies nur schleppend und in langwierigen Prozessen erfolgt, ist nicht zuletzt ein Problem der Selbstüberschätzung innerhalb der quantitativen Sozialforschung, die leider oft in deutlicher Distanz zum konzeptionellen und theoretischen Wissen der Sozialwissenschaften durchgeführt wird (vgl. Salzborn 2013).

2. Die zentralen Schlüsselelemente rechtsextremen Denkens wie Antisemitismus und Rassismus werden *stabil* von etwa einem Fünftel bzw. einem Viertel der Deutschen vertreten.
3. Elemente der rechtsextremen Weltanschauung (vgl. Kap. 2) korrespondieren unter- und miteinander, d.h. sie treten als Einstellungen nicht isoliert auf, sondern bedingen und verstärken sich wechselseitig.

Der wesentliche Ausgangspunkt für rechtsextreme Einstellungsmuster in der Mitte der Gesellschaft ist die Frage nach der politischen und gesellschaftlichen Auseinandersetzung mit dem Nationalsozialismus, weil der heutige Rechtsextremismus nicht nur die Nachgeschichte des Nationalsozialismus darstellt, sondern vor allem, weil sich im Umgang mit dem Nationalsozialismus Schnitt- wie Differenzmengen zwischen gesellschaftlicher Mitte und Rechtsextremismus zeigen.

Die öffentliche Präsenz der NS-Vergangenheit hat in Deutschland seit einigen Jahren Konjunktur (vgl. Frei 2005:). Ganz entscheidend über eine Intensivierung visueller Elemente wie verschiedener Kino-Filme oder zahlreiche populäre Fernsehreihen geprägt, gehören Bilder über den Nationalsozialismus inzwischen zur bundesdeutschen Alltagskultur.

In der in diesem Zusammenhang stehenden sozialwissenschaftlichen Debatte hat sich die These durchgesetzt, dass diese intensive mediale Präsenz des Nationalsozialismus nicht zu verwechseln ist mit einer substanziellen Aufarbeitung der NS-Vergangenheit (vgl. Klundt u.a. 2003; Reichel 2004), sondern dass das „Plappern über ‚damals'" – wie der Medienwissenschaftler Klaus Kreimeier (2005) es auf den Begriff gebracht hat – vielmehr auf einen geschichtspolitischen Wandel in der deutschen Gedenkkultur hinweist. Die deutsche Erinnerungskultur ist von der Gleichzeitigkeit von einer hoch spezialisierten, zu immer detaillierter und präziser werdenden Erkenntnissen über die NS-Vergangenheit gelangenden, über weite Strecken exzellenten (geschichts-)wissenschaftlichen Forschung auf der einen und einer historisch desorientierten und weitgehend faktenresistenten deutschen Bevölkerung auf der anderen Seite geprägt, so dass die Visualisierungen der NS-Vergangenheit vor allem symbolischen Charakter haben:

„Jedenfalls lassen sich die gegenwärtigen Geschichts-Events nur noch bei oberflächlichster Betrachtung als Ausdruck jener politischen Kultur der selbstkritischen Auseinandersetzung mit der NS-Vergangenheit begreifen, die seit den sechziger Jahren entstand und die Gesellschaft der Bundesrepublik jahrzehntelang prägte." (Frei 2004)

Es scheint gerade ein umgekehrt proportionaler Zusammenhang zwischen der Zunahme des wissenschaftlich gesicherten Wissens über den Nationalsozialismus und der Abnahme der kritischen Verankerung dieser Erkenntnisse in der deutschen Gesellschaft zu bestehen, der seine dramatische Dynamik dadurch erhält, dass mit dem geringen Wissen eines großen Teiles des deutschen Bevölkerung über den Nationalsozialismus zugleich eine zunehmende Erinnerungs- und Schuldabwehr einhergeht (vgl. Silbermann/Stoffers 2000; Ahlheim/Heger 2002; IMAS 2005 a, 2005 b). In geschichtspolitischer Perspektive, also hinsichtlich der instrumentellen Nutzung der Vergangenheit zu gegenwarts- und zukunftsbezogenen Zwecken, hat die – durch zahlreiche Debatten über Antisemitismus kontinuierlich wiederkehrende – Abwehr der Erinnerung an die Shoah zentrale Bedeutung. Seit einigen Jahren mischen sich diesen auf Schuld*abwehr* orientierenden Artikulationen verstärkt Töne bei, die – wie bei den Vertreibungs- und Bombenkriegsdebatten – auf Schuld*umkehr* zielen. Ziel dieser Debatten ist es, den historischen Kontext verschwinden zu lassen, die ursächlichen Zusammenhänge von deutscher Volkstums- und Vernichtungspolitik auf der einen und Umsiedlung der Deutschen in Konsequenz auf diese Politik auf der anderen Seite aus dem Gedächtnis heraus zu redigieren, ohne dass sie jemals ernsthaft im gesellschaftlichen Diskurs reflektiert worden wären. Dem stets halluzinierten Vorwurf einer deutschen Kollektivschuld, den es tatsächlich von alliierter und assoziierter Seite als politische Maxime nicht gegeben hat, wird mit einer Geschichtsinterpretation begegnet, die geradewegs auf die Schaffung eines Mythos deutscher Kollektivunschuld zusteuert. Das ist mit Blick auf den Rechtsextremismus deshalb so problematisch, weil es zum einen eine deutliche Differenz zwischen realem Wissen über den Nationalsozialismus und dem Glauben, mit der NS-Vergangenheit konfrontiert (worden) zu sein, gibt und weil zum anderen die Sehnsucht nach „nationaler (Erinnerungs-)Normalität“ einhergeht mit einer Bagatellisierung des Nationalsozialismus.

Auf diese Weise können „Meinungsbrücken“ zwischen Rechtsextremismus und politischer Mitte entstehen, in der sich das gesellschaftliche Klima auf unterschiedliche Weise verändert (vgl. Hainsworth 2000; Kauffmann u.a. 2005; Loch/Heitmeyer 2001; Lynen von Berg 2000; Reinfeldt 2000, 2013; Schobert 2009): Themen der Rechten, wie etwa die antisemitische Schuldabwehr und die geschichtsrevisionistische Position, nach der die Deutschen Opfer des Zweiten Weltkrieges geworden seien (Vertreibungs- und Bombenkriegsdebatte), werden zu Themen der Mitte – oder, umgekehrt, Themen der Mitte werden durch Thesen der Rechten überformt, wie etwa bei der Sozialstaats- oder Finanzkrisendiskussion (etwa durch die mediale Verbreitung von antisemitischen und geschichtsrevisionistischen Bildern vom „Bombenholocaust“, menschenverachtenden Metaphern wie „Sozialschmarotzer“ oder den „Heuschrecken“, die über die „gesunde“ Wirtschaft herfallen). So lässt sich in den zurück liegenden zwei Jahrzehnten an vielen Beispielen zeigen (vgl. Butterwegge u.a. 2002), dass es Verschiebungen im gesamtgesellschaftlichen Klima gegeben hat: „Themen der Rechten“ sind zu „Themen der Mitte“ geworden (vgl. ebd.), wobei zunehmend von einer „fragilen Mitte“ (Zick/Klein 2014) gesprochen werden kann (siehe auch Marg 2014), in der ein radikalliberaler Elitismus und eine repressive Sozialpolitik häufig als Einfallstor für eine Etablierung rechtsextremen Denkens fungieren, da sie Sozialneid und Verlustängste mobilisieren (vgl. Quent 2012).

Übungsaufgaben

- Diskutieren Sie den Zusammenhang von rechten Einstellungen und (passivem wie aktivem) rechtsextremen Verhalten.
- Was können Gründe dafür sein, dass rechtes Einstellungspotenzial in der Bevölkerung sich nicht immer in rechtsextremes Verhalten umsetzt?
- Wählen Sie ein aktuelles Beispiel für ein rechtsextremes Themenfeld, das zum „Thema der Mitte" geworden ist und überlegen Sie, welche Faktoren hierfür ausschlaggebend waren.

Literatur zur Einführung

Christoph Butterwegge/Janine Cremer/Alexander Häusler/Gudrun Hentges/Thomas Pfeiffer/Carolin Reißlandt/Samuel Salzborn: Themen der Rechten – Themen der Mitte. Zuwanderung, demografischer Wandel und Nationalbewusstsein, Opladen 2002.

Klaus Ahlheim/Bardo Heger: Die unbequeme Vergangenheit. NS-Vergangenheit, Holocaust und die Schwierigkeiten des Erinnerns, Schwalbach/Ts. 2002.

Norbert Frei: 1945 und wir. Das Dritte Reich im Bewusstsein der Deutschen, München 2005.

Weiterführende Literatur

Paul Hainsworth (Hg.): The Politics of the Extreme Right. From the Margins to the Mainstream, London u.a. 2000.

Michael Klundt/Samuel Salzborn/Marc Schwietring/Gerd Wiegel: Erinnern, verdrängen, vergessen. Geschichtspolitische Wege ins 21. Jahrhundert, 2. Aufl., Gießen 2007.

Alfred Schobert: Analysen und Essays. Extreme Rechte – Geschichtspolitik – Poststrukturalismus, Münster 2009.

Andreas Zick/Anna Klein: Fragile Mitte – Feindselige Zustände. Rechtsextreme Einstellungen in Deutschland 2014. Herausgegeben für die Friedrich-Ebert-Stiftung von Ralf Melzer, Bonn 2014.

9. Exkurs: Kampagnenpolitik im Rechtsextremismus der Gegenwart

Wie in Kap. 3 dargestellt, hat Richard Stöss (2010: 31ff.) ein Analysemuster für die Geschichte des Rechtsextremismus vorgeschlagen, das historisch-programmatisch zentrale weltanschauliche Elemente herausarbeitet und insofern auf zentrale Agitationsmomente des Rechtsextremismus fokussiert. Da die jüngste Vergangenheit aus Sicht des Rechtsextremismus ein hohes Maß an Agitations- und Aktionserfolgen umfasst – von der, zumindest vorläufigen, Etablierung einer neuen Partei bis hin zu rassistischen Großdemonstrationen mit mehreren Tausend Teilnehmern wie bei Pegida im Winter 2014/15 (vgl. Geiges u.a. 2015) – scheint es geboten, einerseits die These von Stöss bezüglich des gegenwärtig zentralen Kampagnenthemas des Rechtsextremismus eingehender zu prüfen und, da die Etikettierung der aktuellen Kampagnenpolitik in Rechtsextremismus als „Antiislamkampagne" eher als zu voreilig formulierte Generalisierung erscheint, einen Alternativvorschlag zu Stöss zu formulieren. Klar ist dabei: Jede politikwissenschaftliche Einschätzung, die im Sinne von Stöss historisch-programmatisch verfahren möchte und dabei die Gegenwart mit in die Analyse einbezieht, läuft Gefahr, aktuelle Tendenzen überzubewerten und, geblendet durch die Kurzzeitperspektive, punktuelle Entwicklungen zu generalisieren, die sich in einer historischen Langzeitperspektive (etwa wenn ein/e Autor/in eines Buches über die Kampagnenpolitik des Rechtsextremismus mit dem Wissen des Jahres 2040 auf das Jahr 2015 blicken würde) als interpretatorisch nicht generalisierungsfähig erweisen würden. Deshalb fungiert das Kapitel hier auch als „Exkurs" – als gegenwartsfokussierte Analyse, die sich kritisch mit der These von Stöss vor dem Hintergrund aktueller Entwicklungen im Rechtsextremismus auseinandersetzt und einen Interpretationsvorschlag zur Frage der Kampagnenpolitik im gegenwärtigen Rechtsextremismus formuliert, die allerdings im Unterschied zu den Darstellungen zu den Entwicklungen im Rechtsextremismus in einer Langzeitperspektive in deutlich höherem Maß Fehleinschätzungen beinhalten *kann*.

Richard Stöss hat, wohl nicht zuletzt unter dem unmittelbaren Eindruck von rechtsextremen Demonstrationen und Wahlwerbeslogans der 2000er Jahre, die jüngeren Entwicklungen im Rechtsextremismus unter dem Label „Antiislamkampagne" zusammengefasst. Dieses Label scheint aber unpassend, denn zum einen ist die rechtsextreme Szene in der Bundesrepublik gleichermaßen geprägt von antiislamischen wie von proislamischen Stimmen, so dass hier keineswegs von einer generalisierbaren Grundhaltung gesprochen werden kann, andererseits sind die präziser unter dem Begriff der Antiislamisierungsrhetorik formulierten Positionierungen in der rechten Szene selbst nur Teil einer umfassenderen Kampagne, für die hier der Begriff *Verschwörungskampagne* vorgeschlagen wird.

Diese *Verschwörungskampagne* zielt darauf, politische und gesellschaftliche Entwicklungen rationalen Betrachtungen zu entziehen und stattdessen die Emotionalität und Affekthaftigkeit des Politischen zu steigern, wenn hinter diesen Entwicklungen (unbekannte, unfassbare, omnipotente) Mächte vermutet werden, die im Sinne einer Verschwörung agieren und die tatsächlichen politischen Agenden steuern würden. Das Motiv der Verschwörung ist historisch wie systematisch ein antisemitisches, gleichwohl kann diese Verschwörungsphantasie im gegenwärtigen Rechtsextremismus zahlreiche Ausprägungen annehmen, neben den nach wie vor prägnanten und dominanten des Antisemitismus und des Antiamerikanismus (vgl. Jaecker 2004) auch solche, die vor den Gefahren einer angeblichen Islamisierung Europas warnen. Das Schlagwort der Islamisierung ist im völkischen Denken dabei ein Element von geopolitischer Bevölkerungspolitik, weil es nicht primär auf den Islam (als Religion) oder die Muslime (als Subjekte) orientiert, sondern auf eine Verbindung von völkischen und raumordnerischen Aspekten abhebt: es geht um eine Ablehnung und Furcht vor dem Aufenthalt bzw. Zuzug von Muslimen *nach Deutschland bzw. Europa*.

Der Glaube, es würde zu einer bevölkerungspolitischen Islamisierung Europas kommen, der oft auch mit dem seit Oswald Spenglers *Untergang des Abendlandes* (1918/22) kulturpessimistisch und apokalyptisch aufgeladenen Begriff des „Abendlandes“ verbunden wird, ist Teil einer umfassenderen Verschwörungsphantasie. Diese zielt im Sinne der extremen Rechten darauf, die ethno- und geopolitischen Grundlagen des „deutschen Volkes“ bzw. der „deutschen Rasse“ (je nachdem, ob eine kulturalistische oder eine rassistische Position vertreten wird) als gefährdet anzusehen – durch Zuwanderung und „Überfremdung“, durch Medien- oder Finanzdominanz, durch Parlamentarismus und Parteiendemokratie, durch Aufklärung und Rationalität.

Diese völkische Angst vor einer Islamisierung Europas, die suggestiv an die reale Gefahr der Bedrohung durch islamistischen Terrorismus anschließen kann und gerade durch diese Vermischung von Fiktion und Realität intuitive Wirkmächtigkeit entfaltet, ist im bundesdeutschen Rechtsextremismus aber eben durch eine Ambivalenz der Haltung gegenüber dem Islam geprägt – und in dieser Frage einer Spaltung der rechten Szene: in einen Flügel, der wie die NPD sogar mit radikalislamischen Gruppierungen wie der mittlerweile verbotenen Hisb ut-Tahrir kooperiert, der gemeinsam mit Islamisten unter palästinensischer Federführung bei antisemitischen Demonstrationen gegen Israel marschiert (wie im Sommer 2014; vgl. Salzborn 2014 b) und insofern vor allem durch einen glühenden Antisemitismus, aber auch durch homophobe und zugleich homoerotische Vorstellungen miteinander verbunden ist und einen Flügel, der wie Pro-NRW oder der Internetblog „Political Incorrect“ den eigenen fremdenfeindlichen Rassismus hinter plumpen antiislamischen Vorurteilen versteckt. Damit findet sich neben einer antimuslimischen Agitation, die antiislamisch formuliert, was rassistisch gemeint ist, *gleichermaßen* eine proislamische Grundhaltung im Rechtsextremismus, die die weltanschaulichen Gemeinsamkeiten von völkischem Denken und radikalem Islamismus betont und den Islam für seine gemeinschaftliche Homogenitätsvorstellungen in Verbindung mit Antisemitismus und Antifeminismus bewundert.

Zwischen diesen beiden Flügeln steht die neurechte Zeitschrift *Sezession*, anhand derer sich die Widersprüchlichkeiten anschaulich illustrieren lassen: Auf der einen Seite begreifen die *Sezession*-Autor(inn)en, dass vom politischen Islam für Deutschland und Europa aufgrund dessen politischen Herrschafts- und religiösen Monopolanspruchs eine Gefahr ausgeht, auf der anderen Seite bewundert man aber die Rigorosität und Beharrlichkeit im Islam, an seinem antimodernen Weltbild trotz aller Widersprüche und Konflikte festzuhalten: „Der Orient ist für Europa seit jeher beides gewesen: Faszination – und Schreckbild." (Seubert 2011: 15). Zwei Textbeispiele helfen, diese argumentative Spannung zu verdeutlichen (vgl. ausführlich Salzborn 2015 b). In einem Beitrag mit dem Titel „Der Islam und die Rechte" setzt sich Karlheinz Weißmann (2005) in der *Sezession* mit dem französischen Kopf der Nouvelle Droite, Alain de Benoist, auseinander, der die Verschleierung muslimischer Frauen in Frankreich für unproblematisch hält und – in den mit dem Begriff „Tracht" freilich stark völkisch überwölbten Worten von Weißmann – „gegen eine solche Tracht nichts einzuwenden" habe. Weißmann erklärt die Haltung von Benoist damit, dass dieser in der Verschleierung die „mehr oder weniger legitime Bemühungen" sehe, sich „gegen einen Universalismus zu wappnen, der keine gewachsenen Überlieferungen und Lebensformen" anerkenne und zugleich durch sie „jene ‚Ganzheit'" verbürgt sei, die zu den „wesentlichen Merkmalen von de Benoists Kulturbegriff" gehöre (ebd.: 50). Weißmann kritisiert an einer allzu positiven Bezugnahme auf den Islam die „Fixierung auf das normative Selbstverständnis bestimmter Religionen und Kulturen" (ebd.: 51), was genau jene Spannung zwischen Faszination für den abstrakten Antiuniversalismus und Furcht vor dessen konkreter Substanz integriert.

Ähnlich denkt auch Ellen Kositza (2011) – mit Blick auf die ambivalente Haltung gegenüber dem Islam, an dem seine Rigorosität und Essentialität bewundert, seine Konkurrenz zu den eigenen Hegemonieansprüchen aber gefürchtet wird. Kositza befasst sich in der *Sezession* mit dem Kopftuch und betont, dieses sei „dem christlichen Abendland nicht fremd" und auch für die Germanen sei von „Frauenhaar eine magische Kraft" ausgegangen (ebd.: 24). Kositza wendet sich nachhaltig gegen den Feminismus und jede Emanzipation der Frau und unterstellt einen „grundlegenden Unterschied zwischen Mann und Frau" (ebd.: 26), wobei es um ein Weltbild der „rigorosen Trennung eines weiblichen und männlichen Lebensprinzips" (ebd.) gehe. Gegen feministische Überlegungen wendet sie ein, dass man gegen diese das „Kopftuch auf Rezept" zur „Wiedererlangung von Würde, Geborgenheit und Seinsgewißheit" verordnen sollte, würde es möglich sein (ebd.), wobei auch in Kositzas Überlegungen der eigentlich instrumentelle Bezug auf den Islam ebenfalls deutlich wird, der im Kern nur aus ethnopluralistischen, d.h. völkischen Gründen kritisiert wird – und nicht aufgrund all der Momente, die eine liberale, aufgeklärte, feministische oder soziale Islamkritik formulieren würde, im Gegenteil:

„Die schwarzäugige Kopftuchträgerin an der Supermarktkasse befremdet mich weniger als ihre wildgefärbte, kaugummikauende Kollegin mit all den Ringlein in Lippe und Augenbrauen. Ebenso wähnte ich meine Kinder bei einer Ferestha Ludin als Englischlehrerin besser betreut als bei einem franseligen Sozialkundepädagogen, der zugleich für Die Linke im Kreistag sitzt und in seinen Klassenarbeiten Aufgaben stellt, deren Musterlösungen hanebüchen sind." (Kositza 2011: 25)

Weltanschaulich bemerkenswert ist hier auch die überhebliche Arroganz, mit der das Argument auch in sozialdarwinistischer Perspektive vorgetragen wird, vor dem historischen Hintergrund der oft als positives Gegenbild heroisierten Germanen, die

– wie der Historiker Uwe Walter (2014) betont – doch vor allem als „zerstritten, faul und barbarisch“ beschrieben werden müssen, so dass hier offenbar ein klassischer Fall von Projektion vorliegt, bei dem Kositza gerade das Zerrbild einer Frau ablehnt, das unbewusst ihrem eigenen Idealbild sozialtypologisch (und über die historischen Entwicklungen hinweg übersetzt) doch recht nahe kommt.

Stellt man in Rechnung, dass es im gegenwärtigen Rechtsextremismus gleichermaßen eine antiislamische wie eine proislamische Fraktion gibt, die sich bevölkerungspolitisch in ihrer verschwörungsphantastischen Angst von einer Islamisierung Europas treffen, zeigt dies, dass das Argument von Stöss, nach dem der Rechtsextremismus generell durch eine Antiislamkampagne geprägt sei, einerseits den proislamischen Flügel und damit die Widersprüche in der rechten Szene nicht hinreichend genug berücksichtigt, andererseits aber eben die rechte Agitation gegen eine Islamisierung Europas nur Teil einer größeren, nämlich einer *Verschwörungskampagne* ist.

Sichtbar wurde die Dominanz von Verschwörungsphantasien in der rechten Szene besonders im Jahr 2014, als auf die gemeinsamen antisemitischen Demonstrationen von Islamisten, (linken) Antiimperialisten und Neonazis im Sommer (vgl. Salzborn 2014b), die Proteste von Pegida („Patriotische Europäer Gegen die Islamisierung des Abendlandes“) in Dresden sowie von ihren lokalen Ablegern, aber auch die prorussischen und antiamerikanischen „Montagsdemonstrationen“ folgten (vgl. Salzborn 2015c). Verbunden waren diese Proteste durch das Moment des Verschwörungsglaubens: Die einen glauben an eine Verschwörung internationaler Mächte mit dem Ziel der Errichtung einer „neuen Weltordnung“ (bevorzugt unter amerikanischer und/oder israelischer Führung), die anderen an die einer multikulturellen Gesellschaft, beide phantasieren geheime Aktivitäten von Politik und Medien, die angeblich den Protest „des Volkes“ begrenze oder unterdrücke. Während demokratische Medien dabei als „Lügenpresse“ verunglimpft werden, nur weil sie die rassistischen Partikularinteressen eben auch als solche benennen, werden Propagandamedien wie dubiose Internetblogs oder das russische Fernsehen glorifiziert – weil sie den eigenen Wahn zur Wahrheit erklären.

Die konkreten Verschwörungsmythen werden dabei fast so schnell produziert, wie die Ereignisse stattfinden, die den Anlass für ihre Formulierung bilden – was mit der Logik der Verschwörung selbst zu tun hat: Sie bedarf keiner Fakten, keiner Realität, keiner Wirklichkeit außer ihrer selbst, um zu funktionieren. Es bedarf eben nur eines Anlasses, nicht einer Ursache, damit Verschwörungsphantasien formuliert werden – egal, ob die Agitation der rechten Szene sich im Einzelfall gegen eine unterstellte amerikanische oder israelische (Geheim-)Dominanz in der Weltpolitik, eine angebliche Islamisierung Europas, die globalen und als unkontrollierbar empfundenen Finanzmärkte, die als „Lügenpresse“ verunglimpften demokratischen Medien, die in antidemokratischer Absicht im NS-Jargon als „Alt-“ oder „Systemparteien“ titulierten Repräsentationsinstitutionen der Demokratie oder einfach gegen die in verachtender und entpersonalierender Weise begrifflich entmenschlichten „Die da Oben“ wendet.

Denn die jeweils eigene hermetische Wahnwelt rechtsextremen Denkens funktioniert in ihrer Struktur ganz unabhängig von der Wirklichkeit, da sie nicht an empirische oder historische Fakten gebunden ist, sondern lediglich mit einem Phantasieweltbild korrespondiert, das jederzeit reformulierbar, jederzeit reproduzierbar und damit auch jederzeit in Variationen abrufbar ist – letztlich basieren weite Teile des rechtsextremen Geschichtsbildes genau auf diesem Muster des phantastischen Verschwörungsdenkens (vgl. Kap. 2). Kaum ein politisches Ereignis bleibt frei von entsprechenden Verschwörungsmythen – mögen es so offensichtlich verrückte Ideen wie der Einfluss von außerirdischen Lebensformen auf die Weltpolitik sein oder auch die zahlreichen, bis ins minutiöse Detail ausphantasierten Wahnvorstellungen über die amerikanische Politik, insbesondere im Kontext mit dem internationalen Terrorismus (Beyer 2014; Jaecker 2014). Selbst nach den islamistischen Terroranschlägen in Paris im Januar 2015 dauerte es nur Stunden, bis dubiose Internetblogs voll waren mit antiamerikanischen und antisemitischen Verschwörungsmythen rund um die Anschläge. Aber auch der Glaube an eine „Islamisierung des Abendlandes“ gehört zu diesen Mythen, denn sind die Migrationsprozesse in Deutschland jüngst zwar wieder deutlich wahrnehmbarer, aber doch sowohl im Vergleich mit den 1990er Jahren, wie auch mit der Aufnahme von Flüchtlingen durch andere, besonders außereuropäische Staaten als vergleichsweise gering zu bewerten – noch zumal den 21,3 Millionen Menschen, die (überwiegend aus anderen europäischen Staaten) zwischen 1991 und 2013 nach Deutschland eingewandert sind, auch 15,9 Millionen Menschen stehen, die seither (wieder) aus Deutschland ausgewandert sind (vgl. Busse 2015).

Verschwörungsmythen werden geglaubt, nicht obwohl, sondern weil sie erfunden sind und weil sie im Widerspruch zu allen Erkenntnissen stehen, die mit der Realität korrespondieren. Deshalb ist es auch nicht möglich, dem Anhänger einer Verschwörungsphantasie diese individuell zu widerlegen: Er glaubt sie, weil sie irrational ist – und jeder Beleg dieser Irrationalität wird wieder in das Wahnweltbild des großen Verschwörungsglaubens integriert. Insofern sind Verschwörungsphantasien auch keine Theorien, weil sie Wirklichkeit nicht erklären oder verstehen wollen, sondern jene lediglich an ihre psychische Devianz anpassen möchten. Ihr Anspruch ist nicht theoretisch, sondern praktisch. Der Markt aber, der sich daraus für rechte Verschwörungsliteratur und andere Merchandising-Produkte ergibt, ist gigantisch. Es ist ein Markt des Wahnsinns, auf dem weltanschaulich alles feilgeboten wird, was nur die Bedingung erfüllt, keiner Realitätsprüfung standzuhalten. Es sind die Phantasien von einer regredierten Welt, der Traum von einem harmonischen und widerspruchsfreien (völkischen) Selbst, in dem alles nur einer Logik gehorcht, nämlich der eigenen – keine Widersprüche, keine Ambivalenzen, nur (gemeinschaftliche) Identität.

Der Psychoanalytiker Sigmund Freud (1900: 625) hat diese Differenzierung begrifflich in der Unterscheidung von „materieller Realität“ und „psychischer Realität“ gefasst – die Verschwörungsphantasien als psychische Realität sind dabei nahezu hermetisch von der materiellen Realität abgekoppelt: sie folgen einer identitären und widerspruchsfreien Logik, die nur in der Logik der jeweils eigenen Psyche funktioniert – oder in der Kollektivphantasie der völkischen Gemeinschaft. Alles kreist um das überhöhte Selbst, das sich dem egoistischen Größenwahn hemmungslos hingibt, aus sich selbst heraus die Welt zu deuten (Salzborn 2010: 317ff.). Nur, und das macht den aggressiven Zorn vieler Verschwörungsphantasien aus, dass die Welt sich fortwährend nicht so verhält, wie es die Verschwörungsanhänger/innen gerne hätten.

Am deutlichsten trifft man dieses Motiv in Erklärungen der so genannten Reichsbürger – obskuren Vereinigungen, die auf einer Kontinuität des Deutschen Reiches beharren, sich selbst „Reichsbürgerausweise“ ausstellen (und amtliche Papiere nicht anerkennen) und immer wieder, auch durch Einführung eigener Währungen, ihr Wahnweltbild in die Wirklichkeit transformieren wollen, wenn beispielsweise private Grundstücke zu „freiem Reichsgebiet“ erklärt werden (vgl. Rathje 2014). Und auch die Entwicklungen im Bereich der „völkischen Siedler“ können so gedeutet werden: In vorsätzlicher Abkehr – freilich in faktischer Umsetzung des NPD-Konzepts einer lokalen Hegemonie – von der bürgerlichen Welt in pseudo-vormodernen Strukturen auf dem Land zu leben und dort das, was man für völkische Lebensweisen hält, aktiv im Alltag zu praktizieren, regressiven Naturglauben zu verbinden mit einer Glorifizierung vorindustrieller Handwerkstätigkeit und einer „artgerechten“ Landwirtschaft (vgl. Schmidt 2014). Die Verschwörungsphantasie, nach der beispielsweise Erkenntnisse der modernen Medizin für einen „germanischen“ Lebensstil nicht angemessen seien, führte jüngst auch dazu, dass ein rechtsextremes Elternpaar sein Kind – in Ablehnung moderner Medizin und bei Orientierung an dem mythischen Hokuspokus einer „neuen germanische Medizin“ – hat qualvoll sterben lassen (vgl. Röpke 2015).

Verschwörungsmythen sind dabei, das sollte nicht vergessen werden, ihrer Struktur nach Phantasien, infantile, regressive Phantasien, die – politisch gewendet und damit alles andere als ungefährlich – vor allem etwas über die Person sagen, die sie vertritt. Dass, was den Kern von Verschwörungsmythen ausmacht, sind die zumeist unbewussten und verdrängten, bisweilen aber auch bewussten Wünsche und Sehnsüchte, die man freilich nicht in einem individualpsychologischen Sinn konkretisieren könnte, die aber sozialpsychologisch Ausdruck eigener Wünsche nach Teilhaben und Teilwerden mit einer omnipotent phantasierten Macht sind. Die antisemitische Phantasie einer jüdischen Weltverschwörung ist vielleicht der deutlichste Ausdruck eines solchen Wahnweltbildes, von dem der Nationalsozialismus in barbarischer Weise gezeigt hat, dass es dem völkischen Ideal der Weltbeherrschung durch Vernichtung entsprang. Dass, was den Anderen im Verschwörungsmythos vorgeworfen und vorgehalten wird, ist das Eigene – die verdrängten und verleugneten Anteile des Selbst, die eigenen Wünsche, die zugleich als so monströs erfasst (aber eben dabei nicht begriffen) werden, dass sie – zunächst – nur in ihrer projektiven Form formuliert werden. In den unzähligen Verschwörungsmythen können also die Wünsche und Phantasien derer gelesen werden, die an sie glauben.

Die *Verschwörungskampagne* der rechten Szene schließt dabei unmittelbar an die von Stöss so benannte Antiglobalisierungskampagne an, radikalisiert und erweitert diese um zahlreiche Varianten und Variationen, die nicht nur konzeptionell und medial diskutiert werden, sondern eben auch ihren Niederschlag in Form – wenngleich auch kleinräumiger – Bewegungsartikulation im Rechtsextremismus finden. So werden, wie Pegida exemplarisch gezeigt hat, mittlerweile auch Demonstrationen unter einem verschwörungsphantastischen Paradigma durchgeführt, die zu einer über die Szene hinausweisenden Verbreitung beitragen und zugleich auch Anhänger/innen mobilisieren, die zuvor noch nicht in der rechten Szene integriert waren (siehe zur Langzeitperspektive rechter Demonstrationspolitik: Virchow 2007). Das *Motiv der Verschwörung* ist dabei die integrative Klammer, die die rechtsextreme Szene spätestens seit 9/11 prägt und, gerade mit dem Ziel der Erhöhung der (aggressiven) Affekthaftigkeit und damit der weiteren Beschleunigung von Politik, zunehmend mehr Themengebiete und Agitationsstrategien verbindet.

Übungsaufgaben

- Überlegen Sie, warum Politik- und Gesellschaftsinterpretationen, die auf Verschwörungsphantasien beruhen, Überzeugungskraft innerhalb der rechtsextremen Szene entfalten.
- Wählen Sie ein aktuelles Beispiel für eine Verschwörungsphantasie, die Ihnen im Alltag begegnet und diskutieren Sie deren Bezug zu rechtsextremem Denken.
- Diskutieren Sie die These, dass das zentrale Motiv im gegenwärtigen Rechtsextremismus das der *Verschwörung* ist. Beziehen Sie dabei auch mögliche Alternativdeutungen ein.

Literatur zur Einführung

Armin Pfahl-Traughber: „Bausteine“ zu einer Theorie über „Verschwörungstheorien“: Definitionen, Erscheinungsformen, Funktionen und Ursachen, in: Helmut Reinalter (Hg.): Verschwörungstheorien. Theorie – Geschichte – Wirkung, Innsbruck 2002, S. 30–44.

Friedrich Paul Heller/Anton Maegerle: Die Sprache des Hasses. Rechtsextremismus und völkische Esoterik, Stuttgart 2001.

Weiterführende Literatur

Tobias Jaecker: Antisemitische Verschwörungstheorien nach dem 11. September. Neue Varianten eines alten Deutungsmusters, Münster 2004.

Daniel Pipes: Conspiracy. How the paranoid style flourishes and where it comes from, New York 1997.

Wolfgang Wippermann: Agenten des Bösen. Verschwörungstheorien von Luther bis heute, Berlin 2007.

III. Erklärungsansätze

Im Begriff des Erklärungsansatzes, der umgangssprachlich unmittelbar einleuchtend erscheint, ist sozialwissenschaftlich ein mögliches Missverständnis angelegt. Denn in der sozialwissenschaftlichen Diskussion gibt es bis in die Gegenwart Kontroversen über die Frage, ob es ihre Aufgabe ist, „das Soziale“ zu *erklären* – oder es zu *verstehen*. Hintergrund dieser Diskussion sind die großen erkenntnistheoretischen Debatten, die ihren Ausgangspunkt in der Werturteilsdiskussion um die vorletzte Jahrhundertwende hatten, ihre Fortsetzung im Weimarer Methodenstreit in den 1920/30er Jahren nahmen und ihren intellektuellen Höhepunkt im so genannten Positivismusstreit in den 1960er Jahren fanden (vgl. Salzborn 2013: 33ff.). Bei all diesen Debatten ging es, freilich in Varianten und Variationen, stets um die Frage des Verhältnisses von Subjekt und Objekt der sozialwissenschaftlichen Forschung und damit die nach der (Nicht-)Involvierung des Forschenden in den Forschungsprozess unter Einbezug einer möglichen, wünschenswerten oder auch abgelehnten Neutralität der Sozialwissenschaften gegenüber ihrem Gegenstand sowie die implizite oder explizite Verpflichtung an den Paradigmen von Wertneutralität, politischer Intervention und/ oder (negativer) Kritik.

Für die Rechtsextremismusforschung ist daran bedeutsam, dass seit den 1980er Jahren in den Sozialwissenschaften und dort insbesondere in der empirischen Forschung dem Verhältnis von Erklären und Verstehen eine große Bedeutung beigemessen wird (Kelle 1994, 2008; Seipel/Rieker 2003): Ist es Aufgabe der Sozialwissenschaften, soziale Sachverhalte zu *erklären*, also ihre Ursache-Wirkung-Zusammenhänge aufzudecken, ihre Wirkmechanismen zu ergründen und damit in ihrer Kausallogik mit einem prognostischen Anspruch zu erklären – oder ist es ihre Aufgabe, aus der subjektiven Dimension der Akteurinnen und Akteure (was nicht nur Personen, sondern auch Gruppen und Institutionen sein können) die Motive für soziale Aktivität zu *verstehen*, nach den emotionalen und kognitiven Möglichkeits- und Einschränkungsstrukturen für soziales Handeln zu fragen und, vor allem retrospektiv, sozialen Sinn in seinem subjektiven wie objektiven Gehalt zu rekonstruieren und insofern die totalen Vergesellschaftungsstrukturen am konkreten empirischen Gegenstand kenntlich zu machen?

Werturteilsdiskussion
Ausgangspunkt in der Nationalökonomie und der (entstehenden) Soziologie.
Leitfragen:
- Kann/soll Sozialwissenschaft wertende Aussagen treffen?
- In welchem Verhältnis stehen Wissenschaft und Politik?
- In welcher Beziehung stehen Theorie und Praxis?

Methodenstreit
Ausgangspunkt in den Staatswissenschaften, v.a. Staats- und Verfassungsrecht.
Leitfragen:
- In welchem Verhältnis stehen Staat und Recht?
- Rechtspositivismus oder Naturrechtslehre?
- Verfassungsnorm und/oder Verfassungswirklichkeit?

Positivismusstreit
Ausgangspunkt in der Soziologie.
Leitfragen:
- Die nach der „Logik der Sozialwissenschaften"
- Ist das Soziale nur als Ganzes (Totalität) oder nur in seinen Teilen zu erfassen?
- Kann Wissenschaft zu objektiven Aussagen gelangen?

Abb. 13: Die drei großen erkenntnistheoretischen Debatten in den Sozialwissenschaften.

Eigene Darstellung (nach Salzborn 2013: 33ff.).

In den theoretischen Überlegungen der Rechtsextremismusforschung existieren beide Varianten: Sowohl der Versuch, Rechtsextremismus kausal zu erklären, wie der Versuch, ihn in seinen Logiken zu verstehen – und darüber hinaus gibt es auch Mischungen aus beiden Ansätzen, was im Einzelnen in den folgenden Kapiteln sichtbar zu machen versucht wird. Wichtig ist zunächst, dass mit der Überschrift „Erklärungsansätze" keine paradigmatische Verengung auf ein rein nomothetische Logik vorgenommen werden soll, sondern ganz im Gegenteil unter diesem Label die Pluralität der theoretischen Reflexionen über die Frage diskutiert wird, wie und warum Rechtsextremismus entsteht, sich verändert und in welchen sozialen und politischen Kontexten (und unter welchen Kontextbedingungen) solche Transformationen feststellbar sind.

Dabei sollten an alle hier vorgestellten Ansätze bestimmte grundsätzliche Fragen gestellt werden, die in unterschiedlichen historischen Kontexten auch durchaus zu unterschiedlichen Antworten führen können – da jeder der Ansätze einerseits einen konkreten, historischen Entstehungsort hat, aber gleichsam auch jeder jenseits dieses historischen Ortes weiter entwickelt, an neue Gegebenheiten angepasst oder zumindest auf sie angewandt wird und darüber hinaus auch unter Loslösung aus seinem sozial-geografischen Kontext „exportiert" wird – denn im zeitlichen Transfer liegt immer auch ein räumlicher, sprich: Wenn ein Erklärungsansatz beispielsweise in den 1970er Jahren in Deutschland formuliert wurde, dann ist seine Erklärungsvalidität in den 2000er Jahren für Frankeich zwar unterstellbar, aber es liegt in dieser Unterstellung immer ein Zeit-Raum-Transfer, der in seiner Stichhaltigkeit hinterfragt werden muss. Insofern ist die zentrale Frage, die man sich sozialwissenschaftlich in der Auseinandersetzung mit theoretischen Erklärungsansätzen für Rechtsextremismus stellen muss, immer die nach dem historischen und gesellschaftlichen Kontext, in dem der jeweilige Erklärungsansatz formuliert worden ist. Daran unmittelbar anschließend ergibt sich die Folgefrage, ob und wenn ja, welche politische und/oder gesellschaftliche Relevanz der Erklärungsansatz in der Gegenwart (noch? – wieder?) hat.

In der vergleichenden Theoriediskussion spielt dabei methodologisch eine doppelte Reflexivität der Auseinandersetzung eine zentrale Rolle: die der immanenten und die der transzendenten Schlüssigkeit bzw. Widerspruchsfreiheit. Wird in dem jeweiligen Erklärungsansatz logisch argumentiert, besteht eine hermeneutische Stimmigkeit der Argumentation bzw. in welcher Weise lassen sich die Gedanken und Überlegungen hermeneutisch oder textanalytisch rekonstruieren? Was sind die zentralen Prämissen und Paradigmen, die von den Autor(inn)en zugrunde gelegt werden, welche werden im Text begründet, welche lediglich normativ gesetzt oder voraus gesetzt? Im textanalytischen „Dialog" zwischen unterschiedlichen Erklärungsansätzen ergibt sich daraus die exogene Frage ob einzelne Ansätze mit den Überlegungen anderer kombinier- und/oder integrierbar sind – oder ob sie sich wechselseitig aufgrund ihrer Prämissen oder zentralen empirischen Referenznahmen ausschließen?

Wesentlich ist dabei auch, welche Erscheinungsformen des Rechtsextremismus mit der jeweils formulierten These erklärt werden und welche nicht. Denn letztlich beanspruchen alle hier vorgestellten Erklärungsansätze eine generelle Deutungsmacht für *den* Rechtsextremismus (und nicht nur für ein Teilsegment), was oft darauf zurückzuführen ist, dass ihre Autor(inn)en zwar eine implizite Vorstellung davon haben, was Rechtsextremismus ist, diese aber nicht in ihrer Sedimentalität reflektieren und damit ihre eigenen Vorstellungen überwölbend auf das Thema legen. Denn wenn man z.B. gewohnt ist, Rechtsextremismus immer unter der paradigmatischen Annahme von Parteien zu diskutieren (also annimmt, „der" Rechtsextremismus sei durch eine Analyse rechtsextremer Parteien in Gänze erfasst), wird eine vor diesem erkenntnistheoretischen Background operierende Theorie über „den" Rechtsextremismus zu völlig anderen Erkenntnissen gelangen, als eine, die ihren Fokus auf das Moment der Attraktivität von Rechtsextremismus für Jugendliche unter einem Bewegungsparadigma legt. Vor beiden Hintergründen lassen sich zweifelsfrei Erkenntnisse über Rechtsextremismus generieren, die für eine allgemeine Theorie des

Rechtsextremismus sinnvoll und notwendig sind – aber beide werden *isoliert* nicht dazu in der Lage sein, diese Theorie zu formulieren. Eine der großen Schieflagen in der sozialwissenschaftlichen Analyse ist dabei oft die exklusive Identifizierung von Rechtsextremismus mit seinem parteiförmigen Auftreten.

Was überdies für sozialwissenschaftliche Theoriediskussionen im Allgemeinen gilt, gilt auch für die Auseinandersetzung mit der sozialwissenschaftlichen Rechtsextremismusforschung im Besonderen, weil sie – im Unterschied zu vielen anderen Bereichen der Sozialwissenschaften – in einem explizit politischen und damit ebenfalls explizit umkämpften Feld agiert. Insofern ist zwar jede sozialwissenschaftliche Forschung Interessen gebunden (vgl. Habermas 1968), die bewusst oder unbewusst sein können, mit Blick auf die Rechtsextremismusforschung gilt aber mehr noch als in anderen Bereichen die Auseinandersetzung mit der Frage als geboten, welche *objektive* politische und/oder soziale Funktion ein Erklärungsansatz erfüllt.

10. „Normale Pathologie“

Sozialwissenschaftliche Thesen werden explizit und implizit rezipiert, d.h. in manchen Fällen sind Werk und Autor/in in der wissenschaftlichen und öffentliche Diskussion präsent und prominent, in anderen Fällen werden Grundgedanken und Schlüsselüberlegungen aus der sozialwissenschaftlichen Forschung zwar diskutiert, aber nicht im engeren Sinne rezipiert. So kann es sein, dass in der politischen und medialen Auseinandersetzung mit einem Thema Gedanken von Autor(inn)en aufgegriffen werden, deren Namen man außerhalb des fachwissenschaftlichen Kontextes nur wenig kennt, deren Thesen aber auch ohne Nennung ihrer Namen oder ihrer konkreten Studien eine breite Wirkresonanz entfalten, es also eine breite Rezeption, allerdings ohne direkte Rezension gibt – was für die individuelle Popularität der Autor(inn)en bedauerlich ist, aber im Unterschied zum umgekehrten Fall (Rezension, aber keine Rezeption) allerdings die letztlich wirkmächtige und gesellschaftliche und politische Prozesse beeinflussende Variante ist.

In der Rechtsextremismusforschung gilt dies für den Ansatz der „normalen Pathologie“: Sind ihre Autoren Erwin K. Scheuch und Hans D. Klingemann zwar durchaus im soziologischen Kontext, aber darüber hinaus nicht für ihre Arbeiten im Bereich der Rechtsextremismusforschung bekannt, so ist ihr – 1967 im wirtschaftswissenschaftlich durchaus einflussreichen, sozialwissenschaftlich aber randständigen *Hamburger Jahrbuch für Wirtschafts- und Gesellschaftspolitik* unter dem unspektakulären Titel *Theorie des Rechtsradikalismus in westlichen Industriegesellschaften* publizierter – Aufsatz wohl derjenige Beitrag, der mit Blick auf Politik, Medien und Öffentlichkeit bis in die Gegenwart faktisch die intensivste Rezeption ohne Rezension erfahren hat – eben auch von denjenigen, die ihn vermutlich nie gelesen, aber in diskursiver Weitervermittlung von seinen zentralen Annahmen Kenntnis erhalten haben.

Die Kernthese von Scheuch/Klingemann lautet, dass Rechtsextremismus (sie sprechen von Rechtsradikalismus) als „normale Pathologie“ Bestandteil aller freiheitlichen Industriegesellschaften bzw. des Kapitalismus sei:

„In allen westlichen Industriegesellschaften existiert ein Potential für rechtsradikale politische Bewegungen. Rechtsradikalismus ist unter dieser Perspektive eine ‚normale‘ Pathologie von freiheitlichen Industriegesellschaften.“ (Scheuch/Klingemann 1967: 12 f.)

Deshalb forderten sie eine international vergleichende Forschung zu Rechtsextremismus ein, bei der davon ausgegangen werden müsse, dass rechtsextreme Bewegungen „in ihren Grundorientierungen nicht konservativ, sondern reaktionär“ und in ihren „konkreten Forderungen aber teilweise ‚links‘“ seien, wobei sie in „ihrem Kampfstil weitgehend Elemente linker Bewegungen übernehmen“ würden – „sie sind also teilweise ‚links‘ für extrem ‚rechte‘ Zwecke.“ (ebd.: 12)

Auffällig ist zunächst, dass Scheuch/Klingemann von einem extremismustheoretischen Grundmodell ausgehen (vgl. Kap. 11), das Differenzen zwischen linken und rechten Bewegungen nivelliert und davon ausgeht, dass „extremistisches Denken“ (ebd.: 15) *als solches* erklärt werden könne. Im Unterschied zu den explizit extremismus- bzw. totalitarismustheoretischen Konzepten liegt der Hauptfokus von Scheuch/Klingemann allerdings nicht auf der Herleitung dieser Annahme, die quasi mehr oder weniger begründungslos unterstellt wird, sondern in der Herausarbeitung der „Strukturbedingungen für das Entstehen extremistischer Bewegungen“, die explizit auf den Rechtsextremismus angewandt werden. Diese Strukturbedingungen sehen Scheuch/Klingemann (ebd.: 19 f.) in insgesamt sieben Momenten manifestiert:

„1. *Widersprüchliche Anforderungen an Individuen als Folge von strukturellen Eigenarten von Industriegesellschaften.*
2. *Spiegelung bzw. Sichtbarkeit der Widersprüche als Probleme des Alltags.*
3. *Personen mit rigiden Orientierungssystemen, die mit aggressiven Formen der Verteidigung verbunden sein können. […]*
4. *Verfügbarkeit politischer Philosophien (= extremistische Sentiments).*
5. *Zustand des politischen Systems und der Gesellschaft.*
6. *Mediatisierende Wirkungen politischer Institutionen gegenüber extremistischen Sentiments.*
7. *Manifest radikale politische Bewegungen.“*

Die Wendung, aus der heraus diese Strukturbedingungen pathologisch würden, liege in einer „Rigidität im Denken“, die Unsicherheiten aufzulösen vorgebe, die aber in ihrem Ausweichen vor Widersprüchen zu einer manifesten und unumstößlichen Weltsicht werde, die Scheuch/Klingemann als „pathologische Form“ beschreiben (ebd.: 18). Im Extremismus im Allgemeinen sei eine „grundsätzliche Ablehnung der gegenwärtigen Gesellschaftsform“ zu attestieren (ebd.: 22), die an gestörte Primärbeziehungen von Individuen anknüpfe und verspreche, diese durch Sekundärbeziehungen zu ersetzen, wobei sie mit dem Versprechen der Wiederherstellung von Bindekraft operiere, die in der ge- oder zerstörten Primärbeziehungen verloren gegangen sei. Der Unterschied zwischen Rechts und Links liegt für Scheuch/Klingemann darin, dass linke Bewegungen ihre Versprechen utopisch in die Zukunft, rechte hingegen nostalgisch in die Vergangenheit richteten (ebd.: 22 f.). Rechtsradikale politische Philosophien, so Scheuch/Klingemann, würden eine „Romantisierung der letzten stabilen Periode vor Beginn der ‚Moderne'" vornehmen (ebd.: 23). Die Umsetzung rechtsextremer Philosophien in politisch relevantes Handeln hänge dabei von folgenden Faktoren ab:

„1. den Problemen eines politischen Gemeinwesens und insbesondere der Extremität von Konflikten; 2. den politischen Institutionen eines Landes (z.B. Wahlrecht, alternative Möglichkeiten politischer Einflußnahme, Massenmedien); 3. der Chance alternativer Ausdrucksformen für rechtsextreme Sentiments in Privatleben, Beruf oder sonstigen Bezügen (z.B. Aggression gegen Neger)." (ebd.: 25)

Interessant an dem Ansatz von Scheuch/Klingemann ist die Erkenntnis der antimodernen Rebellion, wobei die Differenzierung zwischen Rechts und Links in dieser Frage nur bedingt stichhaltig ist. Denn genauso, wie es in linken Weltbildern die nostalgische Verklärung von Vergangenheit gibt (Pariser Kommune, Französische Revolution, Russische Novemberrevolution, Matrosenaufstände in Deutschland und Russland etc.), gibt es auch in rechten Weltbildern Hoffnung auf völkische Zukunftsutopien. Insofern sind die Kategorien Rechts/Links in der Unterscheidung von Scheuch/Klingemann statisch und nur rudimentär mit politischen Inhalten belegt.

Die Attraktivität des Erklärungsansatzes von Scheuch/Klingemann, deren wissenschaftliche Erklärungskompetenz – sieht man von der im zeitgenössischen Kontext innovativen Forderung nach einer vergleichenden Rechtsextremismusforschung ab, die aber auch auf eine Marginalisierung der gerade in den 1970er Jahren intensivierten Fokussierung auf den Nationalsozialismus als Kontext für eine nicht-vergleichbare Spezifik des bundesdeutschen Nachkriegsrechtsextremismus hinauslief – nur gering einzuschätzen ist, liegt in der öffentlichen Nutzbarkeit ihrer Thesen für die politische Auseinandersetzung: denn der eigentliche zeitgenössische Hintergrund war der Aufstieg der NPD (die, wenn auch nur in einem kurzen Abschnitt, von Scheuch/Klingemann explizit thematisiert wird) und der Furcht vor internationaler Kritik, wenn mit der NPD erstmalig in der Geschichte der Bundesrepublik 1969 eine rechtsextreme Partei in den Deutschen Bundestag einziehen hätte können.

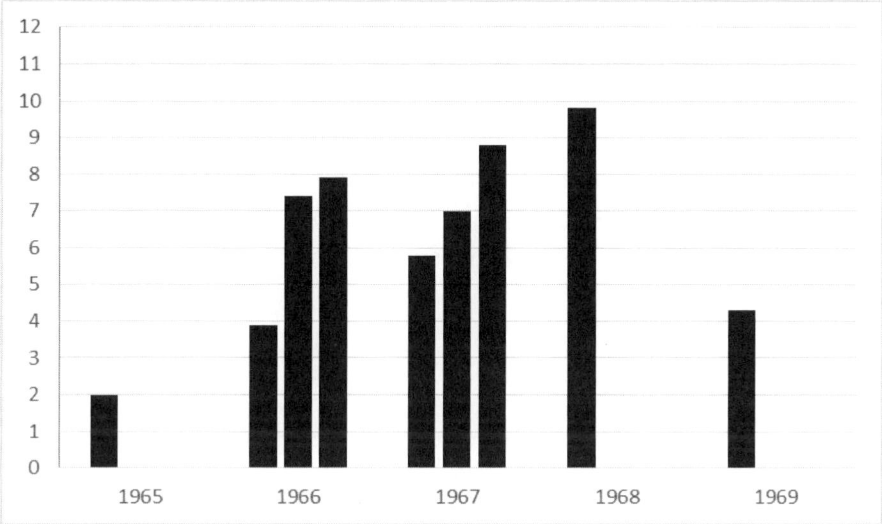

Abb. 14: Wahlergebnisse der NPD 1965–1969, Angaben in Prozent.

1965 & 1969: Bundestag; 1966: Landtag Hamburg, Bayern, Hessen; 1967: Landtag Schleswig-Holstein, Niedersachsen, Bremen; 1968: Landtag Baden-Württemberg.
Eigene Darstellung; Datengrundlage: bundeswahlleiter.de.

Insofern liefert der Erklärungsansatz von Scheuch/Klingemann – neben einigen Momenten, die aus anderen Theorien entliehen sind – vor allem eines: eine politische Entlastungsmöglichkeit, denn wenn Rechtsextremismus einerseits „pathologisch“, andererseits aber zugleich völlig „normal“, d.h. unvermeidbar ist, dann liegt in der bundesdeutschen Konstellation auch keine Spezifik mehr. Insofern bietet sich die These von der „normalen Pathologie“, die eine international-vergleichende Forschung einfordert, in ihrer instrumentellen Dimension die Möglichkeit zur Entschuldigung von Rechtsextremismus und damit der politischen Verantwortung, überdies aber auch das Attest, dass es sich im Prinzip um ein gewöhnliches und nicht weiter besorgniserregendes Krisensymptom des als Industriegesellschaft titulierten Kapitalismus handele. Die These von Scheuch/Klingemann stellt insofern auch den sozialwissenschaftlichen Background bis in die Gegenwart dar, wenn in Politik und Medien rechtsextreme Ereignisse (Wahlerfolge, Gewalt- und Mordtaten, öffentlich proklamierter Rassismus usw.) relativiert und bagatellisiert werden.

Übungsaufgaben

- Warum ist der Ansatz von Scheuch/Klingemann gerade für eine Befassung mit dem Rechtsextremismus aus konservativer Perspektive attraktiv?
- Welche Vor- und welche Nachteile ergeben sich aus einer (europäisch oder international) vergleichenden Rechtsextremismusforschung?
- Der Terminus der Pathologie entstammt der Medizin. Diskutieren Sie, inwiefern es sinnvoll und/oder problematisch ist, soziale Sachverhalte in medizinische Kategorien zu fassen.

Literatur zur Einführung

Erwin K. Scheuch/Hans D. Klingemann: Theorie des Rechtsradikalismus in westlichen Industriegesellschaften, in: Hamburger Jahrbuch für Wirtschafts- und Gesellschaftspolitik, Bd. 12 (1967), S. 11–29.

Weiterführende Literatur

Bernd Siegler/Oliver Tolmein/Charlotte Wiedemann: Der Pakt. Die Rechten und der Staat, Göttingen 1993.

Wolfgang Wippermann: Faschismustheorien. Die Entwicklung der Diskussion von den Anfängen bis heute, 7. überarb. Aufl., Darmstadt 1997.

11. Extremismus und Totalitarismus

Die Begriffe Extremismus und Totalitarismus werden oft synonym gebraucht, verweisen aber auf unterschiedliche und zum Teil durchaus gegensätzliche Interpretationen im Kontext der Rechtsextremismusforschung. Während die Totalitarismusforschung primär historisch arbeitet und antidemokratische Bewegungen untersucht, die in ihrem Weltanschauungs- und Herrschaftsanspruch nicht einfach „nur“ autoritär waren, sondern totalitär, findet das Extremismusmodell vor allem zur Analyse von Rechts- und Linksextremismus (bisweilen auch von religiösem Extremismus) Anwendung (vgl. Kailitz 2004), wobei von erheblichen Gemeinsamkeiten von Rechts- und Linksextremismus ausgegangen wird, wie es sich auch im Ansatz von Scheuch/Klingemann bereits andeutete.

Obwohl objektiv eine starke terminologische Nähe zwischen dem Begriff des Rechtsextremismus und dem des Extremismus besteht, verweisen beide auf höchst widersprüchliche Forschungsansätze: Denn während die Rechtsextremismusforschung grundsätzlich die politische Mitte nicht normativ davon ausnimmt, rechtsextreme Einstellungen vertreten oder den Rechtsextremismus befördern zu können, verneint die Extremismustheorie dies und lokalisiert das Problem für die Demokratie ausschließlich an den (extremen) Rändern, wobei das Politische System oft in Form eines Hufeisens versinnbildlicht wird – bei dem die beiden extremen Enden nicht nur am weitesten vom Scheitelpunkt der Mitte entfernt sind, sondern sich in der Tendenz auch fast wieder berühren.

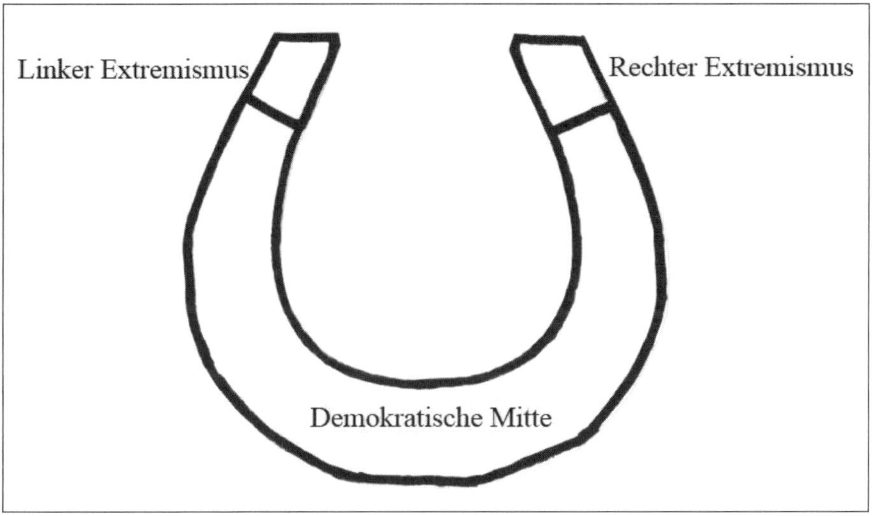

Abb. 15: Das Extremismus-Hufeisen.
Eigene Darstellung (nach einem Entwurf von Franziska Kurth).

Vertreter des Extremismusansatzes berufen sich bei ihren Überlegungen oft auf die Totalitarismustheorie, interpretieren diese aber durchaus einseitig. Denn die Totalitarismusforschung wurde zunächst in gesellschaftskritischer Intention begründet und ist vor allem verbunden mit Namen von Autor(inn)en wie Ernst Fraenkel (1941), Franz L. Neumann (1942/44) und Hannah Arendt (1951), die mit zentralem Fokus auf den Nationalsozialismus begreifbar machen wollten, worin der spezifische Charakter des Regimes bestand, der – im Unterschied zur autoritären Stoßrichtung faschistischer Bewegungen in Europa – als totalitär begriffen wurde. Wesentliche Impulse gingen überdies von den Arbeiten von Carl J. Friedrich und Zbigniew K. Brzezinski (1956), Raymond Aron (1970) und Juan J. Linz (2000) aus, die später in systematischer Absicht Kategoriensysteme entwickelt haben, die einerseits demokratische nun deutlich von nicht-demokratischen Regimetypen abgrenzten und insofern dann auch eine strukturelle Differenz betonten (und genau hieran, aber eben nur hieran knüpft der Extremismusansatz an), andererseits darüber hinaus Differenzierungskriterien zwischen autoritärer und totalitärer Herrschaft formulierten. Der Totalitarismus ist, so kann man die Quintessenz der genannten Studien (unter Berücksichtigung der zentralen Differenz in der Frage, ob Totalitarismus und Demokratie

Gegensätze oder Ausprägungen eines fließend ineinander übergehenden Kontinuums sind) zusammenfassen, ein säkularisiertes und manichäisches, also auf einem grundsätzlichen Dualismus aufbauendes Glaubenssystem, in dessen Namen und für dessen Durchsetzung die bedingungslose und vollständige Kontrolle des öffentlichen und privaten Lebens erstrebt wird. Die Trennung von Öffentlichkeit und Privatheit wird dabei durch physische und psychische Gewalt rücksichtslos unterbunden (vgl. Salzborn 2012/13).

Im Unterschied zu traditionalen Herrschaftssystemen mit einer starken und personalisierten Herrschergewalt wie dem Bonapartismus oder den tyrannischen Ordnungen der Antike, aber auch zu modernen Autokratien fokussiert der Totalitarismus nicht allein auf absolute Macht, sondern auf totale, vollständige und bedingungslos durchgesetzte Gewalt. Jenseits der Differenzen zwischen den Interpretationsansätzen totaler Herrschaft (vgl. Jesse 1999; Seidel/Jenker 1968; Wippermann 1997 b) besteht Konsens darüber, dass der signifikante Unterschied von modernem Totalitarismus und vormodernen Autokratien in der weltanschaulich-ideologischen Gebundenheit des Totalitarismus besteht, die mit Eric Voegelin (1938) als „politische Religion" beschrieben werden kann. Formalrationale und staatliche Herrschaft, die auf die Verbindung von Souveränität und Freiheit gegründet ist und das als legitim anerkannte Monopol physischer Gewaltsamkeit (Weber 1980: 29 u. 516) garantiert, wird im Totalitarismus abgelehnt. An ihre Stelle setzt der Totalitarismus, der in der historischen Forschung neben dem Nationalsozialismus oft mit dem Stalinismus und mit Blick auf die Gegenwart mit dem Iran in Verbindung gebracht wird, die unmittelbare, unkontrollierte Gewalt und den durch (parallel existierende, unkoordiniert agierende und in ihren Kompetenzen nicht voneinander abgegrenzte) Zwangsinstanzen ausgeübten Terror, die nicht an Regularien oder gar an (gleiches und allgemeines) Recht gebunden sind.

Kritiker des Totalitarismusmodells haben eingewandt, dass dieses die weltanschaulichen Differenzen, etwa zwischen Nationalsozialismus und Stalinismus zu wenig reflektieren würde: „Der faschistische Rassenmord unterscheidet sich eben vom bolschewistischen Klassenmord." (Wippermann 2000: 31) Entscheidender mit Blick auf die Rechtsextremismusforschung ist aber, dass das Totalitarismuskonzept faktisch – rezipiert man es in seiner Breite – weitgehend ungeeignet ist, um Pate für das Extremismusmodell zu stehen, weil das Konzept des Totalitarismus im Kern ein strukturtheoretisches und ideologieanalytisches ist, während das des Extremismus weitgehend von Strukturen zugunsten von funktionalen Relationen abstrahiert und die Differenzanalyse von weltanschaulichen Momenten gerade suspendiert. Insofern besteht zwar faktisch eine Nähe zwischen Totalitarismus- und Extremismusforschung, substanziell gibt es aber durchaus gewichtige Differenzen zwischen beiden Ansätzen.

Innerhalb der deutschsprachigen Diskussion wird der Extremismusbegriff vor allem im Sinne einer fundamentalen Gegnerschaft zum bundesdeutschen Verfassungsstaat gebraucht (vgl. Fülberth 1997; Kraushaar 1994; Wippermann 2000) – und das, obwohl Extremismus keine juristische Kategorie ist (Art. 21 Abs. 2 GG spricht nicht von extremistischen, sondern von „verfassungswidrigen" Parteien). Es geht insofern um ein Verständnis von Extremismus, nach dem dieser im normativen Sinn der demokratischen Verfassungsordnung entgegensteht und dabei sowohl durch seine negative wie durch seine positive Bestimmtheit in Opposition zur Demokratie definiert wird. Der negative Extremismusbegriff zielt darauf ab, als extremistisch kenntlich zu machen, was dem demokratischen Verfassungsstaat in fundamentaler und totaler Weise entgegensteht, diesen versucht zu bekämpfen oder auch abzuschaffen. Das positive Begriffsverständnis versucht überdies Einstellungs- und Verhaltensmerkmale zu bestimmen, an denen ersichtlich werden soll, dass das begriffliche Verständnis von Extremismus auch über eine eigene Phänomenologie verfügt. Besonders Uwe Backes (1989: 111) hat sich für diese Ausdifferenzierung zwischen einem negativen und einem positiven Begriffsverständnis des Extremismus stark gemacht, da er die Auffassung vertritt, dass eine rein negative Definition des Extremismus das „breite Spektrum der Extremismen" strukturell unbestimmt lasse.

Entscheidend an dem von Backes, aber auch von Eckhard Jesse maßgeblich dominierten deutschsprachigen Extremismusdiskurs ist, dass Demokratie und Extremismus letztlich – und zwar sowohl im negativen wie im positiven Sinn – als „antithetisches Begriffspaar" (Backes/Jesse 1983: 4) verstanden werden und insofern in beiden Definitionsvarianten der Extremismusbegriff statisch auf ein bestimmtes Ideal von Demokratie und dabei konkretisiert auf den Rahmen des bundesdeutschen Verfassungsstaates fixiert wird (vgl. Hirscher/Jesse 2013), was für die Analyse von Extremismen einen relativ schmalen empirischen Interpretationsraum eröffnet. Backes/Jesse (1993: 40) folgend handelt es sich beim Extremismus um eine Sammelbezeichnung, mit der unterschiedliche politische Denkformationen und Handlungsweisen zusammengefasst werden, die sich allerdings in der „Ablehnung des demokratischen Verfassungsstaates und seiner fundamentalen Werte und Spielregeln einig wissen".

Daraus ergibt sich für Backes/Jesse (1996: 33 u. 51) ein „dichotomischer Charakter von Demokratie und Extremismus" und insofern aus dieser idealtypischen Entgegensetzung die praktische Gegnerschaft von „demokratischem Verfassungsstaat" und „politischem Extremismus". Das damit konstruierte Halbkreis- oder Hufeisen-Modell scheint zwar auf den ersten Blick intuitiv einleuchtend, faktisch sind die Berührungen zwischen Rechts und Links aber in der empirischen Wirklichkeit nur minimal, denn tatsächlich gemeinsame Aktivitäten von rechter und linker Szene findet man in der empirischen Wirklichkeit nur äußerst selten, sieht man von bewussten Querfrontstrategien in beiden politischen Lagern einmal ab. Aufgrund dieses empirischen Arguments hält Wolfgang Wippermann (2000: 24) den Grundgedanken einer Analogisierung von mehreren Extremismen, die *gleichermaßen* die Demokratie bedrohen würden, auch für eine „Phantomforschung".

Aus einer entsprechenden Extremismusdefinition ergibt sich überdies das Dilemma, das am anschaulichsten mit einem Beispiel aus der vergleichenden Rechtsextremismusforschung illustriert werden kann: Während unter Zugrundelegung eines statischen Extremismusbegriffes eine Partei wie der französische Front National mit seinem völkischen Menschen- und Weltbild im französischen Verfassungskontext eindeutig als extremistische Partei gedeutet werden muss, reicht der Bezug auf ein völkisches Menschenbild in der Bundesrepublik mit Blick auf denselben normativ-statischen Extremismusbegriff nicht aus, da hier (Art. 116 GG) das völkische Menschenbild selbst Grundlage der politischen Ordnung ist. Insofern bleibt ein Extremismusbegriff, der sich lediglich an eine real existierende Formation von Demokratie als Norm anlehnt, unterkomplex und muss letztlich sogar im Sinne von Backes hinsichtlich seiner positiven Bestimmung ausgesprochen unscharf und wenig konturiert bleiben. Gero Neugebauer (2001: 13; 2010: 5ff.) sieht deshalb den Extremismusbegriff auch als normativ verkürzt, unterkomplex und eindimensional an. Überdies bestehe ein zentraler Haken im Wechselspiel zwischen normativem Extremismusbegriff und empirischer Extremismusforschung darin, dass die Feststellung, nach der „es sich beim Extremismus um Demokratiefeindschaft, Gewaltbereitschaft, Repression, Dogmatismus etc." handele, nicht „als Ergebnis der Extremismusforschung ausgegeben werden" kann, sondern vielmehr deren Voraussetzung sei (Neugebauer 2001: 20). Armin Pfahl-Traughber (1992: 67) weist überdies auf das Missverhältnis zwischen „inflationärer Verwendung des Extremismusbegriffs" und seiner „mangelnden theoretischen Reflektiertheit" hin.

Vor diesem Hintergrund ist auch der Einwand von Hans-Gerd Jaschke (1991: 46) gegen die, wie er sie nennt, „konventionelle Extremismusforschung" zu verstehen, wenn er darauf hinweist, dass der Extremismusbegriff allzu oft die gesellschaftlichen Ursachen für das Entstehen von politischem Extremismus ausklammere und dabei die Dynamik extremistischer Gruppierungen und die Wandelbarkeit sowohl innerhalb des Extremismus, aber eben auch die Interaktion mit dem demokratischen Spektrum außer Acht lasse. Das Etikett des Extremismus, das die Extremismusforschung entsprechenden Personen und Gruppen zuweist, verkenne, dass es sich um eine Zuschreibung handle, die Wandelbarkeit und soziale Dynamik innerhalb eines demokratischen Gesellschaftswesens ignoriert. Auf diese Weise werden Ursachenkomplexe individualisiert und der gesellschaftliche Kontext vernachlässigt (vgl. Jaschke 1991, 1994). Durch Anwendung des Extremismusbegriffes im Sinne von Backes und Jesse wird überdies die real existierende Formation von Demokratie normativ verklärt, zugleich aber radikale Kritikpotenziale, die durchaus mit einem (radikal-)demokratischen Selbstverständnis ausgestattet sein können, außerhalb des politischen Spektrums gedrängt, worauf Christoph Butterwegge (2000, 2002) aufmerksam macht: „Die Konzentration auf das/die Extreme lenkt vom gesellschaftlichen Machtzentrum und von seiner Verantwortung für die politische Entwicklung eines Landes ab." (Butterwegge 2000: 19) Die aus der Extremismusformel resultierende Gleichsetzung von Rechts- und Linksextremismus bedeute dabei ein zentrales Problem, das aus einer lediglich formalen Gegnerschaft zum politischen System eine Vergleichbarkeit von Zielen und Wertvorstellungen ableite:

„Die Gegenüberstellung von vermeintlich extrem rechten und extrem linken politischen Phänomenen folgt in der Regel subjektiver politischer Willkür und dient weniger komparativer Forschung als der Stigmatisierung mißliebiger Personen und Institutionen." (Stöss 1994: 24)

Christoph Kopke und Lars Rensmann betonen in diesem Kontext auch die Individualisierung struktureller Aspekte von Vergesellschaftung, die durch einen derart statischen Extremismusbegriff befördert wird:

„Politische Orientierungen erscheinen [..] völlig beliebig, links und rechts werden gleichgesetzt und austauschbar, sofern man außerhalb der willkürlich gesetzten Mitte steht. Der ‚Extremist' wird schlicht konstruiert als ‚verhaltensauffälliger' Außenseiter, der einer hermetischen Programmatik und einem teilungsunwilligen Machtanspruch folge." (Kopke/Rensmann 2000: 1453)

Und selbst wenn die Differenzen hinsichtlich der Zielvorstellung rechter und linker Bewegungen gewahrt blieben, klammert der Extremismusbegriff in seinem in der bundesdeutschen Diskussion dominanten Verständnis ohne Frage die Dynamiken aus, bei denen extremistische Gesinnungen nicht nur an den Rändern, sondern auch in der Mitte der Gesellschaft anzutreffen sind:

„Die ‚Mitte', in ihrer dualistischen Betrachtungsweise als Gegenpol ‚des' Extremismus verklärt, verorten die Forscher vor allem dort, wo sie selber sitzen und wo ihr nationales Weltbild wurzelt. Gefahren für die Demokratie kommen demnach immer von ‚außen'. Die Mitte, das Volk, die Nation werden per definitionem exkulpiert. Die Bestimmung, wer außen ‚am Rand' steht, entspringt subjektiven Vorlieben und dient der Stigmatisierung politisch missliebiger Personen." (Kopke/Rensmann 2000: 1454)

Insofern hier von einer normativen Amputation des Extremismusbegriffes gesprochen werden kann, handelt es sich beim Blick auf die internationale und vergleichende Extremismusforschung keineswegs um die einzige Variante, den Extremismusbegriff für die politikwissenschaftliche Diskussion fruchtbar zu machen (vgl. Kap. 13). Ein Potenzial des Extremismusbegriffs besteht aber durchaus in der biografischen Einzelfallforschung (vgl. Frindte/Neumann 2002), bei der – bis heute in der Forschung letztlich offenen – Frage, ob sich die Biografien besonders gewaltaffiner und weltanschaulich gefestigter Funktionäre, besonders im militanten und terroristischen Spektrum der rechten und linken Szene, ähneln? (vgl. Backes 2003; Malthaner/Waldmann 2012; Köttig 2004) Wesentlich ist dabei aber, dass der Extremismusansatz hier in Kombination mit sozialisations- und autoritarismustheoretischen Überlegungen (vgl. Kap. 14) als mikroanalytisches Konzept aufschlussreich sein könnte, nicht in seinem makrotheoretischen Erklärungsanspruch. Denn die Ursachen für Rechtsextremismus können nicht außerhalb der Gesellschaft liegen, die ihn (re-)produziert – also nicht einfach nur aus Individualbiografien erklärt oder verstanden werden.

Übungsaufgaben

- Was sind Gemeinsamkeiten, was Unterschiede zwischen dem Totalitarismus- und dem Extremismuskonzept?
- Die Extremismusdoktrin basiert auf der Annahme von einer klar abgrenzbaren demokratischen Mitte und extremistischen Rändern. Diskutieren Sie empirische Beispiele, die dieser These widersprechen.
- Überlegen Sie, welche politischen oder gesellschaftlichen Interessen Befürworter wie Gegner des Extremismuskonzepts jeweils motivieren könnten.

Literatur zur Einführung

Hans-Gerd Jaschke: Politischer Extremismus, Wiesbaden 2006.

Samuel Salzborn: Demokratie, Extremismus und Autokratie. Eine konzeptionelle Skizze, in: Martin H.W. Möllers/Robert Chr. van Ooyen (Hg.): Jahrbuch Öffentliche Sicherheit 2012/13, Frankfurt, S. 127–135.

Armin Pfahl-Traughber: Der Extremismusbegriff in der politikwissenschaftlichen Diskussion – Definitionen, Kritik, Alternativen, in: Jahrbuch Extremismus & Demokratie, Bd. 4 (1992), S. 67–86.

Wolfgang Wippermann: „Doch ein Begriff muß bei dem Worte sein". Über „Extremismus", „Faschismus", „Totalitarismus", „Neofaschismus", in: Siegfried Jäger/Alfred Schobert (Hg.): Weiter auf unsicherem Grund. Faschismus, Rechtsextremismus, Rassismus – Kontinuitäten und Brüche, Duisburg 2000, S. 21–47.

Weiterführende Literatur

Uwe Backes: Politische Extreme. Eine Wort- und Begriffsgeschichte von der Antike bis in die Gegenwart, Göttingen 2006.

Forum für kritische Rechtsextremismusforschung (Hg.): Ordnung. Macht. Extremismus. Effekte und Alternativen des Extremismus-Modells, Wiesbaden 2011.

Cas Mudde (Hg.): Political Extremism (4 Bände), London u.a . 2014.

Armin Pfahl-Traughber: Das Zehn-Stufen-Modell der „Extremismusintensität". Kategorien zur Analyse und Einordnung politischer Bestrebungen, in: Jahrbuch für Extremismus- und Terrorismusforschung, Bd. 8 (2014), S. 7–36.

Wolfgang Wippermann: Totalitarismustheorien. Die Entwicklung der Diskussion von den Anfängen bis heute, Darmstadt 1997.

12. Tradition, politische Kultur und Extremismus der Mitte

Während der Pathologie- und der Extremismus-Ansatz auf eine kategoriale und statische Differenzierung zielen, sind die Erklärungsansätze, die Aspekte der geschichtlichen Tradition oder der politischen Kultur in den Mittelpunkt rücken, ebenso historisch ausgerichtet und damit auf die Genese und die Dynamik des Rechtsextremismus orientiert, wie die Theorie eines Extremismus der Mitte – die ihrerseits die detaillierteste Kritik an einem statischen Extremismusmodell darstellt, ohne dabei den Grundgedanken der Existenz von politischen Extremen aufzugeben.

Die Ansätze in der Rechtsextremismusforschung, die historische Traditionen, politische Kulturen oder einen Extremismus der Mitte als Schlüsselindikatoren zur Erklärung von Rechtsextremismus betonen, sind in sich weder homogen, noch geschlossen, sondern fokussieren vielmehr lediglich auf ähnliche Grundmotive der Erklärung – auch wenn sie jeweils in ihren spezifischen Ausprägungen andere Faktoren für zentral halten. Allen drei Ansätzen gemeinsam ist aber, dass sie die politische und soziale Spezifik des jeweiligen politischen Systems, das sie analysieren, mit in ihren Erklärungsansatz einbeziehen und dabei ein besonderes Augenmerk auf die objektiven und subjektiven Dimensionen des Politischen sowie dessen entwicklungsgeschichtlichen Veränderungen legen. Sie betonen insofern die historisch entwickelten und sich kulturell geprägten Strukturen einer Gesellschaft als maßgeblichen Ansatzpunkt für die Erklärung von Rechtsextremismus.

Der Grundgedanke einer Wertschätzung der Auseinandersetzung mit den objektiven wie subjektiven *Traditionen* einer Gesellschaft als Erklärungsmoment für Rechtsextremismus basiert auf einer Überlegung, die Wolfgang Benz (1989: 23) mit Blick auf Deutschland folgendermaßen zusammengefasst hat:

„Ohne das Erbe der zwölf Jahre des Dritten Reiches wäre Rechtsradikalismus in der Bundesrepublik wie auch in anderen Staaten in erster Linie eine statische Größe des politischen Lebens und vermutlich eine eher harmlose Randerscheinung oder bei entsprechender Größenordnung, bei kriminellem, terroristischem Ausmaß also, ein Problem der inneren Sicherheit. Die historische Hypothek macht aber in Deutschland jede Art von rechtem Extremismus, auch in per se zunächst harmloser Erscheinungsform, zum politischen Problem von unvergleichbarer und einzigartiger Dimension."

Benz betont damit, dass der Nationalsozialismus und die Shoah bei *jedem* Nachkriegs-Rechtsextremismus als prägend und bedeutsam mitgedacht werden müssen, weil der Nationalsozialismus durch seine antisemitische Vernichtungspolitik die barbarischen Konsequenzen des weltanschaulichen Kerns des Rechtsextremismus kenntlich gemacht und gezeigt hat, dass der Ideologie der Ungleichheit ein auf Gewalt und Vernichtung zielendes Potenzial inhärent ist. Wer sich in Deutschland mit Rechtsextremismus – gleich welcher konkreten Provenienz – auseinandersetzt, muss insofern einerseits die historische Tradition im Sinne einer Weltanschauungsanalyse mit ihrer Gewaltförmigkeit reflektieren (vgl. Benz 2001), andererseits aber auch den Nationalsozialismus als historische Voraussetzung, nicht nur weltanschaulich, sondern auch personell und organisatorisch, für den Nachkriegs-Rechtsextremismus begreifen. In den Worten von Lee McGowan (2002: 207) muss darüber hinaus in Langzeitperspektive davon ausgegangen werden, dass die extreme Rechte „has been a constant feature of the four truly divergent regimes from 1870 that have encompassed a practically absolute monarchy, totalitarian dictatorship and parliamentary democracy." Der Gegenwarts-Rechtsextremismus kann vor diesem Hintergrund als übrig gebliebener und fortexistierender „Schatten" früherer rechtsextremer Bewegungen gelten, die im späten 19. und frühen 20. Jahrhundert entstanden waren (vgl. ebd.).

Wesentlich an der historischen Kontextualisierung ist, den Nationalsozialismus nicht einfach als Bewegung der politischen Ränder, sondern auch als Bewegung des Mittelstandes (vgl. Falter 1991), wie der Arbeiter und Angestellten (vgl. Fromm 1980) zu begreifen, wie auch zeitgeschichtlich zu berücksichtigen, dass der Rechtsextremismus durch ein intensives psychosoziales Nachwirken des Nationalsozialismus in der Erinnerungskultur und in Bezug auf die geschichtspolitische Auseinandersetzung mit der Vergangenheit geprägt ist. Denn eine „Aufarbeitung der Vergangenheit" (Adorno 1959) hat lediglich in einem sehr mühsamen Prozess und vor allem im Bereich der staatsoffiziellen, die politische Elite betreffenden Segment der bundesdeutschen Gesellschaft stattgefunden, wobei wesentliche Impulse hierfür immer wieder von Außen – und nicht aus einer selbstkritischen Auseinandersetzung mit der eigenen Geschichte resultierend – gekommen sind, sei es medial Ende der 1970er Jahren die amerikanische TV-Serie „Holocaust" oder sei es in den 1990er Jahren die durch Daniel J. Goldhagen inspirierte Debatte über *Hitler's Willing Executioners*, die die weite Teile der Gesellschaft umfassende aktive Täterschaft problematisiert hat.

Während hieraus medial und (geschichts-)wissenschaftlich ein Panorama entstand, in dem durch präzise Quellenstudien relativ umfangreiche Kenntnisse über den Nationalsozialismus vorliegen, verhält sich das Wissen in der deutschen Bevölkerung hierzu geradezu diametral, die Erinnerungs- und Schuldabwehr wird seit den 2000er Jahren nicht nur nicht weniger, sondern nimmt vielmehr (wieder) zu, kulminierend in Strategien der Selbstviktimisierung auf persönlicher wie gesellschaftlicher Ebene (vgl. Salzborn 2006): von der Erzählung, nach der „Opa kein Nazi" (vgl. Welzer u.a. 2002) gewesen sein soll, bis hin zum neuen großen nationalen Opfermythos, für den die Bombenkriegs- und Vertriebenendebatte steht. Dies ist mit Blick auf den Rechtsextremismus erklärungsrelevant, weil es den Fokus nicht nur auf die Organisationen und Parteien, sondern gerade auf diejenigen Menschen lenkt, die kontinuierlich (z.B. durch Mitgliedschaft) oder fallweise (z.B. durch Wahl), Rechtsextremismus unterstützen und ihn damit letztlich tragen. Neben der Erinnerungs- und Schuldabwehr als traditionsrelevante Aspekte für die Stabilität rechtsextremer Gruppen und Parteien und ihre (Teil-)Akzeptanz in der Bevölkerung spielen bei der Betonung von historischen Traditionen aber auch personelle, institutionelle und rechtliche Kontinuitäten in der bundesdeutschen Nachkriegsgeschichte eine Rolle, was neben solchen im rechtsextremen Spektrum immer auch die Kontinuitäten postnazistischen Elemente in der Mitte der Gesellschaft meint.

Der Politische Kulturansatz schließt an den Traditionen-Ansatz an, weil er die langfristigen Fort- und Folgewirkungen von Werten, Normen und Mentalitätsbeständen in den Mittelpunkt rückt und sich für die subjektiven Dimensionen des Politischen interessiert (vgl. Salzborn 2009). In Anlehnung an und Erweiterung von Anton Pelinka (2006), Martin und Sylvia Greiffenhagen (1997) und Karl Rohe (1990, 1996) ist politische Kultur zu verstehen als das Ensemble der für eine Gesellschaft relevanten emotionalen und kognitiven Haltungen und der daraus resultierenden Formen stabilisierten Verhaltens, die sich jeweils im Spannungsfeld von politischer Norm und gesellschaftlicher Wirklichkeit bewegen – und damit als ungeschriebene Regeln das öffentliche Reden und Handeln der Angehörigen der jeweiligen politischen Kultur „konditionieren“ (Rohe 1996).

Der *Politische Kulturansatz* differenziert dabei zwischen Einstellungen und Vorstellungen (vgl. Rohe 1990), was für die Rechtsextremismusforschung zentral ist: Während als Einstellung eine relativ kurzfristig veränderbare Haltung begriffen wird, die man etwa über Meinungsumfragen ermitteln kann, unterliegen alle Einstellungen spezifischen Vorstellungen – als Grundhaltungen zur Welt, weltanschauliche Muster oder eben prägende Traditionsbestände, die nicht einfach durch einen Regimewandel verändert werden, sondern diesen überdauern und insofern langfristig fortwirken. Eines der markantesten Beispiele in der bundesdeutschen Geschichte sind der Antibolschewismus und der Antiamerikanismus, die beide nach dem Ende des Zweiten Weltkriegs – obwohl Kernbestand der NS-Ideologie – nicht moralisch diskreditiert waren und in weiten Teilen der Bevölkerung fortexistieren konnten (vgl. Schwan 1999), auch und gerade genutzt als kommunikativer Umweg bzw. kommunikative Chiffre für Antisemitismus, so dass mit dem Antibolschewismus (vor allem bis Anfang der 1990er Jahre) und dem Antiamerikanismus bis in die Gegenwart in der politischen Kultur in allen politischen Spektren Versatzstücke von Weltbildern verankert sind, die eine weltanschauliche Anschlussfähigkeit für den organisierten Rechtsextremismus ermöglichen:

„Erblasten der politischen Kultur in Deutschland waren und sind zum Teil noch: ein ausgeprägtes Freund-Feind-Denken, die Fixierung auf den Staat (Etatismus) und die Obrigkeit (Untertanenmentalität), Konformismus und übertriebene Harmoniesucht, Autoritarismus und Antipluralismus, Antiintellektualismus und Irrationalismus, ein Hang zum Formalismus (im Recht), die preußische Ordnungsliebe sowie eine Schwäche der Männer für militärische Disziplin. […] Obwohl Deutschlands bedingungslose Kapitulation und Okkupation durch die alliierten Siegermächte nicht bloß bedeutete, dass der Nationalsozialismus gescheitert, sondern auch, dass der Nationalismus seiner Legitimationsgrundlage beraubt war, blieb letzterer – genauso wie

der Antisemitismus – im ‚kollektiven Gedächtnis' der Deutschen haften, weil sie ihre eigene NS-Vergangenheit weder kritisch aufgearbeitet noch wirklich bewältigt haben.“ (Butterwegge 2001: 292 f.)

In der Rechtsextremismusforschung dient der Politische Kulturansatz insofern für ein Verständnis bestimmter Prägungen einer Gesellschaft, die über die geschriebenen Regeln im Sinne der Verfassung oder der Gesetze hinausgehen – und diesen auch widersprechen können. Denn die Wert- und Normvorstellungen, der die Neonazis anhängen und die die politische Kultur der rechtsextremen Szene prägen, rücken mehr oder weniger offen die Gewaltfrage in den Mittelpunkt. Sie unterscheiden sich von den geschriebenen Regeln der bundesdeutschen Demokratie fundamental – und stellen dabei alle Grundwerte der Demokratie in Abrede: Volksgemeinschaft – statt Pluralismus, Führerkult – statt Parteiensystem, Zensur – statt Meinungsfreiheit, völkische Homogenität – statt ethnischer Heterogenität, Diktatur – statt Demokratie. Die politische (Sub-)Kultur des Rechtsextremismus ist insofern getragen von dem Ziel der Zerstörung der geschriebenen Verfassung und damit der bundesdeutschen Demokratie, so dass beim organisierten Rechtsextremismus eine politische (Sub-)Kultur im Konflikt mit der gesellschaftlich dominierenden politischen Kultur steht (vgl. Ebrecht 1998), zugleich aber diese ihrerseits durch Traditionsbestände mit Versatzstücken rechtsextremen Denkens durchsetzt ist.

Der Ansatz des *Extremismus der Mitte* integriert die Traditions- und Politische Kultur-Überlegungen strukturanalytisch und bindet insofern entwicklungsgeschichtliche Erklärungsdimensionen in einen soziostrukturellen Kontext ein. In der Rechtsextremismusforschung kommt der Ansatz des Extremismus der Mitte dabei in vier Varianten vor: „1. einer zur Kennzeichnung der sozialen Herkunft der Täter; 2. einer zur Identifikation der Komplizenschaft zwischen Tätern und Politikern, besonders zwischen rechtsradikalen Drahtziehern und staatlichen Behörden; 3. einer zur Charakterisierung moderner rechtspopulistischer Parteien und 4. einer zur Analyse reaktualisierter rechtskonservativer Ideologien.“ (Kraushaar 1994: 26)

Das Erklärungskonzept selbst geht zurück auf den amerikanischen Soziologen Seymour Martin Lipset, der den Nationalsozialismus als „Mittelklassen-Extremismus“ bzw. eine spezifische Mittelklassenbewegung sah und 1959/60 den Begriff „extremism of the center“ prägte. Lipset hat in einem Aufsatz von 1959, der dann auch in sein berühmtes Werk *Political Man* (1960) eingeflossen ist, eine Differenzierung des Extremismusbegriffes eingeführt, die über den unterkomplexen Extremismusbegriff hinausweist, wie er in Kap. 11 vorgestellt wurde. Lipset unterscheidet drei wesentliche Kategorien, die zur Klassifizierung von Extremismus dienen können und zugleich einen gehaltvollen und substanziellen Demokratiebegriff zu Grunde legen. Während die politischen Ziele auf der traditionellen Rechts-Links-Achse und ihrer Distanz zur liberalen Demokratie ebenso die Unterscheidung zwischen demokratischen und autoritären Mitteln zur Durchsetzung eigener politischer Zeile noch Bestandteile der fachwissenschaftlichen Diskussion sind, die heute auch in der bundesdeutschen Extremismusforschung weiterhin Anwendung finden, ist die eigentlich zentrale Kategorie von Lipset weitgehend aus dem Blickfeld der sich selbst so verstehenden Extremismusforschung verschwunden: die Differenzierung zwischen Pluralismus und Monismus, wobei eine antiplurale und monistische Weltanschauung als Kennzeichen von Extremismus interpretiert wird. Nimmt man die Kategorien von Lipset ernst, dann fällt auf, dass Extremismus nicht nur an den Rändern des politischen Systems zu lokalisieren ist, sondern gleichermaßen in dessen Mitte, was überdies auch zeigt, dass ein statischer Extremismusbegriff gegenüber einem solchen, damit bereits skizzierten dynamischen Extremismusbegriff blind bleiben muss: gegenüber den antipluralistischen und gegenaufklärerischen Bestrebungen aus der Mitte der Gesellschaft, da diese stets normativ verklärt werden.

Lipset prägte damit den Begriff des „extremism of the center“ und fügte der konzeptionellen Überlegungen eines linken und eines rechten Extremismus einen dritten Typus hinzu, der allerdings zuvörderst auch als sozialökonomischer Begriff im Sinne der Mittelklassen bzw. Mittelschichten zu verstehen war. So gibt es Lipset (1960: 173) folgend mit Blick auf die Linke, die Rechte und die Mitte jeweils eine moderate und eine extremistische Strömung, „each major social stratum has both democratic and extremist political expressions.“ (Ebd.: 131)

	Politische Spektren		
	Links	**Mitte**	**Rechts**
demokratisch/ moderat	Demokratische Linke	Demokratische Mitte	Demokratische Rechte
antidemokratisch/ extremistisch	Extreme Linke	Extreme Mitte	Extreme Rechte

Abb. 16: Die politischen Spektren nach Seymour Martin Lipset (1959/60).

Eigene Darstellung.

Die Gemeinsamkeiten der drei Extremismen bestünden in ihrer sozialpolitischen Orientierung an den verärgerten, orientierungslosen, desintegrierten, ungebildeten, differenzierungsunfähigen und damit eben letztlich autoritären Personen auf jedem Level der Gesellschaft (vgl. ebd.: 175). Entscheidend ist, dass alle Extremismen Bezüge zu den demokratischen Bewegungen aufweisen, was nicht nur dem Argument von Theodor W. Adorno (1959: 555 f.), nach dem das „Nachleben des Nationalsozialismus in der Demokratie [..] potentiell bedrohlicher denn das Nachleben faschistischer Tendenzen gegen die Demokratie“ sei, und dem von Ralf Dahrendorf (1961: 267), nach dem die Zerstörung der Demokratie historisch bereits „ein Werk des Mittelstandes“ war, ähnelt, sondern auch gerade kenntlich macht, dass die Grenzen zwischen Demokratie und Extremismus weder statisch, noch undurchlässig sind: „The different extremist groups have ideologies which correspond to those of their democratic counterparts." (Lipset 1960: 133) Nimmt man Lipsets Überlegungen in sozialstruktureller Hinsicht ernst, dann liefern sie ein Grundgerüst für einen dynamischen Extremismusbegriff, der die Möglichkeit der Emanzipation von einer rein subjektiven Setzung auf der Ebene von Norm und Abweichung bietet.

Der Kernthese der auf historischer Tradition, politischer Kultur und dem Extremismus der Mitte fußenden Überlegungen der Rechtsextremismusforschung besteht darin, dass Rechtsextremismus in kausaler Beziehung zur Mitte der Gesellschaft steht und bestimmte Grundprinzipien der bürgerlichen Gesellschaft und des Kapitalismus radikalisiert, soziokulturell oft getragen von den Mittelschichten (vgl. Hentges/Lösch 2011). In Deutschland wirken überdies historisch nicht aufgearbeitete und reflektierte Traditionsbestände zur weiteren Manifestation des Rechtsextremismus, der sich damit auch von Rechtsextremismen in anderen Ländern unterscheidet. Kritisch einzuwenden mit Blick auf die Erklärungsansätze ist, dass sie mit Blick auf organisatorische Dimensionen den intellektuellen Rechtsextremismus und die Besonderheiten des deutschen Rechtsextremismus erklären kann, jedoch die gewaltförmige Artikulationsweise des Rechtsextremismus nur bedingt erfasst. Überdies ist der Fokus auf den deutschen Rechtsextremismus sehr ausgeprägt. Mit Blick auf die Bedeutung der Erklärungsansätze, die die historischen Traditionen und die politische Kultur in den Mittelpunkt rücken und von einem Extremismus der Mitte ausgehen, ist festzustellen, dass wesentliche Grundüberlegungen dieser Ansätze in der Rechtsextremismusforschung weit verbreitet sind (vgl. Decker u.a. 2013; Funke 2002; Jäger/Paul 2001; Jäger/Schobert 2000; Kraske 2012; Perels 2003; Rommelspacher 2011 a; Schmidt 2001), die Ansätze aber in der öffentlichen Debatte oft abgelehnt werden, weil sie eine Mitverantwortung der Mitte der Gesellschaft für die Entstehung und den Fortbestand von Rechtsextremismus konstatieren.

Übungsaufgaben

- Die Geschichte der europäischen Staaten mit Blick auf die Zeit des Nationalsozialismus variiert erheblich. Welche Probleme ergeben sich daraus für eine vergleichende Rechtsextremismusforschung, wenn sie die Dimension der historischen Traditionen berücksichtigen will?
- Gegen den Politischen Kulturansatz wird eingewandt, der Begriff politische Kultur sei wissenschaftlich nicht präzise genug. Nehmen Sie zu diesem Einwand vor dem Hintergrund der Rechtsextremismusforschung Stellung.
- Vergleichen Sie die Extremismustheorie (Kap. 11) mit dem Ansatz des Extremismus der Mitte und diskutieren Sie Stärken und Schwächen beider Konzepte.

Literatur zur Einführung

Christoph Butterwegge: Ambivalenzen der politischen Kultur, intermediäre Institutionen und Rechtsextremismus, in: Wilfried Schubarth/Richard Stöss (Hg.): Rechtsextremismus in der Bundesrepublik Deutschland. Eine Bilanz, Opladen 2001, S. 292–313.

Wolfgang Kraushaar: Extremismus der Mitte. Zur Geschichte einer soziologischen und sozialhistorischen Interpretationsfigur, in: Hans-Martin Lohmann (Hg.): Extremismus der Mitte. Vom rechten Verständnis deutscher Nation, Frankfurt 1994, S. 23–50.

Weiterführende Literatur

Christoph Butterwegge/Janine Cremer/Alexander Häusler/Gudrun Hentges/Thomas Pfeiffer/Carolin Reißlandt/Samuel Salzborn: Themen der Rechten – Themen der Mitte. Zuwanderung, demografischer Wandel und Nationalbewusstsein, Opladen 2002.

Siegfried Jäger/Alfred Schobert (Hg.): Weiter auf unsicherem Grund. Faschismus – Rechtsextremismus – Rassismus: Kontinuitäten und Brüche, Duisburg 2000.

Caroline Y. Robertson-von Trotha (Hg.): Rechtsextremismus in Deutschland und Europa. Rechts außen – Rechts „Mitte"?, Baden-Baden 2011.

13. Autoritarismus, Sozialisation und Geschlecht

Die Multidisziplinarität des Prozesses der Vergesellschaftung zeigt, dass zwischen strukturellen und individuellen Faktoren immer ein Zusammenhang besteht – auch wenn die Frage der Kausalität oft nicht eindeutig zu beantworten ist und insofern gesellschaftliche und politische Strukturen ebenso individuelle Einstellungen und Verhaltensweisen verändern können, wie jene modifizierend und transformierend auf die Strukturen wirken. Die bisher vorgestellten Erklärungsansätze für Rechtsextremismus haben, wenngleich sie immer auch das Individuum im Blick hatten, alle stark auf strukturanalytische Aspekte orientiert. Die Erklärungsansätze Autoritarismus, Sozialisation und Geschlecht richten ihr Hauptaugenmerk hingegen auf das Individuum und damit die Mikrostruktur der Gesellschaft, die auch hinsichtlich der vermittelnden, so genannten intermediären Institutionen (wie Familie, Schule, *peer groups*, Medien usw.) als bedeutsam für die Erklärung von Rechtsextremismus angesehen werden.

Sozialisationsprozesse orientieren auf die Verinnerlichung von Werten, Normen und Verhaltensmustern und führen zur Herausbildung einer individualisierten Persönlichkeit bzw. Charakterstruktur. Ihr allgemeinstes Ziel ist die „Reproduktion der gesellschaftlichen Verhältnisse" (Koller 2008: 124). Insofern handelt es sich bei Sozialisationsprozessen um eine Interaktionsbeziehung von Individuum und Gesellschaft, in der Sozialisation einen doppelten Prozess, einen äußeren und einen inneren, umfasst. Als äußerer Prozess fungiert Sozialisation im Sinne des bewussten und/oder unbewussten Einwirkens von vermittelten gesellschaftlichen und politischen Anforderungen auf das Individuum, als innerer Prozess beschreibt Sozialisation den Vorgang der psychischen und physischen Veränderungen beim Individuum, die durch interaktive Einflussnahme initiiert, befördert oder auch gehemmt werden. Spezifische gesellschaftliche Situationen prägen die psychischen Dispositionen von Individuen, wobei das Medium Familie (vgl. Fromm 1936: 109) als „Agentur der Gesellschaft“ (Adorno/Horkheimer 1956: 122) eine zentrale Rolle einnimmt bei der Vermittlung der als bedeutsam angesehenen Wert- und Normenvorstellungen. Die Kernthese mit Blick auf Rechtsextremismus ist dabei, dass im Sozialisationsprozess eines (späteren) Rechtsextremisten autoritäre Formen des Denkens und Handelns als Charakterstruktur sozialisiert und damit auf der Individualebene verinnerlicht werden, wobei diese mit einer explizit geschlechtlichen Dimension verbunden sind, die bestimmte Verhaltens- und Wirkmuster in geschlechtsspezifischer Hinsicht und damit Rollenverständnisse als Mann oder als Frau prädisponieren:

„Charakterkräfte sind im wesentlichen Bedürfnisse (Triebe, Wünsche, emotionale Impulse), die in ihrer Eigenart, ihrer Intensität, ihrem Befriedigungsmodus und ihren Objektbindungen von einem zum anderen Individuum variieren, und die mit anderen Bedürfnissen in harmonischer oder konfligierender Wechselwirkung stehen. [...] Nach dieser Theorie formen Umweltkräfte den Charakter um so gründlicher, je früher sie in der Entwicklungsgeschichte des Individuums eine Rolle spielten. Die Entfaltung des Charakters hängt entscheidend vom Verlauf der Erziehung des Kindes und von seiner häuslichen Umwelt ab, die zutiefst von ökonomischen und sozialen Faktoren geprägt sind.“ (Adorno u.a. 1973: 7)

Der autoritarismus- und sozialisationstheoretische Ansatz der Rechtsextremismusforschung geht zurück auf psychoanalytische und sozialpsychologische Studien der 1930er Jahre (vgl. Adorno u.a. 1973; Freud 1921; Fromm 1980; Reich 1933) und hat seinen Ausgangspunkt in einer politisch-psychologischen Analyse der entstehenden autoritären Formierung in der Weimarer Republik. Unter einem Autoritätsverhältnis im psychologischen Sinn wird seither nicht einfach ein bloß erzwungenes Verhalten verstanden, da zu jedem Autoritätsverhältnis die gefühlsmäßige Bindung einer untergeordneten zu einer übergeordneten Instanz gehört, wobei die Komponenten des Gefühlskomplexes manchmal bewusst und manchmal unbewusst vorhanden sind (vgl. Fromm 1936: 79 f.). Den „tragenden Kern eines Autoritätsverhältnisses“ (Ebd.: 78) bilden Liebe und die Angst vor Liebesverlust und nicht – wie landläufig oft angenommen – die Macht der Autorität und die Angst vor Folgen einer Pflichtverletzung.

Entscheidend ist, dass non-personale Autoritätsverhältnisse (die Hingabe und der Glaube an ein Volk, eine Kultur oder eine Nation) nicht nur Indikatoren sind, um Autoritarismus empirisch messen zu können (vgl. Adorno u.a. 1973; Lederer 1995; Oesterreich 1998: 56ff.; Rippl u.a. 2000), sondern selbst Ausdruck von diesem (vgl.

Herrmann/Schmidt 1995). Das Individuum wird an eine Person (etwa: Vater, politischer Führer) oder ein Gruppe (etwa: rechtsextreme Kameradschaft) gebunden, *weil* ihm die Dialektik von Gehorsamkeit und Macht Lust und Befriedigung verschafft:

„Wo dieser Charakter Macht spürt, muss er sie beinahe automatisch verehren und lieben. Dabei ist es gleich, ob es um die Macht eines Menschen, einer Institution oder eines durch die Gesellschaft anerkannten Gedankens handelt." (Fromm 1936: 115)

Der Autoritarismus appelliert an Triebimpulse im Individuum und ist mit dessen psychischen Apparaten durch Sozialisationsinstanzen wie Familie, Kita-Gruppe, Schulklasse oder Sportverein verknüpft. Die äußere Gewalt wird durch Sublimierung und Reaktionsbildungen in das individuelle Über-Ich transformiert und zwar so, dass sie in eine innere Gewalt verwandelt wird. Die Autoritäten als Vertreter der äußeren Gewalt werden verinnerlicht und das Individuum handelt entsprechend ihrer Gebote und Verbote nun nicht mehr allein aus der Furcht vor äußeren Strafen, sondern aus der Furcht vor der psychischen Instanz, die es auf diese Weise in sich selbst aufgerichtet hat (vgl. ebd.: 84).

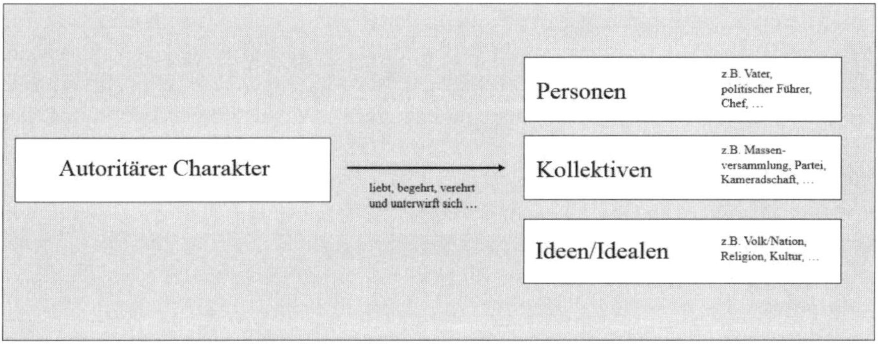

Abb. 17: Der autoritäre Charakter und das Autoritätsverhältnis.

Eigene Darstellung.

Das an Sigmund Freuds *Massenpsychologie und Ich-Analyse* (1921) angelehnte Vergesellschaftungsmodell, namentlich die Ersetzung des Über-Ichs des Individuums durch eine externe Autorität, die Adorno (1951 b: 416) als Externalisierung beschrieben hat, ist der Schlüssel zum Verständnis des autoritarismus- und sozialisationstheoretischen Ansatzes der Rechtsextremismusforschung, in dem das Autoritätsverhältnis in rechtsextremen Gruppen deshalb als so wirkungsvoll verstanden wird, weil es für das Individuum nicht nur die (Teil-)Aufgabe einer eigenen (potenziell selbstreflexiven) Persönlichkeit bedeutet, sondern zugleich das Versprechen beinhaltet, an einem großen, machtvollen, einflussreichen und überragenden Kollektiv teilhaben zu dürfen. Insofern ist der rechtsextreme Autoritarismus immer auch (kollektiver) Narzissmus (vgl. Clemenz 1998: 144ff.; Bohleber 1992: 139), denn die autoritäre Unterwerfung befriedigt zugleich omnipotente Verschmelzungs- und Größenphantasien; dadurch, dass sich der unterwürfige Rechtsextremist seinem „Führer" bedingungslos unterordnet, darf er auch das Surrogat erleben, Teil eines (vermeintlich) mächtigen Kollektivs zu sein – des völkischen Kollektivs, das sich im rechtsextremen Weltbild im (Abwehr-)Kampf gegen zahlreiche andere Mächte befindet:

„Wenn, wie beim Gruppennarzißmus, das Objekt nicht der einzelne, sondern die Gruppe ist, der er angehört, kann sich der einzelne dieses Narzißmus voll bewußt sein und ihn ohne Hemmungen zum Ausdruck bringen. Die Behauptung, daß ‚mein Vaterland' (oder meine Nation oder meine Religion) am wunderbarsten, kultiviertesten, mächtigsten, friedliebendsten usw. ist, klingt durchaus nicht verrückt. Im Gegenteil, es klingt nach Patriotismus, Glaube und Loyalität. Außerdem erscheint es als ein realistisches und vernünftiges Werturteil, da es von vielen Mitgliedern der gleichen Gruppe geteilt wird. Dieser Konsensus bringt es fertig, die Phantasie in eine Realität umzuwandeln, da Realität für die meisten Menschen durch den allgemeinen Konsensus erzeugt wird und sich nicht auf vernünftige oder kritische Überlegungen gründet." (Fromm 1973: 182)

Varianten der Autoritarismustheorie, die in der Rechtsextremismusforschung in jüngerer Vergangenheit intensiver diskutiert wurden, sind Überlegungen zum spezifischen Verhältnis von (staats-)sozialistischem Autoritarismus vor dem Hintergrund der Entstehung einer rechtsextremen Jugendkultur seit den 1990er Jahren auf dem Gebiet der ehemaligen DDR (vgl. Claussen 1989; Lederer u.a. 1991; Maaz 1993), die Betonung des Zusammenhangs von Autoritarismus und politische Apathie bzw. einer autoritären Reaktion als nicht-sozialisierte, sondern erst später „erlernte" Reaktion auf politische Verunsicherungen (vgl. Hopf 1993; Oesterreich 1993, 1996), der Zusammenhang von Verunsicherungen in der Adoleszenzphase und die damit verbundene autoritäre Gewaltaffinität (vgl. Streeck-Fischer 1992; Wirth 1996) sowie die These eines Zusammenhanges von Autoritarismus und Männlichkeit vor dem Hintergrund kultureller Auseinandersetzungen um gesellschaftliche Dominanz (vgl. Rommelspacher 1993, 1998, 2000; Held u.a. 1991).

Die Verbindung der Autoritarismus- und Sozialisationstheorien zur Frage nach dem Zusammenhang von Rechtsextremismus und Geschlecht liegen damit auf der Hand, weil Sozialisationsprozesse in der modernen Gesellschaft auch Vergeschlechtlichungsprozesse sind, d.h. Individuen lernen früh, dass ihrem biologischen Geschlecht eine soziale Relevanz zugesprochen wird (vgl. Beckmann 2008). Insofern ist es auch für die Rechtsextremismusforschung bedeutsam zu ergründen, welche Ausprägungen rechtsextreme Geschlechterbilder einerseits haben, aber auch, wie diese andererseits im Kontext von Autoritarismus und Sozialisation relevant werden. Betrifft der erste Aspekt die Frage nach den konzeptionellen Rahmungen des Geschlechterverständnisses im Rechtsextremismus, orientiert der zweite auf die allgemein-gesellschaftliche Dimension und damit die Frage, welche geschlechtssozialisierenden Aspekte die Grundlagen für eine spätere Nähe oder Hinwendung zu rechtsextremen Positionen bieten.

Zunächst ist daran bedeutsam, dass allein die Vorstellung, das biologische Geschlecht habe eine soziale Relevanz (in Verbindung mit der daraus resultierenden gesellschaftlichen Praxis, in der diese subjektiv zugesprochene Relevanz durch Machtpraktiken objektiviert wird), die Bestandteil einer naturalisierenden Idee sozialer Wirklichkeit ist und insofern die Grunddisposition der modernen Geschlechterkonzepte nicht im Widerspruch zum rechtsextremen Männer- und Frauenbild steht, da auch im Rechtsextremismus von einem Dualismus im Sinne einer Zweigeschlechtlichkeit bei gleichzeitiger Unterstellung einer kategorialen Gegensätzlichkeit der Geschlechter ausgegangen wird.

Geschlechtersozialisation prägt insofern Autoritarismus und Narzissmus, als Männer wie Frauen durch eine Einfügung in ihre Geschlechterrollen Zustimmung und Anerkennung im rechtsextremen Kollektiv erwarten dürfen, wobei die Grundideale die der Stärke, der Wehrhaftigkeit und der Reinheit sind (siehe auch Stögner 2014). Diese werden in ihrer geschlechtlichen Codierung unterschiedlich konkretisiert, was sowohl den Idealtypus des kämpfenden, heroischen, schmerzerprobten Mannes (Virchow [2010: 39] spricht vom rechtsextremen Idealbild mit den selbst zugeschriebenen Attributen „tapfer, stolz, opferbereit“), wie den der die Familie schützenden und die Werte an Kinder vermittelnden Frau umfasst, was Renate Bitzan (2011: 116) den „Klassiker“ im Rechtsextremismus nennt: das Ideal der Mutter. Aber es finden sich ebenso Vorstellungen von der starken, dem Mann im Kampf zur Seite stehenden Frau oder den familienumsorgenden, die „Heimat“ schützenden Mann, der ein „Vertreter von Ungleichheitsvorstellungen“ (Möller 2011: 139) bleibt, aber eben eine Variation zum erstgenannten Männlichkeitstypus mit „personaler Gewaltakzeptanz“ (Ebd.: 135) darstellt. Vor allem empirische Studien in der Rechtsextremismusforschung, die das Moment des Geschlechts reflektieren, zeigen, dass es diese divergierenden Bilder und Praktiken gibt (und nicht nur „die Mutter“ oder „den Kämpfer“), die durchaus zwischen Teilspektren der rechtsextremen Szene auch umstritten sind (vgl. Antifaschistisches Frauennetzwerk/Forschungsnetzwerk Frauen und Rechtsextremismus 2005; Röpke 2005; Röpke/Speit 2011). So stellen beispielsweise die offen ausgelebte Homosexualität von rechtsextremen Führungsfiguren (wie etwa bei dem FAP-Chefdenker Michael Kühnen, der 1991 an AIDS gestorben ist; oder dem ehemaligen DVU- und NPD-Funktionär Jörg Fischer, der vor allem wegen seiner Homosexualität in den 1990er Jahren aus der Nazi-Szene ausgestiegen ist), oder die intensiven homoerotischen Praktiken im Rechtsextremismus bei gleichzeitiger Verteufelung offener Homosexualität (etwa in Burschenschaften) massive Spannungsfelder in der rechten Szene dar, weil die Liebe zwischen Männern (wie auch die Liebe zwischen Frauen) dem Ideal der auf eine phantasierte Reinheit der Abstammung orientierten, heterosexuellen (Groß-)Familien, wie es in weiten Teilen des rechtsextremen Spektrums vertreten wird, widerspricht.

Die Kategorie Geschlecht spielt insofern in erklärenden Hinsicht für Rechtsextremismus nicht nur mit Blick auf Frauen, sondern auch mit Blick auf Männer eine Rolle (vgl. Birsl 1994 a, 1994 b, 2011; Möller 1991, 2008, 2011; Stöss 2009): denn die geschlechtersensible Rechtsextremismusforschung betont die Wichtigkeit, nicht nur aus einer feministischen Perspektive rechtsextreme Frauen zu thematisieren (vgl. Amesberger/Halbmayr 2002; Bitzan 1997, 2000; Hammann 2002; Köttig 2004; Weber 2012), sondern auch zu sehen, dass der rechte Mann nicht die (scheinbar geschlechtslose) „Normalität" ist, sondern auch Rechtsextremismus nur in einer geschlechtlichen Dimension verstanden werden kann (vgl. Möller 2008, 2011; Rommelspacher 2011 b; Weber 2001) – gerade auch mit Blick auf Sozialisationsprozesse, in denen rechtsextreme Einstellungen familiär tradiert und so über Generationen hinweg weiter gegeben werden (vgl. Becker 2008).

♂ … rund 90 Prozent der rechtsextremen Straf- und Gewalttaten werden von Männern begangen.

♀ … etwa 30 Prozent der Mitglieder rechtsextremer Parteien sind Frauen.

♀ … zwischen 30 und 40 Prozent der Stimmen für rechtsextreme Parteien stammen von Frauen.

Abb. 18: Statistische Verhältnisse von Frauen und Männern im Rechtsextremismus.

Darstellung nach Angaben der Fachstelle „Gender und Rechtsextremismus" der Amadeu Antonio Stiftung (gender-und-rechtsextremismus.de).

Die Ansätze in der Rechtsextremismusforschung, die sich auf die Schlüsselkategorien Autoritarismus, Sozialisation und/oder Geschlecht beziehen, bieten ein Potenzial für eine vielschichtige und mehrdimensionale Erklärung von Rechtsextremismus, weil sie dessen dynamischen Charakter berücksichtigen und die Wechselverhältnisse – wenn auch mit starkem Fokus auf die Akteur/innen – zwischen Individuum und Struktur berücksichtigen. Eine Schwierigkeit der Ansätze besteht darin, dass sie in der empirischen Forschung oft auf (adoleszente) Jugendliche und junge Erwachsene fokussieren, wobei entgegen des ursprünglichen Ansatzes in der jüngeren Forschung weniger nach den charakterstrukturellen und damit die weltanschaulichen Grundhaltungen prägenden Dimensionen gefragt wird, dafür aber mehr nach disponiblen und kurzfristig erlernten Einstellungen. Ein Problem, das nicht nur den Autoritarismusansatz, sondern auch den Geschlechteransatz in der Rechtsextremismusforschung betrifft, ist, dass beide nur relativ lose und oft nur schlagwortartig in Forschungsarbeiten Berücksichtigung finden, so dass die Kategorien Autoritarismus, Sozialisation und Geschlecht zwar in den meisten Überlegungen eine Rolle spielen, aber ebenso oft – trotz ihres Potenzials, gerade mit Blick auf die Erklärungskraft bezüglich der Mikroebene von Gesellschaft – nicht über den Status eines Schlagwortes hinauskommen.

Übungsaufgaben

- In welchem Verhältnis stehen Autoritarismus und Narzissmus im Rechtsextremismus?
- Diskutieren Sie mit Blick auf die Entwicklung eines Menschen vom Säugling zum Erwachsenen, welche Einflüsse und Erfahrungen für autoritäre Prägungen eine Rolle spielen können.
- Vergleichen Sie gesellschaftlich akzeptierte/hegemoniale Geschlechtervorstellungen mit solchen aus der rechtsextremen Szene.

Literatur zur Einführung

Theodor W. Adorno/Max Horkheimer: Familie, in: Institut für Sozialforschung (Hg.): Soziologische Exkurse, Hamburg 1991, S. 116–132.

Ursula Birsl: Rechtsextremismus und Gender, Opladen 2011.

Birgit Rommelspacher: Das Geschlechterverhältnis im Rechtsextremismus, in: Wilfried Schubarth/Richard Stöss (Hg.): Rechtsextremismus in der Bundesrepublik Deutschland. Eine Bilanz, Bonn 2000, S. 199–219.

Andrea Röpke/Andreas Speit: Mädelsache! Frauen in der Neonazi-Szene, Berlin 2011.

Weiterführende Literatur

Theodor W. Adorno/Else Frenkel-Brunswik/Daniel J. Levinson/R. Nevitt Sanford: Studien zum autoritären Charakter, Frankfurt 1973.

Helga Amesberger/Brigitte Halbmayr (Hg.): Rechtsextreme Parteien – eine mögliche Heimat für Frauen?, Opladen 2002.

Renate Bitzan: Selbstbilder rechter Frauen. Zwischen Antisexismus und völkischem Denken, Tübingen 2000.

Regina Weber: Rechtsextremistinnen. Zwischen Kindererziehung und nationalem Kampfauftrag, Berlin 2012.

14. Deprivation, soziale Bewegung und (Jugend-)Protest

Rechtsextremismus als soziale Bewegung – das klingt, folgt man dem umgangssprachlichen Verständnis, fast wie ein Widerspruch: verbindet man mit sozialen Bewegungen doch vor allem solche, die sich für soziale Belange, für mehr Gerechtigkeit und für mehr Demokratie einsetzen (vgl. Roth/Rucht 2008). Soziale Bewegungen, das sind im Volksmund die Arbeiterbewegung, die Frauenbewegung oder die Friedensbewegung – um nur drei prominente Beispiele zu nennen. Aber passt der Rechtsextremismus in diese Reihe der sozialen Bewegungen? In der Tat gibt es in der Rechtsextremismusforschung Stimmen, die den Begriff der sozialen Bewegung deshalb ablehnen – weil das, was Rechtsextreme fordern, eben nicht sozial in einem materiellen Sinn sei, eben: nicht gerecht, sondern zutiefst ungerecht (vgl. Butterwegge 1993, 1994; Ohlemacher 1994).

Die Gegenargumentation lautet, dass bei einer pragmatischen (und nicht normativen) Begriffsverwendung kenntlich wird, dass der Rechtsextremismus, zunehmend seit den 1990er Jahren, charakteristische Züge einer sozialen Bewegung angenommen hat und damit gezielt Menschen anzusprechen versucht, die von Deprivationserfahrungen betroffen sind und gegen das Politische System, seine Repräsentant(inn)en oder die Parteienordnung protestieren wollen, wobei die soziale Attraktivität des Rechtsextremismus vor allem für Jugendliche betont wird (vgl. Falter 1994; Grumke 2008; Heitmeyer u.a. 1992; Klärner/Kohlstruck 2006; Koopmans 1996; Rippl/Baier 2005; Willems u.a. 1993). Ursächlich für Rechtsextremismus seien vor allem Prozesse sozialer Desintegration (vgl. auch Kap. 15), da

„soziale Ungleichheit, relative Deprivation, Überfremdungsängste und Anomie [...] nicht mehr durch relativ intakte sozialmoralische Milieus (etwa in den Arbeitswohnbezirken) aufgefangen werden. Kollektive Bedrohungsängste in großstädtischen Ballungszentren heute können vielfältige Ursachen haben: die Anonymität von Bürokratien und sozialen Beziehungen, das Gefühl, nicht mehr mithalten zu können bei den beruflichen und gesellschaftlichen Leistungsanforderungen, die Konkurrenz um Wohnungen und Arbeitsplätze, Angst vor dem Zuzug von Ausländern, Aussiedlern und Asylbewerbern und damit auch vor fremden Kulturen, vor dem Fremden schlechthin. Ängste können real begründet sein, oft aber speisen sie sich aus tradierten Vorurteilen, besonders dann, wenn sie sich in aggressiver Weise gegen Minderheiten richten.“ (Jaschke 1994: 108)

Wichtig am Begriff der Deprivation ist, dass er nicht nur und auch nicht primär auf diejenigen abhebt, die *wirklich* ihren sozialen oder ökonomischen Status verloren haben, sondern auf diejenigen, die dies glauben oder sich davor fürchten – deshalb *relative* und nicht absolute Deprivation. Relative Deprivation als unterstellte Ursache für Sozialprotest mit rechtsextremem Bewegungscharakter basiert insofern auf der subjektiven Angst vor und dem Glauben an eigene Zurücksetzung, die real sein kann, oft aber nicht ist. Insofern fokussiert der Erklärungsansatz primär auch nicht auf die wirklich sozial Deklassierten, sondern vor allem auf die (untere) Mittelschicht, die überdies auch über die intellektuellen und durchaus auch materiellen Ressourcen verfügt, um in einer bzw. als eine soziale Bewegung aktiv zu werden und insofern Formen des Protests in unkonventionellen Politikformen (was vor allem meint: nicht durch Wahlen) zu artikulieren.

Soziale Bewegungen setzen sich generell, so hat es Dieter Rucht (2011: 20) formuliert, „in Beziehung zur Gesellschaft", weil sie diese verändern und so wahrgenommene Missstände öffentlichkeitswirksam problematisieren wollen. Es geht sozialen Bewegungen also um das Agieren in sozial umkämpften Räumen, in denen sie in Teil- oder Fundamentalopposition zum Rest der Gesellschaft stehen. Jede soziale Bewegung, die sich aus zahlreichen Einzelpersonen, Gruppen und Initiativen, bisweilen sogar auch aus Teilen von Parteien zusammensetzt, inszeniert sich dabei selbst und will dadurch Öffentlichkeit herstellen und weitere Unterstützung mobilisieren. Die soziale Bewegung ist, um ein Begriffspaar aus der rechten Szene zu gebrauchen, vor allem eine Bewegung „der Straße" – nicht oder nicht primär der Parlamente.

Vor dem Hintergrund des Drei-Säulen-Konzepts der NPD aus den späten 1990er Jahren erlangt das Phänomen der sozialen Bewegung für den bundesdeutschen Rechtsextremismus zunehmend Bedeutung. Drei Säulen, das heißt: „Schlacht um die Köpfe", „Schlacht um die Wähler" – und „Schlacht um die Straße" (zit. n. Apfel 1999: 359; vgl. Brandstetter 2006; Pfahl-Traughber 2008).[1] Im Mittelpunkt steht nicht mehr das Parteizentrum, sondern die Kleingruppe vor Ort, die lokale Kameradschaft, der Aufmarsch im Nachbarstädtchen, die engräumigen Netzwerke, die (Jugend-)Cliquen, der soziale Austausch auf kultureller Ebene, vor allem in der Musikszene (vgl. Borrmann 2002; Hafeneger/Jansen 2001; Wippermann u.a. 2002). Es herrscht eine „Dynamik der kleinen Gruppen", die ein wichtiges Betätigungsfeld in „sozialer Gerechtigkeitspropaganda und Geborgenheitsangeboten" gefunden hat, wie Bernd Wagner (2008: 12 u. 14) diese Entwicklung beschrieben hat. Wesentliche Aktionen der rechtsextremen Szene haben sich in den zivilgesellschaftlichen Bereich verlagert. Das Ziel: die Etablierung einer rechtsextremen Alltagskultur – auf der Straße, im Viertel, in Kita und Schule, bei Sport- und Kinderfesten oder in der Feuerwehr. Die Kontakte über die eigene Szene hinaus sollen das rechtsextreme Weltbild auf diese Weise schleichend verbreiten, die Akzeptanz für rechtsextreme Positionen in der Mitte der Gesellschaft erhöhen.

Die wissenschaftliche Diskussion um die Frage, ob es sich beim Rechtsextremismus um eine (neue) soziale Bewegung handelt, begann in den frühen 1990er Jahren (vgl. Jaschke 1992). War damals gegen die Annahme noch eingewandt worden, dass die überwältigende Mehrheit des Rechtsextremismus ausschließlich parteiförmig organisiert sei (Stöss 1994; Bergmann/Erb 1994), muss man aus heutiger Sicht attestieren: die Beobachtung von vor rund 20 Jahren war durchaus aufmerksam, da sie eine Entwicklung wahrnahm, die in bestimmten Bereichen des Rechtsextremismus heute tatsächlich zu beobachten ist. In Zahlen ausgedrückt: Nach dem Verfassungsschutzbe-

1 Später wurde das Konzept um eine weitere „Säule" ergänzt, den „Kampf um den organisierten Willen". Aus begriffskritischer Perspektive muss allerdings bezweifelt werden, dass damit tatsächlich eine hermeneutisch und logisch stimmige Ergänzung vorgenommen wurde, da der „organsierte Wille" im Querschnittsbereich zu den drei anderen „Säulen" liegt und insofern der begrifflichen Logik der anderen „Säulen" faktisch widerspricht.

richt über das Jahr 2013 (BMI 2014: 70) sind weniger als ein Drittel der insgesamt rund 21.700 Rechtsextremist(inn)en in Deutschland überhaupt in Parteien organisiert, Tendenz sinkend.

Charakteristisch für soziale Bewegungen im Bereich des Rechtsextremismus ist die unterschiedliche Intensitätsmöglichkeit der Zugehörigkeit: In einer sozialen Bewegung ist die weltanschaulich gefestigte und organisationsgebundene Multifunktionärin genauso aufgehoben, wie der gewaltbereite Skinhead oder der mit rassistischen Parolen sympathisierende Schüler. Die organisatorische Stärke der sozialen Bewegung ist gerade ihre geringe formale Bindung. Im Unterschied zu Parteien gibt es oft keine formalen Mitgliedschaften und damit umgekehrt ein höheres Maß an losen Integrationsmöglichkeiten. Roger Griffin (2003: 27) hat im Zentrum des Bewegungs-Rechtsextremismus insofern auch die „groupuscules" ausgemacht – die fest geformten und autonomen Gruppen, die nur über eine minimale Zahl an fest Zugehörigen verfügen. Diese agieren in einem durchaus heterogenen Netz des Rechtsextremismus unabhängig, sind aber weltanschaulich gefestigt. Sie bilden, wenn man so will, die konzentrischen Kerne der rechtsextremen Bewegung – Wolfgang Gessenharter (2010) hat die These vertreten, dass die rechtsextreme Bewegung anhand eines Kreismodells veranschaulicht werden kann: Im Zentrum stehen die Bewegungseliten, die umgeben werden von Basisaktivisten, an die sich wiederum die Unterstützer anschließen, die gerade auch für Aktivitäten oder Gewalttaten zentral sind und wiederum, in einem gedachten äußeren Kreis, von den Sympathisanten eingerahmt werden. Wichtig daran ist: je weiter in der Mitte, desto straffer der Organisierungsgrad, die weltanschauliche Festigung und die Bereitschaft, aktiv und durchaus auch gewalttätig für die eigene Ideologie einzutreten. Der Grad der Organisiertheit und der Grad der weltanschaulichen Überzeugung nehmen nach außen entsprechend ab.

Als soziale Bewegung agiert der Rechtsextremismus im unmittelbaren Nahraum der Menschen, der geprägt ist von persönlicher Bekanntheit, Überschaubarkeit und relativ hohen sozialen Bindungsgraden (vgl. Borstel u.a. 2008; Burschell 2009; Heinrich 2005). Dadurch kann die Etablierung einer rechtsextremen Alltagskultur gleichermaßen begünstigt, wie konterkariert werden. Gerade in jüngerer Vergangenheit finden sich Beispiele wie die Großdemonstrationen in Dresden, in denen etwa bei rechten Demonstrationen der Widerspruch aus der Bevölkerung so groß war, dass die stabilen sozialen Netze im lokalen Bereich den Rechtsextremisten zum Verhängnis wurden – weil es soziale Netze waren, die Rechtsextremismus grundsätzlich ablehnen. In Fällen, in denen aber ein diffuses oder möglicherweise sogar teilweise positives Verhältnis zu Versatzstücken des rechtsextremen Weltbildes besteht, wirkt der soziale Nahraum hingegen begünstigend (Anfang der 1990er Jahre z.B. bei den rassistischen Brandanschlägen und Übergriffen in Rostock-Lichtenhagen, Hoyerswerda, Mölln oder Solingen, Mitte der 1990er Jahre dann bei den antisemitischen Einlassungen der Dorfbevölkerung von Gollwitz oder dem von Ortsbewohner/innen in Auftrag gegebenen rassistischen Brandanschlag von Dolgenbrodt, im Jahr 2013 beispielsweise bei den rassistischen Demonstrationen von NPD und Anwohner/innen gegen die Unterbringung von Flüchtlingen in Berlin-Hellersdorf).

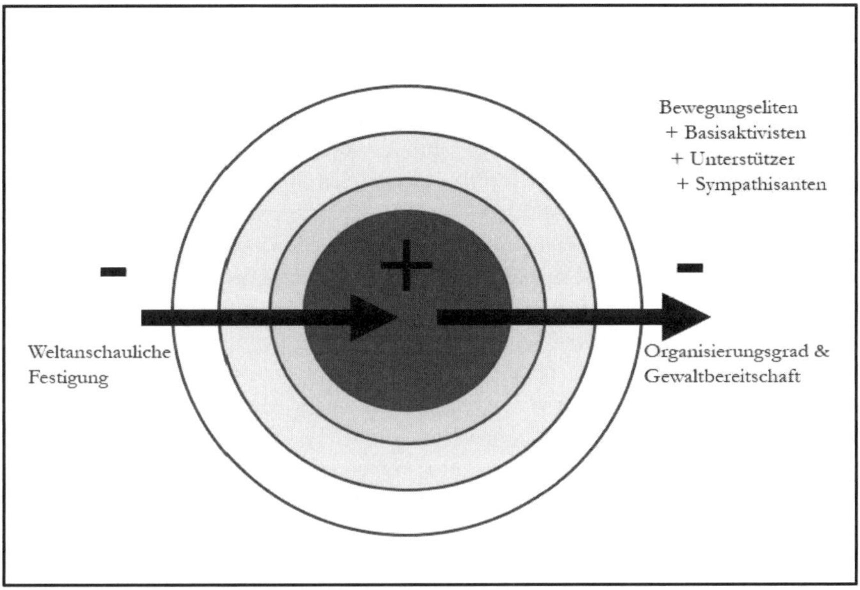

Abb. 19: Das Modell der Konzentrischen Kreise im Rechtsextremismus.

Eigene Darstellung nach Wolfgang Gessenharter (2010).

Das Ziel rechtsextremer Bewegungen besteht dabei in der Schaffung „befreiter Zonen" bzw. „national befreiter Zonen", wie es auf einem Konzeptpapier der NPD-Hochschulorganisation NHB aus dem Jahr 1991 heißt. In diesen soll eine „Gegenmacht" zum staatlichen Gewaltmonopol errichtet werden, da das Rechts- und Verfassungssystem der Bundesrepublik abgelehnt wird. Das Ziel sei es, „Freiräume" zu schaffen, „in denen WIR sanktionsfähig sind" – als „Aufmarsch- und Rückzugsgebiete" (vgl. NHB 1991: 4 f.; Herv. i. Orig.). Diese „national befreiten Zonen" stellen die Souveränität der Bundesrepublik offen in Frage – setzt sie im Alltag gar außer Kraft. Beispiele dafür gibt es einige, das prominenteste ist der mecklenburgische Ort Jamel. In Jamel leben zwar nur knapp 40 Einwohner, mit Ausnahme eines einzigen Ehepaares am Ortsrand ist der Ort aber fest in rechtsextremer Hand. Die Grundstücke in dem Ort wurden nach und nach gekauft, Gegner aus dem Ort verdrängt, in der Ortsmitte ein Entfernungshinweisschild nach Braunau – dem Geburtsort Hitlers – aufgestellt. Das letzte verbliebene Künstlerpaar, das regelmäßig ein Musikfestival gegen Neonazismus organisiert, wird mit Tierkadavern, Sprühereien und ähnlichem traktiert. Polizeieinsätze vor Ort beschränken sich fast vollständig auf Streifenfahrten – trotz offensichtlicher Propagandadelikte, Sachbeschädigungen, Bedrohungen oder der Ausrichtung einer Hitler-Geburtstagsfeier im Ort.

Kleinräumiger finden sich außerdem unzählige „Angsträume", wie das Phänomen vor allem im sozialpädagogischen Bereich genannt wird, als sehr alltäglicher Ausdruck rechtsextremer Dominanz: Allein durch die körperliche Präsenz und die damit im Raum stehende Gewaltandrohung werden bestimmte Orte von möglichen Opfern gemieden – wobei entscheidend ist, dass schon die Erzählungen darüber bereits ein Gefühl von rechtsextremer Alltagsdominanz generieren und transportieren (vgl. Buchstein/Heinrich 2011; Döring 2008; Geisler/Schultheis 2011; Kellershohn/Paul 2013; Kraske/Werner 2007; Schulze/Weber 2011). Diese Alltagsdominanz geht aus von lose verknüpften Gruppen, die in Städten wie Dörfern bestimmte Räume zu nicht-betretbaren Orten machen – eine Straße, ein öffentlicher Platz, eine Tankstelle, eine Brücke, ein S-Bahnhof. Eines der umfassendsten Beispiele hierfür ist die Stadt Dortmund: Die Dortmunder Neonaziszene, insbesondere in und um den Stadtteil Dorstfeld, versucht seit einigen Jahren ein solches Angstklima zu schaffen, bei dem es fortwährend zu gewalttätigen Übergriffen und sogar Morden kommt, in jüngerer Vergangenheit versuchten die Neonazis im Mai 2014 das Rathaus zu stürmen, demonstrieren immer wieder mit offen antisemitischen Parolen und Slogans, die die NSDAP bzw. den NSU verherrlichen und versuchen damit neonazistiche No-Go-Areas zu etablieren, die bis hinein in die Fanszene von Borussia Dortmund (über die „Borussen-Front" des ehemaligen FAP-Mannes Siegfried Borchardt) reichen und öffentlich Angst schüren, wenn beispielsweise vermeintliche Todesanzeigen mit den Namen von Journalisten veröffentlicht werden, die sich kritisch mit Rechtsextremismus befasst haben. (vgl. Laurin 2015) Dass es sich bei der Etablierung von solchen realen und symbolischen No-Go-Areas aus dem rechtsextremen Bewegungsspektrum um „eine nicht hinnehmbare Bedrohung der öffentlichen Sicherheit" handelt, wie Armin Pfahl-Traughber (2000: 11) geschrieben hat, weil diese lokale Nazi-Dominanz es „nicht allen Personen (gestattet), sich gefahrlos an solchen Orten zu bewegen", ist offensichtlich, aber dennoch bemerkenswert.

Streitbar an dem Erklärungsansatz, Rechtsextremismus als soziale Bewegung zu deuten, ist nicht nur die bereits angesprochene normative Dimension, sondern auch die Frage, ob der Bewegungsansatz nicht übersieht, dass das zunehmend verzweigter werdende Netz der Rechtsextremen und Neonazis faktisch immer noch von weltanschaulichen und organisatorischen Zentren geprägt ist, ohne die die (vermeintlich unabhängigen) Basisaktivist(inn)en – durchaus auch im Unterschied zu mancher sozialer Bewegung der 1970/80er Jahre – nicht handlungsfähig und, mehr noch, handlungswillig wären. Damit verknüpft ist eine weitere Schwäche des Ansatzes, der eben konsequenterweise auf die aktivistischen Formen orientiert und für die jüngere Entwicklung als Erklärung auch durchaus stichhaltig ist, aber Analysen zur Entstehung und Veränderung der weltanschaulichen Substanz und ihrer Träger/innen im Bereich der rechtsextremen Funktionseliten, der intellektuellen (Neuen) Rechten oder auch den Bereich zwischen Rechtsextremismus und politischer Mitte aus dem Blick verliert.

Die andere Seite der starken Fokussierung auf die aktionsorientierten Bewegungsrechtsextremisten kann überdies dazu führen, die Wahrnehmung der Verantwortlichkeit für Rechtsextremismus stark auf die als unmittelbare Ursache ausgemachten Strukturen zu richten, also auf politische und wirtschaftliche Eliten – und dabei außer Acht zu lassen, dass rechtsextremer Protest sich in erheblichem Maße auch aus subjektiven Fehlerwartungen oder autoritären bzw. narzisstischen Omnipotenzphantasien generiert, für die die reale, tatsächliche Politik irrelevant ist, da sie nur als projektive Schablone dient und sich rechtsextremer Protest insofern aus Schein- oder Fehlwahrnehmungen speist. Insofern ist der Grad an individuellen Handlungsspielräumen und damit auch subjektiver Verantwortung für das eigene Denken und Handeln in der Bewegungstheorie unterrepräsentiert.

Ein geschlechterpolitisches Dilemma ergibt sich überdies noch in Bezug auf die empirische Tragfähigkeit der These der Deprivation als Grundlage für das Entstehen rechtsextremer Bewegungen: denn von absoluter Deprivation sind Männer und Frauen mindestens gleichermaßen betroffen, in vielen Berufszweigen trifft Frauen Arbeitslosigkeit und Zukunftsangst aufgrund ungleicher Löhne deutlich stärker, allerdings ist der Anteil der Männer mit Blick auf *alle* Felder des Rechtsextremismus (Mitgliedschaft, Gewaltbereitschaft, Unterstützung/Wahl) empirisch deutlich größer (vgl. Kap. 13). Ginge es also um tatsächliche Deprivationserfahrungen und nicht nur eine bestimmte (offensichtlich geschlechtlich codierte) Form der Verarbeitung von Deprivationsängsten und damit verknüpften (omnipotenten) Weltanschauungsphantasien, dann müsste hier eine Gleichverteilung vorliegen.

Übungsaufgaben

- Erklären Sie den Unterscheid zwischen relativer und absoluter Deprivation.
- Welche Argumente sprechen dafür und welche dagegen, Rechtsextremismus als „soziale Bewegung" zu begreifen?
- Das Schlagwort „Protestwähler/in" fällt in nahezu jedem Wahlkampf. Diskutieren Sie Vor- und Nachteile des Begriffes mit Blick auf das Thema Rechtsextremismus.

Literatur zur Einführung

Werner Bergmann/Rainer Erb: Kaderparteien, Bewegung, Szene, kollektive Episode oder was? Probleme der soziologischen Kategorisierung des modernen Rechtsextremismus, in: Forschungsjournal Neue Soziale Bewegungen, H. 4/1994, S. 26–34.

Susanne Rippl/Dirk Baier: Das Deprivationskonzept in der Rechtsextremismusforschung. Eine vergleichende Analyse, in Kölner Zeitschrift für Soziologie und Sozialpsychologie, H. 4/2005, S. 644–666.

Michael Kraske/Christian Werner: ... und morgen das ganze Land. Neue Nazis, „befreite Zonen" und die tägliche Angst – ein Insiderbericht, Freiburg 2007.

Weiterführende Literatur

Stefan Borrmann: Rechte Jugendcliquen. Analysen, Erklärungen, pädagogische Handlungsmöglichkeiten, Rostock 2002.

Dierk Borstel/Simon Teune/Ludger Klein (Hg.): Rechtsradikale Zivilgesellschaft? Neonazis besetzen das Ehrenamt (= Forschungsjournal Neue Soziale Bewegungen, H. 4), Stuttgart 2008.

Roger Griffin: From slime mould to rhizome. An introduction to the groupuscular right, in: Patterns of Prejudice, H. 1/2003 1, S. 27–50.

Helmut Kellershohn/Jobst Paul (Hg.): Der Kampf um Räume. Neoliberale und extrem rechte Konzepte von Hegemonie und Expansion, Hamburg/Münster 2013.

15. Modernisierung, Desintegration und Individualisierung

Die Erklärungsansätze Modernisierung, Desintegration und Individualisierung schließen an die in Kap. 14 diskutierten Konzepte an, akzentualisieren aber noch stärker auf das Individuum und seine Reaktionsbildungsmechanismen in Bezug auf gesellschaftliche und vor allem sozioökonomische Transformationen. Insofern beschreiben alle drei Begriffe – Modernisierung, Desintegration und Individualisierung – auch im Kern dasselbe Phänomen, betonen aber jeweils etwas andere Schwerpunkte: Während der Modernisierungsbegriff sich vor allem auf die ökonomische Dimension bezieht und der Begriff Individualisierung denselben Prozess aus Perspektive des Individuums und seiner sich minimierenden sozialen Beziehungen benennt, charakterisiert Desintegration einen objektiven Zustand mit Blick auf die Klassen-, Schicht- bzw. Milieustruktur und damit das Verhältnis von Individuum und Gesellschaft zueinander.

Die Grundannahme der Ansätze besteht darin, dass in der modernen Gesellschaft des hochindustrialisierten Kapitalismus ein Prozess vollzogen wird, der Bindungen des Individuums an seine sozialstrukturellen Kontexte aufgrund sich wandelnder ökonomischer Rahmenbedingungen nicht nur verändert, sondern tendenziell auflöst. Dieser Transformationsprozess vollzieht sich über einen langen Zeitraum und ist in seiner Substanz nur retrospektiv zu beschreiben, weil erst in einem langfristigen Rückblick deutlich wird, worin die markanten Umbrüche im Einzelnen bestehen. Wesentlich ist die Generallinie, dass die bereits im 18. Jahrhundert beginnenden, aber erst in der zweiten Hälfte des 20. Jahrhunderts nachhaltig in der Lebensrealität jedes einzelnen Individuums spürbaren ökonomischen Prozesse der Transnationalisierung und Globalisierung nicht nur ökonomische Produktionsbedingungen verändern, sondern auch tiefgreifende Auswirkungen auf soziale Reproduktionsbedingungen haben (vgl. Hentges/Meyer 2003; Sommer 2010). Kurz gesagt verliert das Individuum zunehmend soziale Stabilitäten und Verlässlichkeiten in seinem Nahraum, die nach und nach ersetzt werden durch Anforderungen wie hohe Flexibilität, extreme Mobilität und die lebenslange Veränderung seines persönlichen und sozialen Umfeldes, bis hin zu dessen (ggf. auch wiederholter) Aufgabe. Der Prozess selbst ist durchaus ein dialektischer, weil in ihm nicht nur der Verlust sozialer Beziehungen angelegt ist, sondern auch die Chance, neue und innovative Kommunikations- und Interaktionsräume zu eröffnen, durch Flexibilität die „Idiotie des Landlebens" (Adorno 1951 a: 29) zu ersetzen, die kleinräumige Sozialkontrolle und den repressiven Zwang des Lokalen aufzugeben und die Freiheit der Urbanität und die Chance auf umfangreiche Bildung und ein fortwährend höheres Maß an materiellem Reichtum zu gewinnen. Wo solche Chancen bestehen, bestehen aber immer auch die Risiken, all dies nicht zu erreichen, in der Freiheit von Zwang eben auch die Kehrseite als Freiheit von Sicherheit ertragen zu müssen.

	Zugehörigkeit	Durchlässigkeit	Prägung	Betonung
Stand	Geburt	undurchlässig	Ständegesellschaft (Feudalismus)	starre Hierarchie
Klasse	Ökonomische Kriterien	hypothetisch ja, faktisch oft nicht	Klassengesellschaft (Kapitalismus)	objektive ökonomische Situation
Schicht	sozioökonomischer Status	durchlässig	(objektive) Rolle und (subjektives) Verhalten	stufenförmiger Aufbau von Gesellschaft
Milieu	lebensweltliche Wirklichkeit	prägend, aber änderbar	Lebensstile und Werthaltungen	konkreter sozialer Kontext

Abb. 20: Kategorien vertikaler Sozialstrukturanalyse.

Eigene Darstellung.

Ist die Lösung aus rein familiären und dörflichen Strukturen objektiv ein gesellschaftlicher Fortschritt, so kann ihre subjektive Verarbeitung das genaue Gegenteil bedeuten und nicht als Chance, der repressiven Kleinräumigkeit zu entfliehen, begriffen werden, sondern als Last, soziale Sicherheit und soziale Bindungen zu verlieren, isoliert und desintegriert zu sein, einsam und verlassen. Der Prozess der Individualisierung ist insofern generell keiner, der genuin zu Rechtsextremismus führt – aber eben führen kann, wenn das Provinzielle, das Lokale, das Hierarchische oder das Familiäre als der Ort erinnert bzw. phantasiert wird, an dem es dem Individuum noch gut ging – und genau all das, was für fortschrittliche Perspektiven zentral, aber im Rechtsextremismus verhasst ist, abgelehnt und als Kern der eigenen Unzufriedenheit und als Ursprung der subjektiven Unzulänglichkeit aufgefasst wird: Bildung, Intellektualität, Urbanität, Mobilität, Weltgewandtheit.

Fakt ist, jenseits sozialwissenschaftlicher Begriffskontroversen, dass sich die Klassen-, Schicht- und Milieustrukturen innerhalb der zurückliegenden 200 Jahre nachhaltig gewandelt haben und dass dabei in der westlichen Welt Institutionen wie Familie, Kirchen, Parteien, Schule, aber auch Vereine an dauerhaft-lebenslanger Relevanz zugunsten eines individualisierten Selbstbildes des Menschen eingebüßt haben. War noch bis in die 1960er Jahre hinein soziale Stellung und sozialer Aufstieg ein Phänomen, das relativ stark durch die eigene familiäre und lokale Sozialisation prädominiert war, so finden seither zunehmend spürbare Prozesse der sozialen Ausdifferenzierung, verbunden mit den Möglichkeiten des Massenkonsums und, seit den 1990er Jahren, einer zunehmenden Medialisierung des Öffentlichen statt, die als sozialgeschichtlicher Hintergrund für rechtsextreme Orientierung gedeutet werden.

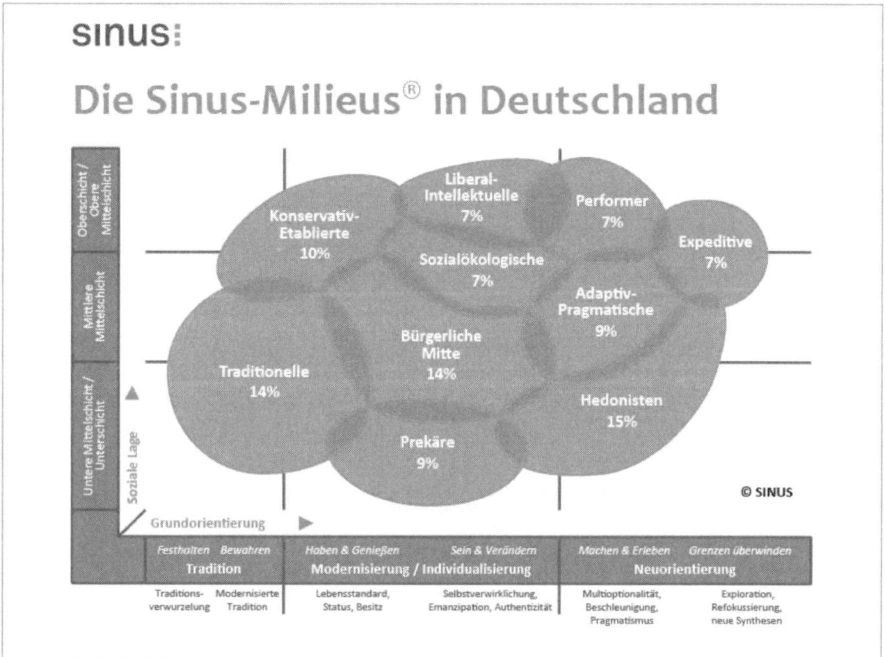

Abb. 21: Soziale Milieus im virtualisierten Raum.

Quelle: Sinus-Institut (sinus-institut.de).

Ausgangspunkt ist die Annahme einer zunehmenden sozioökonomischen Verunsicherung, die sich darin ausdrückt, nicht mehr sicher zu wissen, was man in den Bereichen Schule, Ausbildung oder Studium tun und leisten muss, um ein bestimmtes, berufliches Ziel zu erreichen, die weitere Unsicherheit, ob der soziale Status, mit dem ein Kind aufwächst, auch der sein wird, den es als Erwachsener später einmal (er-)leben kann, ja schließlich die damit verknüpfte soziale Mobilität zwischen sozioökonomischen Schichten, die eben nicht nur mit der Hoffnung auf Aufstieg, sondern vor allem mit der Angst vor Abstieg verbunden ist.

Die empirische Sozialforschung spricht im Anschluss an vor allem Pierre Bourdieu (1979) davon, dass sich die sozial und politisch geprägten Milieus immer weiter ausdifferenzieren und zugleich in ihrer Reich- und Tragweite kleiner werden, so dass nicht die Verortung in einem virtuellen Milieuraum der Gesellschaft zentral ist, sondern die rein egoistische Orientierung auf die individuellen Leistungen und damit die fortwährend revidierte Konstruktion einer Individualbiografie, an deren Stelle vormals noch eine weitgehende Vorstrukturierung des gesamten Lebens dominierte.

Auf der Kehrseite des Erfolgs werden zugleich gesellschaftliche Probleme wie Armut oder Arbeitslosigkeit individualisiert und privatisiert, als (persönliches) „Schicksal" begriffen und insofern in ihrer Deutung ihrer sozialstrukturellen Dimension entledigt, was Ulrich Beck (1986) zusammenfassend auf den Begriff der „Risikogesellschaft" gebracht hat:

„Privatisierung individueller Lebensentwürfe und Lebenslagen bei gleichzeitig immer stärkerer Abhängigkeit des einzelnen in seiner gesamten Existenz von den Entscheidungen der institutionellen staatlichen und unternehmerischen Risikoproduktion, -verwaltung und -verteilung – diese Struktur kennzeichnet Beck zufolge die Konturen der ‚Risikogesellschaft'." (Jaschke 1994: 116)

War die Frage „Wer/Was bin ich?" bis in die 1950er Jahre zwar zweifelsfrei oft provinziell beantwortet worden, war sie doch zugleich eben trotz ihrer Limitierung überhaupt subjektiv beantwortbar – was die Formulierung eines (positiven) Selbstbildes vereinfacht hat, da es das subjektive Gefühl einer personalen Identität eher ermöglicht hat, als dies seither aufgrund der Prozesse der radikalen Individualisierung der Fall ist. Diese radikale Individualisierung stellt objektiv auch geltende Werte und Ideale in Frage: Was etwa nützt Pünktlichkeit ökonomisch, wenn man kein unbefristetes Beschäftigungsverhältnis hat, sondern weiß, dass der eigene Vertrag nach fünf Monaten – egal, wie man sich verhält – enden wird? Welchen subjektiven Sinn hat Zuverlässigkeit oder Genauigkeit bei der Arbeit, wenn man nicht weiß, ob der mittelständische Arbeitgeber am Monatsende überhaupt Lohn zahlen kann?

Die Verschiebung und teilweise Aufhebung traditioneller Wertvorstellungen ist jedoch gleichermaßen ambivalent, wie der Prozess selbst; so ist etwa der ökonomische Zwang, dass auch Frauen grundsätzlich arbeiten müssen, um sich selbst oder eine Familie ernähren zu können, ein erheblicher Motor dafür geworden, dass das traditionelle, kleinbürgerliche Frauen- und Familienbild mehr und mehr seine hegemoniale gesellschaftliche Position verliert – in der Ambivalenz liegt aber eben auch, dass sozioökonomisch verunsicherte Menschen auch politisch zunehmend desorientiert und in abnehmendem Maße an weltanschauliche Grundüberzeugungen gebunden sind.

Dieses allgemeine Modell der Modernisierung, Desintegration und Individualisierung wurde vor allem in der Sozialisations- und Jugendforschung aufgegriffen und besonders von Wilhelm Heitmeyer (1992) mit dem Phänomen des Rechtsextremismus in Beziehung gesetzt. Denn gerade im Prozess der jugendlichen Sozialisation spielen die Verunsicherungen durch Individualisierungs- und Desintegrationsphänomene eine wesentliche Rolle, auch und besonders, weil die extreme Rechte mit ihren Politikangeboten als soziale Bewegung (vgl. Botsch 2011 a) Jugendliche anzusprechen versucht. Der Modernisierungsdruck auf Jugendliche ist der Annahme dieses Erklärungsansatzes insofern ein doppelter, weil die allgemeinen Veränderungen Jugendliche einerseits dadurch besonders stark tangieren, als die Adoleszenz diejenige Phase ist, in der sie schulische und berufliche Entscheidungen – und damit betrifft sie die modernisierungsbedingte Verunsicherung strukturell – treffen müssen, weil dies die Phase im Leben eines jeden Menschen ist, in der er ins Berufsleben übergeht; andererseits, und das verdoppelt den Druck, ist die Adoleszenz zugleich auch die Phase, in der ganz unabhängig von gesellschaftlichen Beschleunigungs- und Modernisierungsprozessen lebensweltliche Krisen angesiedelt sein *müssen*, weil sie notwendig durch körperliche und psychische Veränderungen, die die Adoleszenz prägen, charakterisiert sind, die für sich genommen schon Gefühle von Verunsicherung und Desintegration generieren können.

Nach Heitmeyer ist der Druck während der Sozialisation insofern besonders stark, weil soziale Milieus, die vormals Sicherheiten zu geben versprachen, gleichermaßen erodieren, wie Jugendkulturen den Eruptionsprozessen der Modernisierung ausgesetzt sind und insofern Konkurrenzvorstellungen und Realitäten von sozialer und ökonomischer Konkurrenz nicht mehr milieuspezifisch aufgefangen werden. Rechtsextreme Weltbilder, so die Annahme, würden in dieser individualisiert wahrgenommen Konfliktsituation Angebote der Problemlösung an Jugendliche machen, die für diese deshalb attraktiv seien, weil sie einerseits die Wiederherstellung des verlorengegangenen Idylls der Sicherheit, Wärme und Nähe, kurzum: der Sorglosigkeit, versprechen, aber auch, weil sie andererseits ein Politikmodell präfigurieren, in dem die eigene Ohnmacht, Schwäche und Imperfektheit transformiert wird in Gefühle der Überlegenheit, Macht und Omnipotenz. Soziale Anschlussmöglichkeiten für den Rechtsextremismus werden von Heitmeyer (1990: 118ff.) dabei in mehreren politisch-sozialen „Orientierungsmilieus“ gesehen, wobei das „traditionsgebundene nationalistische“ Milieu als weltanschauliches und organisatorisches „Reservoir“ fungiert, das „anomische“ Milieu auf seiner „Gewißheitssuche“ als potenziell breite soziale Basis, das „neoromantische“ Milieu aufgrund seiner Naturverbundenheit und seiner (sozio-)biologischen Orientierung als Anknüpfungspunkt für Kameradschafts- und Gemeinschaftsvorstellungen und schließlich das „(neo-)konservative“ Milieu aufgrund von weltanschaulichen Überschneidungen zum Rechtsextremismus, vor allem mit Blick auf Nationalismus und Demokratieskepsis.

Insofern ist es durchaus konsequent, dass sowohl die so genannten Modernisierungsverlierer, wie die so genannten Modernisierungsgewinner rechtsextreme Politikkonzepte attraktiv finden können, wie Heitmeyer dies in unterschiedlichen, mehrere Jahre auseinander liegenden Untersuchungen (1990, 1992, 1995, 2010) empirisch gezeigt, allerdings als eine Veränderung interpretiert hat – und nicht, wie es eigentlich nahe liegend wäre, als zwei Seiten derselben Medaille, die ihren Ursprung aber gerade nicht in der individualisierenden Modernisierung hat, sondern im Gegenteil zeigt, dass Rechtsextremismus relativ unabhängig von der tatsächlichen sozialökonomischen Situation ist und vielmehr sowohl für diejenigen attraktiv, die sich selbst (schon) gesellschaftlich in einer Führungsrolle sehen, wie diejenigen, die sich gern so sehen würden. In die Richtung der Annahme keines genuinen Zusammenhanges von Desintegration und Rechtsextremismus weisen auch die Ergebnisse einer empirischen Sekundäranalyse von Ermittlungs- und Gerichtsakten rechtsextremer Straftäter, die in mehreren hundert Fällen gezeigt hat, dass die Gewalttäter nicht signifikant aus desintegrierten Milieus stammen (vgl. Willems u.a. 1993).

Scheint der Zusammenhang von Modernisierung, Desintegration und Individualisierung mit Blick auf den Rechtsextremismus intuitiv zunächst einleuchtend, wirft der Ansatz bei genauem Hinsehen auch einige Fragen auf, die er nicht zu beantworten in der Lage ist. Die wohl gewichtigste ist die, warum die – trotz aller Kontroversen im begrifflichen und konzeptionellen Detail – durchaus zutreffend beschriebene veränderte Stellung des Individuums in der modernen Gesellschaft am Beginn des 21. Jahrhunderts beileibe nicht bei allen von diesen Transformationen betroffenen Menschen dazu führt, rechtsextreme Einstellungen zu entwickeln? Oder, anders herum ausgedrückt: Was ist der Grund dafür, dass diejenigen, die zu Rechtsextremist(inn)en werden, genau *so* auf die gesellschaftliche Transformation reagieren, wie sie reagieren – und nicht zum Beispiel in Gewerkschaften aktiv werden und gegen ungleiche Arbeitsbedingungen kämpfen oder sich in einer Religionsgemeinschaft engagieren, um im sozialen Nahraum (wieder) ein Netz von Fürsorge oder Nächstenliebe zu etablieren? Eine Fußangel, in die der Modernisierungsansatz dabei auch tappt, ist, dass er explizit oder implizit das „Vorher" idealisiert, also suggeriert, die kleinbürgerlichen Werte und die provinziellen Lebensansprüche seien eine sinnvolle Alternative, obwohl gerade die Dialektik darin liegt, dass gerade diese jenes (phantasierte) Idyll verkörpern, das in weiten Teilen dem rechtsextremen Ideal entspricht.

Hier zeigt sich, dass die Modernisierungsthese als genereller Interpretationsrahmen zwar durchaus nützlich sein kann, aber im Detail und für die Einzelfallerklärung wenig Substanz hat, weil hier andere Faktoren – wie zum Beispiel Geschlechterselbstbild, Sozialisation, soziale Gelegenheitsstrukturen in der politischen (Sub-)Kultur (wie zum Beispiel die Frage, ob es an einem konkreten Ort eine rechte Kameradschaft oder ein grün-alternatives Jugendzentrum gibt) oder das politische *Framing* der Alltagserfahrung (wie agiert die Lokalpolitik mit Blick auf rechte Veranstaltungen oder den Umgang mit Flüchtlingen und Asylbewerbern, sprich: existiert lokal ein Extremismus der Mitte oder eine demokratische politische Kultur) – prägend zu sein scheinen. In dem Kontext gegen das Modernisierungstheorem eingewandt wurde auch, dass es die Tendenz habe, Rechtsextremisten als „Opfer" zu sehen und insofern Täterentlastung zu betreiben (vgl. Rommelspacher 1991), sprich: außen vor zu lassen, dass jede individuelle Reaktion auf soziale oder ökonomische Krisen letztlich doch in der Verantwortung des Einzelnen liegt, also diejenigen, die rechtsextreme Einstellungen vertreten, dies auch im Sinne einer vollen Verantwortlichkeit tun: „Man will sich mit den Problemen beschäftigen, die rechte und gewaltbereite Jugendliche haben, nicht mit jenen, die sie machen." (Butterwegge 2002: 143)

Fraglich, wenngleich auch nur hypothetisch zu diskutieren, ist überdies, ob nicht diejenigen Jugendlichen, die unter den Bedingungen gesellschaftlicher Desintegration und Individualisierung rechtsextrem werden, dies nicht auch unter anderen Bedingungen geworden wären – schlicht, weil Rechtsextremismus nicht auf objektive gesellschaftliche und politische Situationen regiert, sondern lediglich auf Basis des eigenen Weltbildes *schein*reagiert: die Vorstellung etwa, ob in einem Land wie der Bundesrepublik zu viele Ausländer/innen leben, wird nicht dadurch beeinflusst, wie viele es tatsächlich sind, sondern lediglich von der rechtsextremen Vorstellung, es seien zu viele. So ist auch das rechtsextreme Phantasma, Ausländer/innen würden Nicht-Ausländer/innen Arbeitsplätze wegnehmen, zwar empirisch falsch, aber wird gerade deswegen auch weiterhin geglaubt. Insofern ist in Überlegungen die Erklärung von Rechtsextremismus betreffend einzubeziehen, ob die Beziehung zwischen Modernisierung, Desintegration und Individualisierung zum Rechtsextremismus zwar zweifellos eine temporäre (und damit auch empirisch messbare), aber eben nicht oder nur eingeschränkt kausale ist.

Übungsaufgaben

- Erläutern Sie den Zusammenhang von gesellschaftlichen Modernisierungsprozessen und der Herausbildung rechtsextremer Orientierungen.
- Fast alle Menschen sind von Desintegrations- und Individualisierungsprozessen betroffen, die Mehrheit vertritt aber keine rechtextremen Einstellungen. Diskutieren Sie politische und soziale Gründe dieser Differenzierung.
- Diskutieren Sie Gemeinsamkeiten und Unterschiede, die zwischen linken und rechten Jugendlichen in ihren Reaktionen auf Desintegrations- und Individualisierungsprozesse bestehen.

Literatur zur Einführung

Jürgen W. Falter: Wer wählt rechts? Die Wähler und Anhänger rechtsextremistischer Parteien im vereinigten Deutschland, München 1994.

Wilhelm Heitmeyer: Krisen – Gesellschaftliche Auswirkungen, individuelle Verarbeitungen und Folgen für die Gruppenbezogene Menschenfeindlichkeit, in: Ders. (Hg.): Deutsche Zustände, Folge 8, Frankfurt 2010, S. 13–46.

Wolfgang Knöbl: Spielräume der Modernisierung. Das Ende der Eindeutigkeit, Weilerswist 2001.

Birgit Rommelspacher: Rechtsextreme als Opfer der Risikogesellschaft. Zur Täterentlastung in den Sozialwissenschaften, in: 1999. Zeitschrift für Sozialgeschichte des 20. und 21. Jahrhunderts, H. 2/1991, S. 75–87.

Weiterführende Literatur

Klaus Dörre/Klaus Kraemer/Frederic Speidel: Prekäre Beschäftigungsverhältnisse. Ursache von sozialer Desintegration und Rechtsextremismus?, Bielefeld 2006, Online unter http://www.uni-bielefeld.de/ikg/Forschungsverbund_Desintegration/Abschlussberichte/Projekt02_Endbericht_Doerre.pdf

Wilhelm Heitmeyer u.a.: Die Bielefelder Rechtsextremismus-Studie. Erste Langzeituntersuchung zur politischen Sozialisation männlicher Jugendlicher, Weinheim/München 1992.

Daniel Scheuregger/Tim Spier: Working-Class Authoritarianism und die Wahl rechtspopulistischer Parteien. Eine empirische Untersuchung für fünf westeuropäische Staaten, in: Kölner Zeitschrift für Soziologie und Sozialpsychologie, H. 1/2006, S. 59–80.

Helmut Willems/Roland Eckert/Stefanie Würtz/Linda Steinmetz: Fremdenfeindliche Gewalt. Einstellungen, Täter, Konflikteskalation, Opladen 1993.

IV. Präventions- und Interventionsmöglichkeiten

Prävention von und Intervention gegen Rechtsextremismus sind stark abhängig davon, was *genau* als Rechtsextremismus verstanden wird. Denn es ist ein erheblicher Unterschied, ob man über Präventions- und Interventionsmöglichkeiten diskutiert, wenn es beispielsweise um jugendliche Affinitäten zu rechtsextremer Musik oder rechten Symboliken geht, um den Umgang mit gewalttätigen Neonazis, die Frage der Auseinandersetzung mit einer rechtsextremen Partei oder um rechtes Denken in der Mitte der Gesellschaft. Insofern hat nicht nur die konkrete Erscheinungsform des Rechtsextremismus Relevanz für die Frage, wie präventiv oder repressiv gegen ihn vorgegangen werden kann, sondern auch die Frage, welchen Erklärungsansatz man für überzeugend hält. Denn wenn man die Ursachen für Rechtsextremismus in der Mitte der Gesellschaft vermutet, wird man andere Strategien für geboten halten, als wenn man ihn für ein randständiges Phänomen hält. Wer historische Traditionen und damit langfristige Verankerungen im familiären und/oder kulturellen Milieu für relevant hält, wird andere Überlegungen über die Bekämpfung des Rechtsextremismus anstellen, als jemand, der (punktuelle) sozioökonomische Verunsicherungen für ausschlaggebend erachtet. Grundlegend für all die genannten Differenzen ist jeweils die Frage, ob der Präventions- und Interventionsansatz an Strukturen oder an Einstellungen und individuellem Handeln ansetzt, also ob Rahmenbedingungen verändert werden sollen oder ob der Fokus auf das Individuum gelegt wird.

Verfassungsrechtlicher Rahmen und Schutz der Verfassung

Ausgangspunkt für alle Überlegungen zur Bekämpfung von Rechtsextremismus in der Bundesrepublik ist der Rahmen der bundesdeutschen Demokratie (vgl. Jaschke 2001). Rechtsextremismus steht in grundsätzlicher – nicht nur in selbsterklärter – Gegnerschaft zum Grundgesetz für die Bundesrepublik Deutschland, insbesondere mit Blick auf Art. 1 (Menschenwürde/Menschenrechte), Art. 2 (persönliche Freiheitsrechte), Art. 3 (Gleichheit vor dem Gesetz), Art. 4 (Glaubens- und Gewissensfreiheit), Art. 5 (Freiheit der Meinung, Kunst und Wissenschaft), Art. 16/16 a (Staatsangehörigkeit/Asylrecht), Art. 20 (Verfassungsgrundsätze) und Art. 21 (Parteien). Das Selbstverständnis der Bunderepublik basiert dabei auf dem mit den Termini *streitbare Demokratie* (BVErfGE 5, 85 [139 f.]) oder *militant democracy* (so der von Karl Loewenstein 1937 geprägte politikwissenschaftliche Terminus) umrissenen Demokratiebegriff, der sich von einem bedingungslos liberalen, aber damit auch bedingungslos wehr- und hilflosen Demokratieverständnis dadurch deutlich abhebt, dass man den Feinden der Demokratie nicht die Möglichkeiten geben will, diese „legal“ zu zerstören – wie es den Nationalsozialisten aufgrund der Weimarer Verfassung noch möglich war:

„Democracy and democratic tolerance have been used for their own destruction. Under cover of fundamental rights and the rule of law, the anti-democratic machine could be built up and set in motion legally. […] Democracy was unable to forbid the

enemies of its existence the use of democratic instrumentaries. [...], democratic fundamentalism and legalistic blindness is the Trojan horse by which the enemy enters the city." (Loewenstein 1937: 423 f.)

Zum Kontext des Verständnisses der wehrhaften Demokratie gehört nicht nur die Unaufhebbarkeit des bundesdeutschen Verfassungskerns (Art. 1 u. 20 GG) durch die so genannte Ewigkeitsklausel (Art. 79 Abs. 3 GG), sondern auch die Möglichkeit der Freiheitseinschränkung zum Schutz des Grundgesetzes (hierzu zählen Verbotsmöglichkeiten von Vereinen und Parteien, Einschränkung bzw. Verwirkung von Grundrechten oder die Bindung der Lehrfreiheit an die Normen der Verfassung), aber auch einfachgesetzliche Regelungen, die etwa die „Volksverhetzung" einschließlich NS-Verherrlichung und Holocaust-Leugnung (§ 130 StGB), die „Fortführung einer für verfassungswidrig erklärten Partei" (§ 84 StGB), den „Verstoß gegen ein Vereinigungsverbot" (§ 85 StGB), die Verbreitung von „Propagandamitteln verfassungswidriger Organisationen" (§ 86 StGB) oder das „Verwenden von Kennzeichen verfassungswidriger Organisationen" (§ 86 a StGB) unter Strafe stellen. Während vom Instrument der Vereinsverbote in der Geschichte der Bundesrepublik rund 90 Mal Gebrauch gemacht wurde (vgl. Botsch u.a. 2013:), wurde bisher erst ein erfolgreiches Verbotsverfahren gegen eine rechtsextreme Partei durchgeführt (1952: SRP), wobei das begonnene Verbotsverfahren gegen die NPD nicht aus sachlichen Gründen abgewiesen, sondern aufgrund von Verfahrensfehlern eingestellt wurde, wobei inzwischen durch den Bundesrat ein neues Verfahren vor dem Bundesverfassungsgericht angestrengt wurde (siehe zur Debatte Leggewie/Meier 2002).

Für die öffentliche Auseinandersetzung ist im Kontext der *militant democracy* der Bundesrepublik wichtig, dass das von Rechtsextremisten in propagandistischer Absicht zur Imprägnierung ihrer eigenen Äußerungen vorgebrachte Argument der Meinungsfreiheit die demokratische Wehrhaftigkeit keineswegs zum stumpfen Schwert macht, sondern im Gegenteil auch Bestandteil des Kampfes gegen Rechtsextremismus ist. Denn im bundesdeutschen Verfassungsverständnis gibt es keine Meinungsfreiheit für die Feinde der Freiheit, die jede (antidemokratische) Äußerung decken würde (vgl. Michel 2000): Art. 18 GG regelt eindeutig, dass wer „die Freiheit der Meinungsäußerung, insbesondere die Pressefreiheit (Art. 5 Abs. 1), die Lehrfreiheit (Art. 5 Abs. 3), die Versammlungsfreiheit (Art. 8), die Vereinigungsfreiheit (Art. 9), das Brief-, Post- und Fernmeldegeheimnis (Art. 10), das Eigentum (Art. 14) oder das Asylrecht (Art. 16 a) zum Kampfe gegen die freiheitliche demokratische Grundordnung mißbraucht", diese Grundrechte verwirke, wobei die „Verwirkung und ihr Ausmaß [..] durch das Bundesverfassungsgericht ausgesprochen" werden; in der Geschichte der Bundesrepublik wurden entsprechende Verfahren aber erst vier Mal (immer gegen Rechtsextremisten) eingeleitet und waren keinmal erfolgreich, was auch zeigt, wie tolerant die Demokratie letztlich doch gegenüber ihren Feinden ist. Wesentlich ist aber auch, unterhalb der Verfassungsebene und damit niedrigschwelliger betrachtet, dass *Meinungen* zu unterscheiden sind von *Fakten*. Man kann über die Massenvernichtung der Juden nicht geteilter Meinung sein – sie ist ein historisches Faktum, dessen Leugnung ein Straftatbestand ist und damit nicht nur nicht von der Meinungsfreiheit gedeckt, sondern im materiellen Sinn auch gar keine Meinung: Da es nicht um unterschiedliche Ansichten geht, sondern um das Leugnen von Fakten, ist die Holocaust-Leugnung keine Meinung, sondern eine Lüge.

Eine besondere Rolle in der bundesdeutschen Demokratie für den Kampf gegen Rechtsextremismus spielen die Inlandsgeheimdienste, also das Bundesamt für Verfassungsschutz und die entsprechenden Landesämter. Ihre Funktion besteht darin, auch mit nachrichtendienstlichen Mitteln und unter Einsatz von verdeckten Ermittlern und V-Leuten, Informationen über das Gefährdungs- und Bedrohungspotenzial des Rechtsextremismus zu ermitteln und insofern eine Verbindung aus präventiver und repressiver Funktion herzustellen. Die Bedeutung, die dem Verfassungsschutz als Institution für den Schutz der Demokratie und bei der Bekämpfung von Rechtsextremismus zukommt, ist allerdings umstritten: Die einen betonen die Notwendigkeit nachrichtendienstlicher Erkenntnisse für die Einschätzung des Rechtsextremismus, die anderen weisen darauf hin, dass so gut wie alle Informationen über die rechte Szene auch durch intensive Quellenrecherche (u.a. Lektüre rechtsextremer Periodika) und passive Beobachtung (Konzerte, Demonstrationen, Parteiversammlungen usw.) beschaffbar seien. Nicht von der Hand zu weisen ist, dass fast alle Verfassungsschutzberichte des Bundes und der Länder der zurückliegenden Jahrzehnte mit ihren Informationen zum Teil mehrere Jahre hinter journalistischen und antifaschistischen Rechercheergebnissen hinterherhinkten.

Im Falle des NSU zeigt sich diese Informationsdiskrepanz besonders deutlich: Denn während zivilgesellschaftliche Initiativen bereits Jahre vor der zufälligen Enttarnung des NSU auf die rechtsterroristischen Entwicklungstendenzen im ostdeutschen Rechtsextremismus hingewiesen haben, hat der Verfassungsschutz diese zwar punktuell benannt, aber in ihrer Brisanz deutlich unterschätzt (vgl. Aust/Laabs 2014; Leggewie/Meier 2012). Während in den Verfassungsschutzberichten des Bundes über die Jahre 2003 und 2005 von Ermittlungen gegen Rechtsextremisten wegen des Vorwurfes der Bildung terroristischer Vereinigungen berichtet wurde (allerdings ohne formulierte Bezüge zum NSU; vgl. BMI 2004: 38 f. u. 2006: 56ff.), hieß es über das Jahr 2006 – dem Jahr, in dem der NSU den mutmaßlich letzten von insgesamt neun Morden beging: „Rechtsterroristische Strukturen waren 2006 in Deutschland nicht feststellbar." (BMI 2007: 54) Noch im Verfassungsschutzbericht des Bundes über das Jahr 2002, als die drei mutmaßlichen Führungspersonen des NSU bereits rund fünf Jahre in den Untergrund abgetaucht waren, hieß es in offensichtlich fundamentaler Fehleinschätzung: „Es gibt keine rechtsterroristischen Gruppierungen und keine Bestrebungen zum Aufbau eines zielgerichteten ‚bewaffneten Kampfes". Militante Rechtsextremisten lehnen Terrorismus ab, da dieser nur ‚das System' stärke und im Volk auf Unverständnis treffe." (BMI 2003: 37).

Der NSU-Untersuchungsausschuss des Deutschen Bundestages (2013: 853) spricht vor diesem Hintergrund explizit von einer „mangelnden Analysefähigkeit des Verfassungsschutzes“. Deshalb fasst auch Robert Chr. van Ooyen (2014: 18) die aus den Empfehlungen des NSU-Ausschusses resultierenden Schlussfolgerungen völlig zurecht als „umfassendes Versagen der Sicherheitsbehörden“ zusammen – für den Verfassungsschutz leite sich daraus vor allem die Notwendigkeit ab, in der nachrichtendienstlichen Tätigkeit mehr Wissen und auch mehr Kompetenz in der Analyse rechtsextremer Einstellungen und Strukturen einbringen zu müssen, wobei die Fehleinschätzungen vor allem aus der hermetischen Abgeschlossenheit des Verfassungsschutzes, auch und gerade gegenüber wissenschaftlichen Erkenntnissen, zu erklären seien (siehe hierzu auch Dietrich 2014).

Angesichts dessen, dass die öffentlich wahrnehmbaren Erfolge der nachrichtendienstlichen Tätigkeit gegen Rechtsextremismus im Vergleich zu den zivilgesellschaftlichen Erfolgen in Verbindung mit publizistischen und wissenschaftlichen Erkenntnissen gering ausfallen, müssen auch die analytischen Mängel der nachrichtendienstlichen Extremismusbeobachtung stärker reflektiert werden. Hierzu gehört auch, dass vom Verfassungsschutz unbotmäßig viel Energie für eine analogisierende Rechts-Links-Rhetorik aufgewandt wird, da in vielen Behörden nach wie vor an dem analytisch limitierten Ansatz des statischen Extremismusmodells festgehalten wird, was systematisch zu einer Unterschätzung der Gefahren des Rechtsextremismus bei gleichzeitiger, empirisch fragwürdiger Gleichsetzung von Links und Rechts beiträgt. Außerdem ist der faktische Zugewinn durch den nachrichtendienstlichen Einsatz von V-Leuten öffentlich nicht erkennbar, wobei ganz im Gegenteil sich einige der V-Leute in der Nazi-Szene (also Rechtsextremist/innen, die als Informant/innen angeworben werden) sogar langfristig durch ihre Bezahlung von den Verfassungsschutzämtern – und damit: vom Staat – finanziert haben, also indirekt Nazi-Aktivitäten durch öffentliche Gelder alimentiert wurden.

Was wird bekämpft: Vorurteile oder Weltbilder?

Die Frage, die sich für den zivilgesellschaftlichen Bereich der alltäglichen Auseinandersetzung mit Rechtsextremismus anschließend an die normativen Vorgaben der bundesdeutschen Verfassungsordnung stellt, kreist um die Pole eines präventiven oder eines repressiven Vorgehens gegen Rechtsextremismus – letztlich sind beide Pole nicht gegeneinander ausspielbar, sondern müssen sich in der konkreten Praxis ergänzen, so dass Aufklärung und Repression im Bereich der Rechtsextremismusbekämpfung untrennbar zusammen gehören (siehe hierzu auch Borstel 2010). Hinter den vielfältigen Aspekten von Prävention und Repression versteckt sich aber noch eine weitere Frage: Geht es bei der Auseinandersetzung mit rechtsextremen Einstellungen um eine Auseinandersetzung mit Vorurteilen oder mit Weltbildern? Im umgangssprachlichen Gebrauch ist man geneigt, den Begriff des Vorurteils zu verwenden – einen Terminus, der nahe legt, dass dem (begründeten, sachlichen, rationalen)

Urteil ein vorheriges (vorläufiges, revidierbares) Vorurteil vorausgeht. Menschen können, psychologisch betrachtet, ohne Vorurteile nicht leben, weil sie ständig und in allen Lebenssituationen klassifizieren müssen, um ihr soziales und natürliches Umfeld überhaupt verstehen zu können. Die sozialwissenschaftliche Schlüsselfrage ist aber: Ist ein Mensch, aufgrund seiner Sozialisation, seiner kognitiven und emotionalen Fähigkeiten und seiner Bereitschaft, dazu Willens und in der Lage, Vorurteile zu revidieren? Mit Blick auf das Feld des Rechtsextremismus heißt das beispielsweise, ob jemand durch hinreichende Faktenkenntnis dazu in der Lage ist, einzusehen, dass Ausländer/innen den Inländer/innen keine Arbeitsplätze „wegnehmen" oder dass der Glaube an eine völkisch begründete (deutsche) Nation wissenschaftlich unhaltbar ist.

Sofern es sich bei den genannten Punkten wirklich um Vorurteile handelt, sind sie durch Faktenwissen aufklärbar; sind sie es nicht, dann sind es keine Vorurteile, sondern bereits gefällte Urteile, die darauf hinweisen, dass es sich nicht um ein einzelnes (isoliertes) Vorurteil handelt, sondern dass die jeweilige Position Ausdruck eines (mehr oder weniger) geschlossenen Weltbildes ist. Während pädagogische Interventionen bei Vorurteilen sinnvoll und geboten sind, sind sie bei zu Weltbildern geronnenen Überzeugungen sinnlos, da diese nicht aufklärbar sind, sie werden geglaubt, nicht obwohl, sondern weil sie falsch sind (vgl. Salzborn 2010). Rechtsextrem motivierte Vorurteile können Gegenstand der präventiven Arbeit im Bereich der politischen Bildung sein, rechtsextreme Weltbilder müssen Gegenstand der repressiven Arbeit im Bereich von Polizei und Justiz sein. Und, was noch ein nicht zu vernachlässigendes Argument aus der Autoritarismusforschung ist (vgl. Rensmann 2004): da Rechtsextremist(inn)en, sofern sie über ein (teilweise) geschlossenes Weltbild verfügen, selbst über autoritäre Charakterstrukturen verfügen, die überhaupt nur nach dem Prinzip von Befehl und Gehorsam funktionieren, ist der einzige Weg, der überhaupt hypothetisch eine Revision der Positionen denkbar macht, ausschließlich der autoritäre Weg, also der der Repression. Insofern liegt in der Repression möglicherweise auch eine präventive Funktion – ist dies nicht der Fall, so schützt sie zumindest die potenziellen oder realen Opfer vor den Rechtsextremist(inn)en.

Wo nun ein Vorurteil und wo ein Weltbild vorliegt, ist allerdings eine schwierige, in jedem Einzelfall neu zu klärende Entscheidung, denn es ist für den Umgang ein Unterschied ums Ganze, ob ein Schüler vielleicht nur als Mitläufer eine rechte Parole nachbetet, oder ob eine Schülerin ein weltanschaulich gefestigte Jugendfunktionärin ist, die möglicherweise sogar aus rechtem Elternhaus stammt und insofern nicht nur weltanschaulich, sondern auch mit Blick auf den sozialisationsprägenden Erziehungsstil geprägt ist (vgl. Ahlheim 2001: 18ff.).

Aufklärung und Prävention

Das Feld der Aufklärung und Prävention besetzt die (schulische und außerschulische) Bildung, dass der Repression vor allem die Polizei und die Justiz. Ein wesentlicher Unterschied zwischen Prävention und Repression ist der Adressat: Während sich die Prävention nicht an die Rechtsextremisten richtet, zielt die Repression ausschließlich auf sie. In der politischen Bildung stehen insofern immer die Uninformierten, die Nazi-Gegner und die (realen oder potenziellen) Opfer im Mittelpunkt. Primärer Adressat von politischer Bildung sollte *nie* der Rechtsextremist sein, da die Aufmerksamkeit für Ausgrenzung und Gewalt darauf gerichtet werden muss, dass diese aus demokratischer Perspektive nicht tolerierbar sind. Für die Praxis der politischen Bildung heißt dass, dass zwar prinzipiell alles diskutierbar ist, es aber Grenzen der Toleranz gibt. Wer tolerant sein will, sagt Umberto Eco (1993), muss die Grenzen der Toleranz festlegen – um nicht, so wäre zu ergänzen, von den Feinden der Toleranz selbst zum Opfer von deren (gewalttätiger) Intoleranz gemacht zu werden.

Grundlage jeder politischen Bildung, schulischer wie außerschulischer, ist zunächst das Faktenwissen, sowohl über den Nationalsozialismus, wie auch den Rechtsextremismus (vgl. Erf 1995; Kurth/Salzborn 2015) – denn jede politische Bildung beginnt zunächst bei der Aufklärung, die das Ziel einer „Erziehung zur Mündigkeit" (Adorno 1971) hat; mangelndes Wissen der Lehr- und Ausbildungskräfte ist hingegen ein manifestes (und gerade in der Schule: sehr virulentes) Problem, da Rechtsextremismus nicht einfach nur moralisch zu bekämpfen ist, sondern jedem tragfähigen Argument immer Faktenwissen zugrunde liegen muss (vgl. Benz 1995; Benz u.a. 1998; Benz/Reif-Spirek 2003; Bergsdorf 2010; Kaplan 2000; Pfahl-Traughber 2000 b; Virchow/Dornbusch 2008):

„Eine politische Bildung, die durch die Vermittlung politischen Wissens eine als bedrohlich und unüberschaubar erlebte Wirklichkeit analysiert und strukturiert, die ideologiekritisch Wirklichkeitsverklärungen und -verfälschungen entgegenarbeitet, macht tendenziell den Rückgriff auf Vorurteile überflüssig, wehrt schließlich dem bequemen (Nicht-)Denken, das ohne Stereotype und Schwarz-Weiß-Malerei nicht auskommt." (Ahlheim 2005: 386)

Hieran anschließen können pädagogische bzw. didaktische Trainingsvarianten, im schulischen Bereich z.B. das „Argumentationstraining gegen Stammtischparolen" (vgl. Hufer 2000; siehe auch Elverich 2011), im außerschulischen Bereich der „Baustein zur nicht-rassistischen Bildungsarbeit" (vgl. DGB-Bildungswerk Thüringen 2004), die jeweils das Ziel verfolgen, Wissen über Didaktisierung in Erkenntnis umzusetzen, die Rechtsextremismus erkennbar, widerlegbar und kritisierbar macht (für weitere konkrete Anwendungsbeispiele siehe Ahlheim u.a. 1993; Frohloff 2001; Mecklenburg 1999 b; Schneider 2001).

Mit Blick auf schulische Präventions- und Interventionsmöglichkeiten ist zunächst auf die Angemessenheit und Verhältnismäßigkeit hinzuweisen (vgl. Jaschke 2012). Mit Blick auf die Zielgruppen macht es einen erheblichen Unterschied, ob man über politische Bildung in der Grundschule, in der Mittel- bzw. Oberstufe oder in der Erwachsenenbildung spricht. Während sich konfrontationspädagogische Ansätze in der Grundschule nicht nur als (unangemessene) Überwältigung im Widerspruch zum Beutelsbacher Konsens der politischen Bildung darstellen,[1] sondern in ihrer Schockwirkung bei den Kindern auch kontraproduktive Effekte generieren können, sind Ideen einer demokratischen, partizipatorischen Schulkultur (die freilich auch für weiterführende Schulen eine elementarer Baustein der Prävention ist) Möglichkeiten, Schüler/innen sehr früh für das Themenfeld zu sensibilisieren – aber nicht im Sinne einer Überwältigung mit negativen Aspekten (z.B. dem Film über das Leben von Anne Frank, der in der Grundschulpädagogik genauso deplatziert ist, wie in der Oberstufe sinnvoll einsetzbar), sondern im Sinne einer motivierenden und demokratieförderlichen Partizipationspraxis (wie sie beispielsweise die „Kinderdemokratie" des Göttinger Instituts für Demokratieforschung oder das Projekt „Demokratie Macht Schule" der DGB-Jugend Nord und des Netzwerks für Demokratie und Courage entwickeln).

In der frühkindlichen Erziehung ab dem Kindergarten liegt eine der großen Herausforderung und Perspektiven darin, Kindern Klassifizierungskriterien, die (noch) nicht ihre sind, auch *nicht* zu vermitteln. An einem prägnanten Beispiel gesprochen: In der Weltwahrnehmung von Kindergarten- und Vorschulkindern spielt die Aufmerksamkeit für Hautfärbungen nur dann eine Rolle, wenn dieses Kriterium auch bereits im Elternhaus für wichtig gehalten wird, sonst „sehen" Kinder die Differenz von Hautfärbungen in dem Alter überhaupt nicht, sie spielt für sie keine Rolle. Was dabei eine wichtige Perspektive der frühkindlichen (politischen) Bildung ist, ist die eigene (erlernte) ethnische Differenzvorstellung nicht an die Kinder weiter zu geben, weil dies der Grundstein dafür wäre, den – faktisch falschen und die Basis von Rechtsextremismus bildenden – „ethnischen Gemeinsamkeitsglauben" (Weber 1980: 237) aus dem Alltag heraus zu redigieren, indem man ihn einfach nicht mehr kommuniziert.

Wenn die Idee ethnischer Differenz jedoch – egal, in welchem Alter – für Kinder ein Realitätsdispositiv darstellt, dann kann dieser Glaube auch immer noch als wesentliche Präventionsvoraussetzung gegen Rechtsextremismus in Frage gestellt werden – ganz ohne moralische Überhöhung oder emotionalen Druck: Denn Kindern ist intuitiv schnell einsichtig, dass die Logik von Eigen- und Fremdgruppe im Alltag faktisch permanent durchbrochen wird und damit als Klassifizierungsansatz doppelt falsch ist – erstens muss dabei das Kollektiv in Frage gestellt werden, zweitens die Vorstellung vom „Eigenen" und vom „Fremden". Kollektivierung organisieren sich entlang von gemeinsamen politischen Interessen realiter immer neu, werden aber von einem ethnischen Paradigma überformt – wenn z.B. ein Kind einen Konflikt mit einem anderen Kind (mit Migrationshintergrund) hat, dann ist es ein wesentlicher Schritt zu vermitteln, dass es diesen Konflikt mit einem Individuum aufgrund dessen Denken

1 Der Beutelsbacher Konsens ist eine Übereinkunft aus dem Jahr 1976, nach dem drei Grundsätze den Politikunterricht und die politische Bildung prägen sollen: das Überwältigungsverbot, das Gebot der Kontroversität und die Befähigung zur Analyse von politischen Situationen und eigenen Interessen.

und/oder Verhalten hat – und nicht mit ihm als Repräsentanten eines vermeintlichen ethnischen Kollektivs. Es mag banal klingen, aber die Einsicht, dass Ärger über einen Mitschüler in der Formulierung „Doofer Jürgen!“ nicht nur treffender, sondern auch nicht-rassistisch gefasst ist, statt z.B. „Doofer Türke!“ zu sagen, ist eine grundlegende. Und wer bei der Lektüre des voranstehenden Satzes gedacht hat, Jürgen sei doch gar kein türkischer Name, ist damit gleich auf eine der subtilen Dimensionen der Ethnisierung des eigenen Denkens gestoßen.

Und dass das „Eigene“ und das „Fremde“ alternierend sind, kann man Kindern bereits an den differenten Alltagsbräuchen in unterschiedlichen Regionen Deutschlands veranschaulichen, deren tatsächliche „ethnische“ Gemeinsamkeit nur darin besteht, an sie zu glauben (und, als nicht-ethnische, sondern rationale Dimension: in der formalen Zugehörigkeit zum selben politischen Herrschaftsverband). Auch hier ein Beispiel: Die Kompetenz, mit sächsischem, bayrischem oder ostfriesischem Dialekt Hochdeutsch zu sprechen, ist im Regelfall weniger akzent- und fehlerfrei vorhanden, als bei Menschen mit Migrationshintergrund, die einige Jahre in Deutschland leben. Und um neben der Sprache noch ein weiteres Zentralcharakteristikum ethnischer Selbstbe- und Fremdzuschreibung zu exemplarisieren: Es dürfte ebenso viele Menschen geben, die den berühmten hessischen „Handkäs mit Musik“ für ungenießbar halten, wie den norddeutschen „Grünkohl mit Pinkel“ – beide sollen aber in ihrer regionalen Dimension zur „nationalen Küche“ Deutschland gehören, stiften aber faktisch keine Gemeinsamkeit, sondern Differenz – nur dass eben die Gemeinsamkeit des Glaubens an eine „deutsche Küche“ bei beiden Speisen größer ist, als z.B. beim Döner (der im Übrigen nicht in Istanbul oder Ankara „erfunden“ wurde, sondern in Berlin).

Die ideologischen Dimensionen von Selbstbe- und Fremdzuschreibung verweisen zugleich auch auf ein pädagogisches Feld, das mit guter Absicht fatale Folgen generiert: die so genannte „interkulturelle Erziehung“. Denn das Problem der rechtsextremen Ideologie ist ja nicht nur die Auf- und Abwertung einzelner ethnischer Gruppen, sondern *überhaupt* die Unterstellung einer sozialen Relevanz von ethnischer Zugehörigkeit. Die interkulturelle Pädagogik setzt hingegen oft in geradezu paradoxer Weise darauf, Schüler/innen den Glauben an Ethnizität und die ethnischen Differenzen noch weiter zu verstärken und zu verfestigen, indem sie diese für real hält, nur in konträrer Weise zum Rechtsextremismus moralisch wertet.

Wenn es im schulischen Alltag zu rassistischen, antisemitischen oder rechtsextremen Vorfällen kommt, dann ist es genauso zentral, diese am konkreten Vorfall (und ohne übertriebenen moralischen Impetus) zu thematisieren und dabei konsequent die Opferperspektive zu vertreten, also die von Diskriminierung und Ausgrenzung konkret betroffenen Schüler/innen zu stärken. Hierfür ist eine über den schulischen Rahmen hinausgehende Öffentlichkeit wichtig, da sie bei der Isolierung rechtsextremer Positionen hilft und außerdem – über die Hinzuziehung von außerschulischen Beratungseinrichtungen, die sich mit Rechtsextremismus befassen – die Möglichkeit zur kompetenten Auseinandersetzung bietet. So wichtig es ist, demokratische Akteure in solche Auseinandersetzungen einzubinden, so wichtig ist es auch, die Rechtsextremisten als Antidemokraten und Feinde der Demokratie auszugrenzen, dies aber auch offensiv und aktiv zu kommunizieren und zu begründen, warum man in einer demokratischen Schule intensiv über, aber nicht mit Nazis diskutiert. Dazu gehört auch, dass Lehrkräfte und vor allem die Schulleitung das Problem Rechtsextremismus aktiv wahrnehmen und im Konfliktfall nicht nur externe Akteure hinzuziehen, sondern auch Polizei und Justiz als Option berücksichtigen (vgl. Kirschnick 2000). Denn in dem Fall, dass Jugendliche bereits in rechtsextremen Strukturen verankert sind und ihre Äußerungen oder Handlungen Straftatbestände erfüllen, sollten diese auch konsequent strafrechtlich verfolgt werden. Ebenfalls für die schulische Praxis nicht zu vergessen sind die Möglichkeiten des Schulrechts – bis hin zum Schulverweis – das auch als Maßnahmenkatalog gegen Rechts gelesen werden sollte.

Ein älterer, in der Rechtsextremismusforschung längst verworfener, aber in der gesellschaftlichen Praxis im Bereich außerschulischer Maßnahmen gegen Rechtsextremismus immer noch anzutreffender pädagogischer Ansatz, der – fatalerweise – allgemeinpädagogische Annahmen auf den Rechtsextremismus überträgt, ohne diesen auch nur ansatzweise zu verstehen, ist das Konzept der „akzeptierenden Jugendarbeit“ (vgl. Krafeld 1996):

„Oberster Grundsatz des Anfang der 1990er Jahre entwickelten Konzepts der ‚Akzeptierenden Jugendarbeit mit rechten Jugendcliquen‘ war […]: Alle Grundprinzipien Sozialer Arbeit sind immer ernst zu nehmen, auch, ja sogar gerade besonders extremen und anstößigen Zielgruppen gegenüber.“ (Krafeld 2012: 54; Herv. i. Orig.)

Kritiker, gerade aus dem sozialpädagogischen Bereich, haben gegen dieses Konzept eingewandt, dass Nazis damit für ihre Einstellungen und ihre gewalttätigen Haltungen belohnt werden – die „akzeptierende“ Jugendarbeit fokussiert nämlich nicht auf die Opfer oder unbeteiligte (nicht-rechtsextreme) Jugendliche, sondern auf die Täter:

„Man konzentriert sich auf die Betreuung, Beratung und Befriedung gewaltbereiter Jugendlicher, ohne deren Einstellungen gegenüber Ausländern, Frauen, Homosexuellen, Behinderten und anderen Minderheiten zu problematisieren oder ihre ultrarechte Gesinnung zu thematisieren, was dem Vorwurf der Entpolitisierung der Jugend-, Bildungs- und Sozialarbeit neue Nahrung gibt.“ (Butterwegge 2002: 144)

Das Paradoxe daran ist, dass rechtsextreme Jugendliche für ihr Verhalten mit der Einstellung von Sozialarbeiter(inne)n und der Eröffnung von Jugendzentren „belohnt“ werden – während andere Jugendliche (aufgrund der faktischen Gewalthegemonie der Nazis) die Jugendzentren nicht betreten können. Die Belohnung rechtsextremen Verhaltens geht allerdings noch weiter:

„Ebenso widersinnig ist es, mit rechtsextremen Jugendlichen Fahrten nach Israel zu unternehmen. Einerseits signalisiert man hiermit, dass Jugendliche ‚nur ein anständiges Pogrom‘ anzetteln müssen, um mit einer Gratisreise für 3.000 DM belohnt zu

werden, andererseits leben in Israel noch genügend Opfer des Holocaust.“ (Kuhlmann 2000: 221)

Am deutlichsten zeigt sich das Versagen des Konzepts der „akzeptierten Jugendarbeit“ allerdings mit Blick auf den rechtsextremen Terrorismus: Dass die Nazi-Terroristen des NSU genau aus solchen „akzeptierenden“ Strukturen kamen (vgl. Staud 2012; siehe auch Staud/Radke 2012), war keine Fehlentwicklung des Konzepts der „akzeptierenden Jugendarbeit“ mit Neonazis, sondern logische Folge. Auch wenn es immer noch Orte gibt, an denen dieses Konzept eingesetzt wird, hat es sich für Rechtsextremismusbekämpfung nicht nur als ineffektiv, sondern umgekehrt mehr noch als förderlich für den Ausbau und die Festigung rechtsextremer Strukturen und ihrer Gewaltpotenziale erwiesen.

Prävention und Repression

An der Schnittstelle zwischen Prävention und Repression liegt die immanent wichtige Aufgabe der Verankerung der aktiven Kompetenzbildung über Rechtsextremismus in der Ausbildung von Polizei und Justiz. Nachholbedarf besteht hier noch in der juristischen Ausbildung, weil das Jura-Studium in Deutschland fast flächendeckend auf eine Integration rechtspolitischer Dimensionen zugunsten einer formalistischen Ausbildung verzichtet, so dass das Problembewusstsein bei angehenden (Staats-)Anwält(inn)en und Richter(inne)n in Sachen Rechtsextremismus strukturell ausgebaut werden müsste. Bei der Polizeiausbildung ist die Situation disparat: In manchen Bundesländern gehört die Auseinandersetzung mit (Rechts-)Extremismus zum Kernkurrikulum des polizeiwissenschaftlichen Studiums, in anderen nicht. Um Polizistinnen und Polizisten, deren Tätigkeit den sensiblen Bereich der Grundrechte (und ihre Verletzung) tangiert, nicht nur als repressive Institution im Bereich der Rechtsextremismusbekämpfung einsetzen zu können, aber auch, um im repressionsorientierten Bereich hinreichend kompetent zu sein, nicht zuletzt was Ermittlungsstrategien angeht, ist eine umfangreiche politische Bildung in Sachen Rechtsextremismus in der polizeilichen Ausbildung unverzichtbar.

Die präventiven Aufgaben der Polizei sind neben diesem Selbstqualifizierungsaspekt vor allem zu sehen in der aufklärenden und vertrauensbildenden Tätigkeit in Stadtteilen und Quartieren mit größerem rechtsextremen Bedrohungspotenzial (also etwa: Information potenziell Betroffener über Notrufmöglichkeiten oder passive Präsenz der Polizei an Orten, an denen Rechtsextremisten sich treffen), die weitere Förderung der Ein- und Aufstiegsmöglichkeiten von Polizist(inn)en mit Migrationshintergrund und mehrsprachiger Kompetenz – wie aber auch die aktive Thematisierung des Problems von rassistischen und antisemitischen Stereotypen innerhalb der Institution Polizei. Die repressive Dimension der Polizeiarbeit ist strafrechtlich klar benannt, wichtig im Kontext von Rechtsextremismus ist allerdings vor allem, dass nicht nur konsequent bei rechtsextremen Straftaten ermittelt wird, sondern dass diese auch als solche benannt und statistisch klassifiziert werden – hier weicht die polizeiliche Praxis mitunter deutlich von der Realität ab, was allerdings auch politisch (und nicht polizeilich) motiviert ist: durch politische Vorgabe der Klassifizierungskriterien, die mit Blick auf die bundesweit vergleichende Kriminalitätsstatistik in einigen Bundesländern zu einer statistischen Reduktion von politisch motivierter Kriminalität führen – nicht, weil sie weniger vorhanden wäre, sondern weil sie als „unpolitisch" klassifiziert wird, so dass im föderalen Vergleich einzelne Bundesländer versuchen, „besser" dazustehen. Zentral ist dabei, dass alle Formen rechtsextremer Straftaten auch aus dem zivilgesellschaftlichen Bereich konsequent zur Anzeige gebracht werden: Denn Polizei und Justiz können nur dann ermitteln, wenn ihnen der Anlass bekannt ist.

Die Handlungsspielräume der Polizei, die aufgrund ihrer demokratischen Schutzfunktion selbst als massives Feindbild im Rechtsextremismus fungiert (vgl. Kopke u.a. 2013), im alltäglichen Umgang mit Rechtsextremismus sind überaus vielfältig. Beispielsweise bei einer rechtsextremen Demonstration lieg es im Ermessensspielraum, wie umfangreich und wie weiträumig vom Demonstrationsort entfernt Personalkontrollen durchgeführt werden und wie umfangreich – aufgrund des grundsätzlichen Verdachts der Gewalttätigkeit – polizeiliche und ordnungsamtliche Auflagen eingesetzt werden. Ein Diskussionspunkt ist seit langem die Frage, wie mit der Anmeldung von rechtsextremen Demonstrationen umgegangen werden soll: Die Palette reicht von Verboten (die sich allerdings oft als strategisch wenig sinnvoll erweisen [vgl. Kurth 2011b], weil sich rechtsextreme Anwälte darauf spezialisiert haben, Verbotsverfügungen rechtlich aufheben zu lassen – und auf diese Weise ihr eigenes Einkommen sichern) über zivilgesellschaftlichen Protest bis hin zu (ordnungs-)polizeilichen Maßnahmen, wie etwa der Verlegung von Demonstrationsrouten, der Einschränkung von Zeiträumen und überhaupt des vollständigen Ausschöpfens möglicher Auflagen – so kann sich beispielsweise das konsequente Durchgreifen gegen die Verwendung verfassungsfeindlicher Symbole bei rechtsextremen Demonstrationen als probates Mittel erweisen, wenn die Demonstrant(inn)en Transparente oder Kleidungsstücke ablegen müssen, Tätowierungen überkleben oder Reden unter- bzw. abbrechen müssen (siehe hierzu auch Rauer 2010). Auch die vorzeitige Auflösung einer genehmigten Demonstration bei *jedem* erkennbaren Verstoß gegen entsprechende Auflagen ist ein effektives Mittel.

Übungsaufgaben

- Diskutieren Sie das Verhältnis von Prävention und Repression im Rahmen der Bekämpfung von Rechtsextremismus.
- Worin bestehen Gemeinsamkeiten, worin Unterschiede in der schulischen und außerschulischen Präventionsarbeit gegen Rechtsextremismus?
- Warum ist die Infragestellung des „ethnischen Gemeinsamkeitsglaubens" (Max Weber) für die Bekämpfung von Rechtsextremismus so zentral?

Literatur zur Einführung

Klaus Ahlheim: Rechtsextremismus, Ethnozentrismus, politische Bildung, Hannover 2013.

DGB-Bildungswerk Thüringen (Hg.): Baustein zur nicht-rassistischen Bildungsarbeit, erw. Neuaufl., Erfurt 2004.

Hans-Gerd Jaschke: Zur Rolle der Schule bei der Bekämpfung von Rechtsextremismus, in: Aus Politik und Zeitgeschichte. Beilage zur Wochenzeitung Das Parlament. H. 18-19/2012, S. 33–39.

Fabian Virchow/Christian Dornbusch (Hg.): 88 Fragen und Antworten zur NPD. Weltanschauung, Strategie und Auftreten einer Rechtspartei – und was Demokraten dagegen tun können, Schwalbach/Ts. 2008.

Weiterführende Literatur

Theodor W. Adorno: Erziehung zur Mündigkeit. Vorträge und Gespräche mit Hellmut Becker 1959–1969, Frankfurt 1971.

Sylke Kirschnick: Rechtsextremismus an Schulen: Was tun? – Anregungen und Argumente für Lehrer/innen, in: Christoph Butterwegge/Georg Lohmann (Hg.): Jugend, Rechtsextremismus und Gewalt. Analysen und Argumente, Opladen 2000, S. 131–148.

Heinz Lynen von Berg/Roland Roth (Hg.): Maßnahmen und Programme gegen Rechtsextremismus wissenschaftlich begleitet. Aufgaben, Konzepte und Erfahrungen., Opladen 2003.

Literatur

Adorno, Theodor W. 1951 a: Minima Moralia. Reflexionen aus dem beschädigten Leben, in: Ders.: Gesammelte Schriften Bd. 4, Frankfurt 1997.

Adorno, Theodor W. 1951 b: Freudian Theory and the Pattern of Fascist Propaganda, in: Ders.: Gesammelte Schriften, Bd. 8, Frankfurt 1997, S. 408–433.

Adorno, Theodor W. 1959: Was bedeutet: Aufarbeitung der Vergangenheit, in: Ders.: Eingriffe. Neun kritische Modelle. Gesammelte Schriften, Bd. 10.2, Frankfurt 1997, S. 553–572.

Adorno, Theodor W. 1966: Erziehung nach Auschwitz, in: Ders.: Erziehung zur Mündigkeit. Vorträge und Gespräche mit Hellmut Becker 1959–1969, Frankfurt 1971, S. 88–104.

Adorno, Theodor W. 1971: Erziehung zur Mündigkeit. Vorträge und Gespräche mit Hellmut Becker 1959–1969, Frankfurt.

Adorno, Theodor W./Else Frenkel-Brunswik/Daniel J. Levinson/R. Nevitt Sanford 1973: Studien zum autoritären Charakter, Frankfurt.

Adorno, Theodor W./Max Horkheimer 1956: Familie, in: Institut für Sozialforschung (Hg.): Soziologische Exkurse, Hamburg 1991, S. 116–132.

Ahlheim, Klaus 2001: Pädagogik mit beschränkter Haftung. Politische Bildung gegen Rechtsextremismus, Schwalbach/Ts.

Ahlheim, Klaus 2005: Prävention von Rechtsextremismus, Fremdenfeindlichkeit und Antisemitismus, in: Wolfgang Sander (Hg.): Handbuch politische Bildung, 3. völlig überarb. Aufl. Schwalbach/Ts., S. 379–391.

Ahlheim, Klaus 2013: Rechtsextremismus, Ethnozentrismus, politische Bildung, Hannover.

Ahlheim, Klaus/Bardo Heger 2002: Die unbequeme Vergangenheit. NS-Vergangenheit, Holocaust und die Schwierigkeiten des Erinnerns, Schwalbach/Ts.

Ahlheim, Klaus/Bardo Heger/Thomas Kuchinke 1993: Argumente gegen den Haß. Über Vorurteile, Fremdenfeindlichkeit und Rechtsextremismus (2 Bände), Bonn.

Amesberger, Helga/Brigitte Halbmayr (Hg.) 2002: Rechtsextreme Parteien – eine mögliche Heimat für Frauen?, Opladen.

Antifaschistisches Autorenkollektiv 1996: Drahtzieher im braunen Netz. Ein aktueller Überblick über den Neonazi-Untergrund in Deutschland und Österreich, Hamburg.

Antifaschistisches Frauennetzwerk/Forschungsnetzwerk Frauen und Rechtsextremismus (Hg.) 2005: Braune Schwestern? Feministische Analysen zu Frauen in der extremen Rechten, Hamburg.

Apfel, Holger (Hg.) 1999: „Alles Große steht im Sturm“. Tradition und Zukunft einer nationalen Partei, Stuttgart.

Arendt, Hannah 1951: The Origins of Totalitarianism, New York.

Aron, Raymond 1970: Demokratie und Totalitarismus, Hamburg.

Arzheimer, Kai 2008: Die Wähler der extremen Rechten 1980–2002, Wiesbaden.

Arzheimer, Kay 2015: The AfD: Finally a Successful Right-Wing Populist Eurosceptic Party for Germany?, in: West European Politics, DOI: 10.1080/01402382.2015.1004230, S. 1–22.

Assheuer, Thomas/Hans Sarkowicz 1990: Rechtsradikale in Deutschland. Die alte und die neue Rechte, München.

Assmann, Jan 1992: Das kulturelle Gedächtnis. Schrift, Erinnerung und politische Identität in frühen Hochkulturen, München.

Aust, Stefan/Dirk Laabs 2014: Heimatschutz. Der Staat und die Mordserie des NSU, München.

Backes, Uwe (Hg.) 2003: Rechtsextreme Ideologien in Geschichte und Gegenwart, Köln.

Backes, Uwe 1989: Politischer Extremismus in demokratischen Verfassungsstaaten. Elemente einer normativen Rahmentheorie, Opladen.

Backes, Uwe 2006: Politische Extreme. Eine Wort- und Begriffsgeschichte von der Antike bis in die Gegenwart, Göttingen.

Backes, Uwe 2009: Geschichtspolitik als Kernelement der Herrschaftslegitimation autokratischer Systeme, in: Totalitarismus und Demokratie, Bd. 6, S. 271–292.

Backes, Uwe/Eckhard Jesse 1983: Demokratie und Extremismus. Anmerkungen zu einem antithetischen Begriffspaar, in: Aus Politik und Zeitgeschichte, H. 44, S. 3–18.

Backes, Uwe/Eckhard Jesse 1993: Politischer Extremismus in der Bundesrepublik Deutschland, 3. überarb. u. akt. Aufl., Bonn.

Backes, Uwe/Eckhard Jesse 1996: Politischer Extremismus in der Bundesrepublik Deutschland, 4. Aufl., Bonn.

Backes, Uwe/Eckhard Jesse 2005: Vergleichende Extremismusforschung, Baden-Baden.

Backes, Uwe/Eckhard Jesse (Hg.) 2006: Gefährdungen der Freiheit. Extremistische Ideologien im Vergleich, Göttingen.

Backes, Uwe/Patrick Moreau (Hg.) 2012: The Extreme Right in Europe. Current Trends and Perspectives, Göttingen.

Bar-On, Tamir 2013: Rethinking the French New Right. Alternatives to modernity. London/New York.

Baumgärtner, Maik/Marcus Böttcher 2012: Das Zwickauer Terror-Trio. Ereignisse, Szene, Hintergründe, Berlin.

Bebnowski, David 2013: Populismus der Expertokraten. Eine Auseinandersetzung mit der Alternative für Deutschland, in: INDES. Zeitschrift für Politik und Gesellschaft, H. 4, S. 151–159.

Bebnowski, David 2015: Die Alternative für Deutschland. Aufstieg und gesellschaftliche Repräsentanz einer rechten populistischen Partei, Wiesbaden.

Beck, Ulrich 1986: Risikogesellschaft. Auf dem Weg in eine andere Moderne, Frankfurt.

Becker, Rainer 2008: Ein normales Familienleben. Interaktion und Kommunikation zwischen ‚rechten' Jugendlichen und ihren Eltern, Schwalbach.

Beckmann, Kathinka 2008: Rechtsextremismus: Männersache? Geschlechtsspezifische Differenzen im Umgang mit rechtsextremem Gedankengut, Norderstedt.

Benz, Wolfgang 1989: Die Opfer und die Täter. Rechtsextremismus in der Bundesrepublik, in: Ders. (Hg.): Rechtsextremismus in der Bundesrepublik. Voraussetzungen, Zusammenhänge, Wirkungen, Frankfurt, S. 11–44.

Benz, Wolfgang (Hg.) 1995: Legenden – Lügen – Vorurteile. Ein Wörterbuch zur Zeitgeschichte, 7. Aufl., München.

Benz, Wolfgang 1998: Gewalt und Ideologie, in: Helmut Reinalter/Franko Petri/Rüdiger Kaufmann (Hg.): Das Weltbild des Rechtsextremismus. Die Strukturen der Entsolidarisierung, Innsbruck/Wien, S. 35–50.

Benz, Wolfgang (Hg.) 2001: Auf dem Weg zum Bürgerkrieg? Rechtsextremismus und Gewalt gegen Fremde in Deutschland, Frankfurt.

Benz, Wolfgang/Hermann Graml/Hermann Weiß (Hg.) 1998: Enzyklopädie des Nationalsozialismus, 2. Aufl., München.

Benz, Wolfgang/Peter Reif-Spirek (Hg.) 2003: Geschichtsmythen. Legenden über den Nationalsozialismus, Berlin.

Bergmann, Werner/Rainer Erb 1994: Kaderparteien, Bewegung, Szene, kollektive Episode oder was? Probleme der soziologischen Kategorisierung des modernen Rechtsextremismus, in: Forschungsjournal Neue Soziale Bewegungen, H. 4, S. 26–34.

Bergsdorf, Harald 2007: Die neue NPD. Antidemokraten im Aufwind, München.

Bergsdorf, Harald 2010: Fakten statt Fälschungen. Argumente gegen rechtsextreme Parolen. München.

Beyer, Heiko 2014: Soziologie des Antiamerikanismus. Zur Theorie und Wirkmächtigkeit spätmodernen Unbehagens, Frankfurt/New York..

Beyme, Klaus von 2013: Konservatismus. Theorien des Konservatismus und Rechtsextremismus im Zeitalter der Ideologien 1789–1945, Wiesbaden.

Billerbeck, Liane von/Frank Nordhausen 2001: Satanskinder. Der Mordfall von Sondershausen und die rechte Szene, akt. u. erw. Neuausg., Berlin.

Birsl, Ursula 1994 a: Rechtsextremismus: weiblich – männlich? Eine Fallstudie zu geschlechtsspezifischen Lebensverläufen, Handlungsspielräumen und Orientierungsweisen, Opladen.

Birsl, Ursula 1994 b: Rechtsextremismus: weiblich – männlich? Rechtsextremistische Orientierungen im Geschlechtervergleich, in: Zeitschrift für Frauenforschung, H. 1/2, S. 42–63.

Birsl, Ursula (Hg.) 2011: Rechtsextremismus und Gender, Opladen.

Birzer, Markus 1996: Rechtsextremismus – Definitionsmerkmale und Erklärungsansätze, in: Jens Mecklenburg (Hg.): Handbuch deutscher Rechtsextremismus, Berlin, S. 72–83.

Bitzan, Renate 1997: Rechte Frauen. Skingirls, Walküren und feine Damen, Berlin.

Bitzan, Renate 2000: Selbstbilder rechter Frauen. Zwischen Antisexismus und völkischem Denken, Tübingen.

Bitzan, Renate 2011: „Reinrassige Mutterschaft" versus „nationaler Feminismus" – Weiblichkeitskonstruktionen in Publikationen extrem rechter Frauen, in: Birsl 2011, S. 115–127.

BMI/Bundesministerium des Innern 2003: Verfassungsschutzbericht 2002, Berlin.

BMI/Bundesministerium des Innern 2004: Verfassungsschutzbericht 2003, Berlin.

BMI/Bundesministerium des Innern 2006: Verfassungsschutzbericht 2005, Berlin.

BMI/Bundesministerium des Innern 2007: Verfassungsschutzbericht 2006, Berlin.

BMI/Bundesministerium des Innern 2013: Verfassungsschutzbericht 2012, Berlin.

BMI/Bundesministerium des Innern 2014: Verfassungsschutzbericht 2013, Berlin.

Bobbio, Norberto 1994: Rechts und Links. Gründe und Bedeutungen einer politischen Unterscheidung, Berlin.

Bohleber, Werner 1992: Nationalismus, Fremdenhaß und Antisemitismus, Psychoanalytische Überlegungen, in: Psyche, H. 8, S. 689 –709.

Borrmann, Stefan 2002: Rechte Jugendcliquen. Analysen, Erklärungen, pädagogische Handlungsmöglichkeiten, Rostock.

Borrmann, Stefan 2012: Rechtsextremismus – Facetten eines Begriffs, in: Ost-West. Europäische Perspektiven, H. 3, S. 162–238.

Borstel, Dierk 2010: Was bedeutet ausstiegsorientiertes Arbeiten gegen Rechtsextremismus?, in: Micha Brumlik/Steffen Hagemann (Hg.): Autoritäres Erbe und Demokratisierung der politischen Kultur, Berlin, S. 201–220.

Borstel, Dierk/Simon Teune/Ludger Klein (Hg.) 2008: Rechtsradikale Zivilgesellschaft? Neonazis besetzen das Ehrenamt (= Forschungsjournal Neue Soziale Bewegungen, H. 4), Stuttgart.

Botsch, Gideon 2011 a: Die extreme Rechte als „nationales Lager". „Versäulung" im lebensweltlichen Milieu oder Marsch in die Mitte der Gesellschaft?, in: Christoph Kopke (Hg.): Die Grenzen der Toleranz. Rechtsextremes Milieu und demokratische Gesellschaft in Brandenburg. Bilanz und Perspektiven, S. 57–81

Botsch, Gideon 2011 b: Parteipolitische Kontinuitäten der „Nationalen Opposition". Von der Deutschen Reichspartei zur Nationaldemokratischen Partei Deutschlands, in: Zeitschrift für Geschichtswissenschaft, H. 2, S. 113–137.

Botsch, Gideon 2012: Die extreme Rechte in der Bundesrepublik Deutschland 1949 bis heute, Darmstadt.

Botsch, Gideon/Christoph Kopke 2009: Die NPD und ihr Milieu. Studien und Berichte, Münster.

Botsch, Gideon/Christoph Kopke/Fabian Virchow 2013: Verbote extreme rechter Vereinigung in der Bundesrepublik Deutschland, in: Ralf Melzer/Sebastian Serafin (Hg.): Rechtsextremismus in Europa. Länderanalysen, Gegenstrategien und arbeitsmarktorientierte Ausstiegsarbeit, Berlin, S. 273–295.

Bötticher, Astrid 2008: Warum *Neo*nazis? Radikale alte und neue Rechte – ein Ideologievergleich, Marburg.

Bourdieu, Pierre 1979: La distinction. Critique sociale du jugement, Paris.

Brandstetter, Marc 2006: Die vier Säulen der NPD, in: Blätter für deutsche und internationale Politik, H. 9, S. 1029–1031.

Braun, Stephan/Alexander Geisler/Martin Gerster (Hg.) 2009: Strategien der extremen Rechten. Hintergründe – Analysen – Antworten, Wiesbaden.

Braun, Stephan/Daniel Hörsch (Hg.) 2004: Rechte Netzwerke – eine Gefahr, Wiesbaden.

Braun, Stephan/Ute Vogt (Hg.) 2007: Die Wochenzeitung „Junge Freiheit". Kritische Analysen zu Programmatik, Inhalten, Autoren und Kunden, Wiesbaden.

Brauner-Orthen, Alice 2001: Die Neue Rechte in Deutschland. Antidemokratische und rassistische Tendenzen, Opladen.

Braunthal, Gerard 2009: Right-wing extremism in contemporary Germany, Basingstoke.

Bredel, Holger 2002: Skinheads – Gefahr von rechts? Berlin.

Bruns, Julian/Kathrin Glösel/Natascha Strobl 2014: Die Identitären. Handbuch zur Jugendbewegung der Neuen Rechten in Europa, Münster.

BT-Drs. 18/1786: Antwort der Bundesregierung auf die Kleine Anfrage der Abgeordneten Martina Renner, Jan Korte, Ulla Jelpke, weiterer Abgeordneter und der Fraktion DIE LINKE: Konkrete Ermittlungen zur Prüfung möglicher rechtsextremer und/oder rassistischer Hintergründe bei ungeklärten vollendeten und versuchten Tötungsdelikten in den Jahren 1990 bis 2011, 19.06.2014.

Buchstein, Hubertus/Gudrun Heinrich (Hg.) 2011: Rechtsextremismus in Ostdeutschland. Demokratie und Rechtsextremismus im ländlichen Raum, 2. Aufl., Schwalbach/Ts.

Burschell, Friedrich (Hg.) 2009: Stadt – Land – Rechts. Brauner Alltag in der deutschen Provinz, Berlin.

Burschel, Friedrich 2014: Dicke Luft im A 101. Nach 150 Prozesstagen im Münchener NSU-Prozess zeichnen sich Probleme der Innen- und Außenwahrnehmung des Verfahrens ab, in: Kritische Justiz. Vierteljahresschrift für Recht und Politik, H. 4, S. 450–460.

Busch, Christoph (Hg.) 2010: Rechtsradikalismus im Internet, Siegen.

Büsch, Otto/Peter Furth 1957: Rechtsradikalismus im Nachkriegsdeutschland. Studien über die „Sozialistische Reichspartei“ (SRP). Mit einer Einleitung von Eugen Fischer-Baling, Vahlen.

Busse, Nikolaus 2015: Ein gemischtes Bild. Einwanderung in Zahlen: Viele Europäer, Probleme beim Asyl, in: Frankfurter Allgemeine Zeitung v. 10.02.

Büsser, Martin 2001: Wie klingt die neue Mitte? Rechte und reaktionäre Tendenzen in der Popmusik, Mainz.

Butterwegge, Christoph 1993: Rechtsextremismus als neue soziale Bewegung?, in: Forschungsjournal Neue Soziale Bewegungen, H. 2, S. 17–24.

Butterwegge, Christoph 1994: Mordanschläge als Jugendprotest – Neonazis als Protestbewegung? Zur Kritik an einem Deutungsmuster der Rechtsextremismusforschung, in: Forschungsjournal Neue Soziale Bewegungen, H. 4, S. 35–41.

Butterwegge, Christoph 1996: Rechtsextremismus, Rassismus und Gewalt. Erklärungsmodelle in der Diskussion, Darmstadt.

Butterwegge, Christoph 2000: Entschuldigungen oder Erklärungen für Rechtsextremismus, Rassismus und Gewalt? Bemerkungen zur Diskussion über die Entstehungsursachen eines unbegriffenen Problems, in: Ders./Georg Lohmann (Hg.): Jugend, Rechtsextremismus und Gewalt. Analysen und Argumente, Opladen, S. 13–36.

Butterwegge, Christoph 2001: Ambivalenzen der politischen Kultur, intermediäre Institutionen und Rechtsextremismus, in: Wilfried Schubarth/Richard Stöss (Hg.): Rechtsextremismus in der Bundesrepublik Deutschland. Eine Bilanz, Opladen, S. 292–313.

Butterwegge, Christoph 2002: Rechtsextremismus, Freiburg.

Butterwegge, Christoph/Gudrun Hentges (Hg.) 1999: Alte und Neue Rechte an den Hochschulen, Münster.

Butterwegge, Christoph/Janine Cremer/Alexander Häusler/Gudrun Hentges/Thomas Pfeiffer/Carolin Reißlandt/Samuel Salzborn 2002: Themen der Rechten – Themen der Mitte. Zuwanderung, demografischer Wandel und Nationalbewusstsein, Opladen.

Chaussy, Ulrich 2014: Oktoberfest. Das Attentat. Wie die Verdrängung des Rechtsterrors begann, Berlin.

Claussen, Bernhard 1989: Überlegungen zur Entwicklung des autoritären Sozialcharakters in industriellen Massengesellschaften, in: Ders. (Hg.): Politische Sozialisation Jugendlicher in Ost und West, Bonn, S. 287–319.

Clemenz, Manfred 1998: Aspekte einer Theorie des aktuellen Rechtsextremismus in Deutschland. Eine sozialpsychologische Kritik, in: Hans-Dieter König (Hg.): Sozialpsychologie des Rechtsextremismus, Frankfurt, S. 126–176.

Cremet, Jean/Felix Krebs/Andreas Speit 1999: Jenseits des Nationalismus. Ideologische Grenzgänger der „Neuen Rechten". Ein Zwischenbericht, Hamburg.

Dahrendorf, Ralf 1961: Gesellschaft und Freiheit. Zur soziologischen Analyse der Gegenwart, München.

Davies, Peter/Paul Jackson (Hg.) 2008: The Far Right in Europe. An Encyclopedia, Oxford/Westport.

Decker, Oliver/Johannes Kiess/Elmar Brähler 2012: Die Mitte im Umbruch. Rechtsextreme Einstellungen in Deutschland 2012, hgg. für die Friedrich-Ebert-Stiftung von Ralf Melzer, Bonn.

Decker, Oliver/Johannes Kiess/Elmar Brähler 2013: Rechtsextremismus der Mitte. Eine sozialpsychologische Gegenwartsdiagnose, Gießen.

Demirović, Alex/Gerd Paul 1996: Demokratisches Selbstverständnis und die Herausforderung von rechts. Student und Politik in den neunziger Jahren, Frankfurt.

Dernbach, Andrea 2015: Dreimal mehr Angriffe auf Asylbewerberheime, in: Der Tagesspiegel v. 10.02.

Deutscher Bundestag 2013: Beschlussempfehlung und Bericht des 2. Untersuchungsausschusses nach Artikel 44 des Grundgesetzes, BT-Drs. 17/14600.

DGB-Bildungswerk Thüringen (Hg.) 2004: Baustein zur nicht-rassistischen Bildungsarbeit, erw. Neuaufl., Erfurt.

DGB-Jugend Nord/Netzwerk für Demokratie und Courage (Hg.) 2010: Demokratie Macht Schule, 2. Aufl., Rostock.

Dietrich, Jan-Hendrik 2014: Reform der parlamentarischen Kontrolle der Nachrichtendienste als rechtsstaatliches Gebot und sicherheitspolitische Notwendigkeit, in: Zeitschrift für Rechtspolitik, H. 7, S. 205–208.

Döring, Uta 2008: Angstzonen. Rechtsdominierte Orte aus medialer und lokaler Perspektive, Wiesbaden.

Dornbusch, Christian/Jan Raabe (Hg.) 2002: RechtsRock. Bestandsaufnahme und Gegenstrategien, Münster.

Dörre, Klaus/Klaus Kraemer/Frederic Speidel 2006: Prekäre Beschäftigungsverhältnisse. Ursache von sozialer Desintegration und Rechtsextremismus?, Bielefeld, Online unter http://www.uni-bielefeld.de/ikg/Forschungsverbund_Desintegration/Abschlussberichte/Projekt02_Endbericht_Doerre.pdf

Druwe, Ulrich/Susanne Mantino 1996: „Rechtsextremismus". Methodologische Bemerkungen zu einem politikwissenschaftlichen Begriff, in: Jürgen W. Falter/Hans-Gerd Jaschke/Jürgen R. Winkler (Hg.): Rechtsextremismus. Ergebnisse und Perspektiven der Forschung (= PVS-Sonderheft 27), Opladen, S. 66–80.

Dudek, Peter/Hans-Gerd Jaschke 1984: Entstehung und Entwicklung des Rechtsextremismus in der Bundesrepublik. Zur Tradition einer besonderen politischen Kultur (2 Bde.), Opladen.

Ebrecht, Angelika 1998: Über das Unheimliche im „rechten" Leben. Zur psychischen Funktion der Neuen Rechten für die politische Kultur der Bundesrepublik Deutschland, in: Emilio Modena (Hg.): Das Faschismus-Syndrom. Zur Psychoanalyse der Neuen Rechten in Europa, Gießen, S. 11–29.

Eco, Umberto 1993: Das Denken ist ständige Wachsamkeit. Interview in: Die Zeit vom 05.11

El-Nawab, Susanne 2001: Skinheads. Ästhetik und Gewalt, Frankfurt.

Elverich, Gabi 2011: Demokratische Schulentwicklung. Potenziale und Grenzen einer Handlungsstrategie gegen Rechtsextremismus, Wiesbaden.

Erf, Cornelius 1995: Mündigkeit gegen Rechtsextremismus – Schulische Prävention durch politische und historische Bildung, in: Wilfried Schubarth/Wolfgang Melzer (Hg.): Schule, Gewalt und Rechtsextremismus, 2. Aufl., Opladen, S, 213–229.

Erhardt, Arthur 1971: Die Idee wird siegen!, in: Nation Europa, H. 6.

Erkol, Aslan/Nora Winter 2015: 184 Todesopfer rechtsextremer und rassistischer Gewalt seit 1990, online unter: http://www.mut-gegen-rechte-gewalt.de/news/chronik-der-gewalt/todesopfer-rechtsextremer-und-rassistischer-gewalt-seit-1990 (Stand: 23.02.2015)

Falter, Jürgen W. 1991: Hitlers Wähler, München.

Falter, Jürgen W. 1994: Wer wählt rechts? Die Wähler und Anhänger rechtsextremistischer Parteien im vereinigten Deutschland, München.

Farin, Klaus/Eberhard Seidel 1995: Skinheads, 3. Aufl., München.

Farin, Klaus/Henning Flad 2001: Reaktionäre Rebellen. Rechtsextreme Musik in Deutschland, in: Archiv der Jugendkulturen (Hg.): Reaktionäre Rebellen. Rechtsextreme Musik in Deutschland, Berlin, S. 9–98.

Feit, Margret 1987: Die „Neue Rechte" in der Bundesrepublik. Organisation, Ideologie, Strategie, Frankfurt.

Fenske, Reiner 2013: Vom „Randphänomen“ zum „Verdichtungsraum“. Geschichte der „Rechtsextremismus“-Forschungen seit 1945, Münster.

Fenske, Wolfgang 2014: Ziel ist eine Denkfabrik, in: Junge Freiheit v. 10.10.

Fetscher, Iring (Hg.) 1983: Neokonservative und „Neue Rechte“. Der Angriff gegen Sozialstaat und liberale Demokratie in den Vereinigten Staaten, Westeuropa und der Bundesrepublik, München.

FIPU/Forschungsgruppe Ideologien und Politiken der Ungleichheit (Hg.) 2014: Rechtsextremismus. Entwicklungen und Analysen, Wien.

Fischer, Jörg 1999: Ganz rechts. Mein Leben in der DVU, Reinbek.

Fischer, Jörg 2001: Das NPD-Verbot, Berlin.

Fisser, Dirk 2013: Mögliche rechte Tatmotive bei 749 Tötungsdelikten, in Neue Osnabrücker Zeitung v. 04.12.

Forum für kritische Rechtsextremismusforschung (Hg.) 2011: Ordnung. Macht. Extremismus. Effekte und Alternativen des Extremismus-Modells, Wiesbaden.

Fraenkel, Ernst 1941: The Dual State. A Contribution to the Theory of Dictatorship, New York.

Fraenkel, Ernst 1964: Deutschland und die westlichen Demokratien, Stuttgart.

Frei, Norbert 2004: Gefühlte Geschichte, in: Die Zeit vom 21.10.

Frei, Norbert 2005: 1945 und wir. Das Dritte Reich im Bewusstsein der Deutschen, München

Freud, Sigmund 1900: Die Traumdeutung, in: Ders.: Gesammelte Werke Bd. II/III, Frankfurt.

Freud, Sigmund 1921: Massenpsychologie und Ich-Analyse, in: Ders.: Gesammelte Werke, Bd. XIII, Frankfurt 1999, S. 71–161.

Friedrich, Carl J./Zbigniew K. Brzezinski 1956: Totalitarian Dictatorship and Autocracy, Cambridge.

Friedrich, Sebastian 2015: Der Aufstieg der AfD. Neokonservative Mobilmachung in Deutschland, Berlin.

Frindte, Wolfgang/Jörg Neumann (Hg.) 2002: Fremdenfeindliche Gewalttäter. Biografien und Tatverläufe, Wiesbaden.

Fritzsche, Klaus 1998: Faschismustheorie. Konzeptionen, Kontroversen und Perspektiven, in: Franz Neumann (Hg.): Handbuch politische Theorien und Ideologien, Bd. 1, 2. Aufl., Opladen, S. 319–380.

Fröchling, Helmut 1996: Die ideologischen Grundlagen des Rechtsextremismus. Grundstrukturen rechtsextremer Weltanschauung. Politischer Stil, Strategien und Methoden rechtsextremer Propaganda, in: Jens Mecklenburg (Hg.): Handbuch deutscher Rechtsextremismus, Berlin, S. 84–123.

Frohloff, Stefan (Red.) 2001: Gesicht zeigen! Handbuch für Zivilcourage, Frankfurt/New York.

Frölich-Steffen, Susanne/Lars Rensmann (Hg.) 2005: Populisten an der Macht. Populistische Regierungsparteien in West- und Osteuropa, Wien.

Fromm, Erich 1936: Sozialpsychologischer Teil, in: Institut für Sozialforschung (Hg.): Studien über Autorität und Familie, Paris, S. 77–135.

Fromm, Erich 1973: Anatomie der menschlichen Destruktivität, in: Ders.: Gesamtausgabe, Bd. VII, München 1989.

Fromm, Erich 1980: Arbeiter und Angestellte am Vorabend des Dritten Reiches. Eine sozialpsychologische Untersuchung. Bearb. und hgg. von Wolfgang Bonß, München.

Fromm, Rainer/Barbara Kernbach 2001: Rechtsextremismus im Internet. Die neue Gefahr, München.

Fülberth, Georg 1997: Extremismus, in: Wolfgang Fritz Haug (Hg.): Historisch-kritisches Wörterbuch des Marxismus, Bd. 3, Berlin/Hamburg, S. 1208–1216.

Funke, Hajo 2002: Paranoia und Politik. Rechtsextremismus in der Berliner Republik, Berlin.

Geden, Oliver 1996: Rechte Ökologie. Umweltschutz zwischen Emanzipation und Faschismus, Berlin.

Geiges, Lars/Stine Marg/Franz Walter 2015: Pegida. Die schmutzige Seite der Zivilgesellschaft?, Bielefeld.

Geisler, Astrid/Christoph Schultheis 2011: Heile Welten. Rechter Alltag in Deutschland, München.

Gensing, Patrick 2012: Terror von rechts. Die Nazi-Morde und das Versagen der Politik, Berlin.

Gensing, Patrick 2014: Antisemitismus in der NPD, in: Ionescu/Salzborn 2014, S. 273–295.

Gessenharter, Wolfgang 1994: Kippt die Republik? Die Neue Rechte und ihre Unterstützung durch Politik und Medien, München.

Gessenharter, Wolfgang 2010: Was ist Rechtsextremismus? Zentrale Aspekte eines vielschichtigen Problems, in: Holger Spöhr/Sarah Kolls (Hg.): Rechtsextremismus in Deutschland und Europa, Frankfurt, S. 27–43.

Gessenharter, Wolfgang/Helmut Fröchling (Hg.) 1998: Rechtsextremismus und Neue Reche in Deutschland. Neuvermessung eines politisch-ideologischen Raumes?, Opladen.

Gessenharter, Wolfgang/Thomas Pfeiffer (Hg.) 2004: Die Neue Rechte – eine Gefahr für die Demokratie?, Wiesbaden.

Glaß, Christian 1998: Politische Bildungsarbeit vs. Gewaltbereitschaft und Rechtsextremismus Jugendlicher, in: Sozialwissenschaftliche Literatur Rundschau, Heft 37, S. 69–84.

Goldhagen, Daniel Jonah 1996: Hitler's Willing Executioners. Ordinary Germans and the Holocaust, New York.

Greiffenhagen, Martin/Sylvia Greiffenhagen 1997: Politische Kultur, in: Harald Geiss (Hg.): Grundwissen Politik, 3. überarb. u. erw. Aufl., Bonn, S. 167–237.

Greß, Franz/Hans-Gerd Jaschke/Klaus Schönekäs 1990: Neue Rechte und Rechtsextremismus in Europa. Bundesrepublik, Frankreich, Großbritannien, Opladen.

Greven, Thomas/Thomas Grumke 2006: Globalisierter Rechtsextremismus? Die extremistische Rechte in der Ära der Globalisierung, Wiesbaden.

Griffin, Roger 2000: Between metapolitics and apoliteia: the Nouvelle Droite's strategy for conserving the fascist vision in the „interregnum", in: Modern & Contemporary France, H. 1, S. 35–53.

Griffin, Roger 2003: From slime mould to rhizome. An introduction to the groupuscular right, in: Patterns of Prejudice, H. 1, S. 27–50.

Grumke, Thomas 2002: „Solidarität ist eine Waffe". Die rechtsextreme Internationale: Ideologie, Vernetzung und Kooperation, in: Ders./Bernd Wagner (Hg.): Handbuch Rechtsradikalismus. Personen – Organisationen – Netzwerke vom Neonazismus bis in die Mitte der Gesellschaft, Opladen, S. 43–59.

Grumke, Thomas 2008: Die Rechtsextremistische Bewegung, in: Roth/Rucht 2008, S. 475–491.

Grumke, Thomas 2009: Rechtsextremismus in Deutschland. Begriff – Ideologie – Struktur, in: Stefan Glaser/Thomas Pfeiffer (Hg.): Erlebniswelt Rechtsextremismus. Menschenverachtung mit Unterhaltungswert: Hintergründe – Methoden – Praxis der Prävention, 2. Aufl., Schwalbach, S. 19–35.

Grumke, Thomas/Bernd Wagner (Hg.) 2002: Handbuch Rechtsradikalismus. Personen – Organisationen – Netzwerke vom Neonazismus bis in die Mitte der Gesellschaft, Opladen.

Grumke, Thomas/Bernd Wagner 2003: Volksgemeinschaft gegen McWorld. Rechtsintellektuelle Diskurse zu Globalisierung, Nation und Kultur, Leipzig.

Gutglück, Eric 2014: Nazis raus aus den sozialen Netzwerken, in: blick nach rechts v. 12.08.

Habermas, Jürgen 1968: Erkenntnis und Interesse, Frankfurt.

Hafeneger, Benno 1994: Rechtsextreme Europabilder, in: Wolfgang Kowalsky/Wolfgang Schroeder (Hg.): Rechtsextremismus. Einführung und Forschungsbilanz, Opladen, S. 212–227.

Hafeneger, Benno/Mechthild M. Jansen 2001: Rechte Cliquen. Alltag einer neuen Jugendkultur, Weinheim.

Hahn, Eva/Hans Henning Hahn 2010: Die Vertreibung im deutschen Erinnern. Legenden, Mythos, Geschichte, Paderborn.

Hainsworth, Paul (Hg.) 2000: The Politics of the Extreme Right. From the Margins to the Mainstream, London u.a.

Hammann, Kerstin 2002: Frauen im rechtsextremen Spektrum. Analysen und Prävention, Frankfurt.

Hansen, Henning 2007: Die Sozialistische Reichspartei (SRP). Aufstieg und Scheitern einer rechtsextremen Partei, Düsseldorf.

Hatzenbichler, Jürgen 1991 a: Für ein Europa der Regionen, in: Identität, H. 1.

Hatzenbichler, Jürgen 1991 b: Das andere Europa als regionalistische Version, in: wir selbst, H. 2.

Häusler, Alexander/Rainer Roeser 2015: Die rechten „Mut"-Bürger. Entstehung, Entwicklung, Personal & Positionen der „Alternative für Deutschland", Hamburg.

Heilbrunn, Jacob 1996: Germany's New Right, in: Foreign Affairs, H. 6, S. 80–98.

Heinrich, Gudrun (Hg.) 2005: Beiträge zu Fragen von Zivilgesellschaft und Rechtsextremismus, Rostock.

Heither, Dietrich/Michael Gehler/Alexandra Kurth/Gerhard Schäfer 1997: Blut und Paukboden. Eine Geschichte der Burschenschaften, Frankfurt.

Heitmeyer, Wilhelm 1990: Jugend und Rechtsextremismus. Von ökonomisch-sozialen Alltagserfahrungen zur rechtsextremistisch motivierten Gewalt-Eskalation, in: Gerhard Paul (Hg.): Hitlers Schatten verblaßt. Die Normalisierung des Rechtsextremismus, 2. Aufl., Bonn, S. 101–133.

Heitmeyer, Wilhelm (Hg.) 2002–2011: Deutsche Zustände. Folge 1–10, Frankfurt.

Heitmeyer, Wilhelm 2008: Die Ideologie der Ungleichwertigkeit. Der Kern der „Gruppenbezogenen Menschenfeindlichkeit", in: Ders. (Hg.): Deutsche Zustände, Folge 6, Frankfurt, S. 36–44.

Heitmeyer, Wilhelm 2010: Krisen – Gesellschaftliche Auswirkungen, individuelle Verarbeitungen und Folgen für die Gruppenbezogene Menschenfeindlichkeit, in: Ders. (Hg.): Deutsche Zustände, Folge 8, Frankfurt, S. 13–46.

Heitmeyer, Wilhelm u.a. 1992: Die Bielefelder Rechtsextremismus-Studie. Erste Langzeituntersuchung zur politischen Sozialisation männlicher Jugendlicher, Weinheim/München.

Heitmeyer, Wilhelm u.a. 1995: Gewalt. Schattenseiten der Individualisierung bei Jugendlichen aus unterschiedlichen Milieus, Weinheim.

Held, Josef/Hans-Werner Horn/Rudolf Leiprecht/Athanasios Marvakis 1991: „Du mußt so handeln, daß Du Gewinn machst ...". Empirische Untersuchungen zu politisch rechten Orientierungen jugendlicher Arbeitnehmer, Duisburg.

Heller, Friedrich Paul/Anton Maegerle 2001: Die Sprache des Hasses. Rechtsextremismus und völkische Esoterik, Stuttgart.

Hempel, Carl G./Paul Oppenheim 1948: Studies in the Logic of Explanation, in: Philosophy of Science, Vol. XV, S. 135–175.

Heni, Clemens 2007: Salonfähigkeit der Neuen Rechten. „Nationale Identität", Antisemitismus und Antiamerikanismus in der politischen Kultur der Bundesrepublik Deutschland 1970–2005: Henning Eichberg als Exempel, Marburg.

Hennig, Eike 1979: Faschismus vor 1933 und nach 1945. Anmerkungen zu einem Kampfbegriff, in: Gerhard Paul/Bernhard Schoßig (Hg.): Jugend und Neofaschismus. Provokation oder Identifikation?, Frankfurt, S. 64–74.

Hentges, Gudrun/Bettina Lösch (Hg.) 2011: Die Vermessung der sozialen Welt. Neoliberalismus – Extreme Rechte – Migration im Fokus der Debatte, Wiesbaden.Hentges, Gudrun/Gürcan Kökgiran/Kristina Nottbohm 2014: Die Identitäre Bewegung Deutschland (IBD) – Bewegung oder virtuelles Phänomen?, in: Forschungsjournal Soziale Bewegungen, Supplement zu H. 3, S. 1–26.

Hentges, Gudrun/Malte Meyer 2003: Right-Wing Extremist Attitudes In Germany – Implications Of Competitive Nationalism And Neoliberalism. Interim Country Report On Qualitative Findings, Köln.

Herrmann, Andrea/Peter Schmidt 1995: Autoritarismus, Anomie und Ethnozentrismus, in: Gerda Lederer/Peter Schmidt (Hg.): Autoritarismus und Gesellschaft. Trendanalysen und vergleichende Jugenduntersuchungen 1945–1993, Opladen, S. 287–319.

Hirsch, Kurt 1989: Rechts von der Union. Personen, Organisationen, Parteien seit 1945, München.

Hirscher, Gerhard/Eckhard Jesse (Hg.) 2013: Extremismus in Deutschland. Schwerpunkte, Vergleiche, Perspektiven, Baden-Baden.

Hoffmann, Uwe 1999: Die NPD. Entwicklung, Ideologie und Struktur, Frankfurt.

Holtmann, Everhard 2002: Die angepassten Provokateure. Aufstieg und Niedergang der rechtsextremen DVU als Protestpartei im polarisierten Parteiensystem Sachsen-Anhalt, Opladen.

Holzer, Willibald I. 1994: Rechtsextremismus – Konturen, Definitionsmerkmale und Erklärungsansätze, in: Dokumentationsarchiv des österreichischen Widerstandes (Hg.): Handbuch des österreichischen Rechtsextremismus, akt. u. erw. Neuausgabe, Wien, S. 12–96.

Hopf, Christel 1993: Autoritäres Verhalten. Ansätze zur Interpretation rechtsextremer Tendenzen, in: Hans-Uwe Otto/Roland Merten (Hg.): Rechtsradikale Gewalt im vereinigten Deutschland. Jugend im gesellschaftlichen Umbruch, Bonn, S. 157–165.

Horkheimer, Max 1939: Die Juden und Europa, in: Ders.: Gesammelte Schriften Bd. 4: 1936–1941, Frankfurt 1988, S. 308–331.

Hufer, Klaus-Peter 2000: Argumentationstraining gegen Stammtischparolen. Materialien und Anleitungen für Bildungsarbeit und Selbstlernen, Schwalbach/Ts.

IMAS 2005 a: Der Zweite Weltkrieg aus der Sicht der ehemaligen Gegner. Ergebnisse einer IMAS-Untersuchung in 8 europäischen Ländern (= IMAS-Report Nr. 9/05), Linz.

IMAS 2005 b: Der Zweite Weltkrieg aus der Sicht der ehemaligen Gegner. Ergebnisse einer panatlantischen Befragung von Harris und IMAS in den USA und zwölf europäischen Ländern (= IMAS-Report Nr. 10/05), Linz.

Ionescu, Dana/Samuel Salzborn (Hg.) 2014: Antisemitismus in deutschen Parteien, Baden-Baden.

Jaecker, Tobias 2004: Antisemitische Verschwörungstheorien nach dem 11. September. Neue Varianten eines alten Deutungsmusters, Münster.

Jaecker, Tobias 2014: Hass, Neid, Wahn. Antiamerikanismus in den deutschen Medien, Frankfurt/New York.

Jäger, Margret/Siegfried Jäger 1999: Gefährliche Erbschaften. Die schleichende Restauration rechten Denkens, Berlin.

Jäger, Siegfried/Alfred Schobert (Hg.) 2000: Weiter auf unsicherem Grund. Faschismus – Rechtsextremismus – Rassismus: Kontinuitäten und Brüche, Duisburg.

Jäger, Siegfried/Jobst Paul (Hg.) 2001: „Diese Rechte ist immer noch Bestandteil unserer Welt“. Aspekte einer neuen konservativen Revolution, Duisburg.

Jaschke, Hans-Gerd 1991: Streitbare Demokratie und Innere Sicherheit. Grundlagen, Praxis und Kritik, Opladen.

Jaschke, Hans-Gerd 1992: Formiert sich eine neue soziale Bewegung von rechts? Folgen der Ethnisierung sozialer Konflikte, in: Blätter für deutsche und internationale Politik, H. 12, S. 1437–1447.

Jaschke, Hans-Gerd 1993: Die „Republikaner“, 2. akt. Aufl., Bonn.

Jaschke, Hans-Gerd 1994: Rechtsextremismus und Fremdenfeindlichkeit. Begriffe, Positionen, Praxisfelder, Opladen.

Jaschke, Hans-Gerd 2001: Rechtsstaat und Rechtsextremismus, in: Wilfried Schubarth/Richard Stöss (Hg.): Rechtsextremismus in der Bundesrepublik Deutschland. Eine Bilanz, Opladen, S. 314–332.

Jaschke, Hans-Gerd 2006: Politischer Extremismus, Wiesbaden.

Jaschke, Hans-Gerd 2012: Zur Rolle der Schule bei der Bekämpfung von Rechtsextremismus, in: Aus Politik und Zeitgeschichte. Beilage zur Wochenzeitung Das Parlament. H. 18/19, S. 33–39.

Jaschke, Hans-Gerd/Birgit Rätsch/Yury Winterberg 2001: Nach Hitler. Radikale Rechte rüsten auf, München.

Jentsch, Ulli 2012: Ach, der Verfassungsschutz! Der Inlandsgeheimdienst und die Antifa, in: Bürgerrechte & Polizei/CILIP, H. 101/102, S. 77–85.

Jesse, Eckhard (Hg.) 1999: Totalitarismus im 20. Jahrhundert. Eine Bilanz der internationalen Forschung, 2. erw. u. akt. Aufl., Baden-Baden.

jugendschutz.net (Hg.) 2014: Rechtsextremismus online beobachten und nachhaltig bekämpfen. Bericht über Recherchen und Maßnahmen im Jahr 2013, Mainz.

Junge, Barbara/Julia Naumann/Holger Stark 1997: RechtsSchreiber. Wie ein Netzwerk in Medien und Politik an der Restauration des Nationalen arbeitet, Berlin.

Kailitz, Steffen 2004: Politischer Extremismus in der Bundesrepublik Deutschland. Eine Einführung, Wiesbaden.

Kämper, Gabriele 2005: Die männliche Nation. Politische Rhetorik der neuen intellektuellen Rechten, Köln.

Kaplan, Jeffrey (Hg.) 2000: Encyclopedia of White Power. A Sourcebook on the Radical Racist Right, Walnut Creek u.a.

Kauffmann, Heiko/Helmut Kellershohn/Jobst Paul (Hg.) 2005: Völkische Bande. Dekadenz und Wiedergeburt – Analysen rechter Ideologie, Münster.

Kelle, Udo 1994: Empirisch begründete Theoriebildung. Zur Logik und Methodologie interpretativer Sozialforschung, Weinheim.

Kelle, Udo 2008: Die Integration qualitativer und quantitativer Methoden in der empirischen Sozialforschung. Theoretische Grundlagen und methodologische Konzepte, 2. Aufl., Wiesbaden.

Kellershohn, Helmut 1992: Der völkische Nationalismus der Republikaner, 2. Aufl., Duisburg.

Kellershohn, Helmut (Hg.) 1994: Das Plagiat. Der Völkische Nationalismus der *Jungen Freiheit*, Duisburg.

Kellershohn, Helmut 2001: Die Deutsche Gildenschaft und die Gründung des ‚Instituts für Staatspolitik', in: DISS-Journal. Zeitung des Duisburger Instituts für Sprach- und Sozialforschung, H. 8, S. 6–7.

Kellershohn, Helmut 2009: Widerstand und Provokation: Strategische Optionen im Umkreis des „Instituts für Staatspolitik", in: Stephan Braun/Alexander Geisler/Martin Gerster (Hg.). Strategien der extremen Rechen. Hintergründe – Analysen – Antworten, Wiesbaden, S. 259–289.

Kellershohn, Helmut (Hg.) 2013: Die „Deutsche Stimme" der „Jungen Freiheit". Lesarten des völkischen Nationalismus in zentralen Publikationen der extremen Rechten, Münster.

Kellershohn, Helmut/Jobst Paul 2013 (Hg.): Der Kampf um Räume. Neoliberale und extrem rechte Konzepte von Hegemonie und Expansion, Hamburg/Münster.

Killmann, Philipp 2011/12: „Never Again!“, in: Backspin, H. 107, S. 15.

Kirschnick, Sylke 2000: Rechtsextremismus an Schulen: Was tun? – Anregungen und Argumente für Lehrer/innen, in: Christoph Butterwegge/Georg Lohmann (Hg.): Jugend, Rechtsextremismus und Gewalt. Analysen und Argumente, Opladen, S. 131–148.

Klärner, Andreas/Michael Kohlstruck (Hg.) 2006: Moderner Rechtsextremismus in Deutschland, Hamburg.

Klein, Ludger 2003: Rechtsextremismus und kollektive Identität. Eine sozialpsychologische Studie über „Die Republikaner“ und die „Junge Freiheit“ (Diss.), Köln.

Kletzin, Birgit 2000: Europa aus Rasse und Raum. Die nationalsozialistische Idee der Neuen Ordnung, Münster.

Kluke, Paul 1955: Nationalsozialistische Europaideologie, in: Vierteljahrshefte für Zeitgeschichte, H. 3, S. 240–275.

Klundt, Michael/Samuel Salzborn/Marc Schwietring/Gerd Wiegel 2003: Erinnern, verdrängen, vergessen. Geschichtspolitische Wege ins 21. Jahrhundert, Gießen.

Kniest, Karl 2000: Die „Kühnen-Bewegung“. Darstellung, Analyse und Einordnung: Ein Beitrag zur deutschen und europäischen Geschichte des Rechtsextremismus, Frankfurt.

Koelschtzky, Martina 1986: Die Stimme ihrer Herren. Ideologie und Strategien der „Neuen Rechten“ in der Bundesrepublik, Köln.

Koller, Hans-Christoph 2008: Grundbegriffe, Theorien und Methoden der Erziehungswissenschaft. Eine Einführung, 3. Aufl., Stuttgart.

Koopmans, Ruud 1996: Noch einmal davongekommen. Warum es (noch) keine soziale Bewegung von rechts gibt, in: Berliner Debatte Initial, H. 1, S. 51–54.

Kopietz, Andreas 2013: Ein Drittel der NPD-Funktionäre vorbestraft, in: Berliner Zeitung v. 18.12.

Kopke, Christoph/Lars Rensmann 2000: Die Extremismus-Formel. Zur politischen Karriere einer wissenschaftlichen Ideologie, in: Blätter für deutsche und internationale Politik, H. 12, S. 1451–1460.

Kopke, Christoph/Ulli Jentsch/Gebhard Schultz 2013: Feindbild Polizei. Wie reden Rechtsextreme über die Polizei?, Potsdam.

Kopp, Julia/Tobias Neef 2014: Ausprägungen des Antisemitismus in der CDU, in: Ionescu/Salzborn 2014, S. 11–52.

Koselleck, Reinhart (Hg.) 1979: Historische Semantik und Begriffsgeschichte, Stuttgart.

Koselleck, Reinhart 1979: Vergangene Zukunft. Zur Semantik geschichtlicher Zeiten, Frankfurt.

Kositza, Ellen 2011: Kopftuchmädchen, in: Sezession, H. 40 (Februar), S. 22–26.

Köttig, Michaela 2004: Lebensgeschichten rechtsextrem orientierter Mädchen und junger Frauen. Biographische Verläufe im Kontext der Familien- und Gruppendynamik, Gießen.

Krafeld, Franz Josef 1996: Die Praxis Akzeptierender Jugendarbeit. Konzepte, Erfahrungen, Analysen aus der Arbeit mit rechten Jugendcliquen, Opladen.

Krafeld, Franz Josef 2012: Bedarf es einer speziellen Pädagogik gegen Rechts? Nein, aber!, in: Stephan Bundschuh/Ansgar Drücker/Thilo Scholle (Hg.): Wegweiser Jugendarbeit gegen Rechtsextremismus. Motive, Praxisbeispiele und Handlungsperspektiven, Bonn, S. 49–60.

Kraske, Marion 2012: Das Kartell der Verharmloser. Wie deutsche Behörden systematisch rechtsextremen Alltagsterror bagatellisieren, Berlin.

Kraske, Michael/Christian Werner 2007: ... und morgen das ganze Land. Neue Nazis, „befreite Zonen" und die tägliche Angst – ein Insiderbericht, Freiburg.

Kraushaar, Wolfgang 1994: Extremismus der Mitte. Zur Geschichte einer soziologischen und sozialhistorischen Interpretationsfigur, in: Hans-Martin Lohmann (Hg.): Extremismus der Mitte. Vom rechten Verständnis deutscher Nation, Frankfurt, S. 23–50.

Krebs, Felix/Jörg Kronauer 2010: Studentenverbindungen in Deutschland. Ein kritischer Überblick aus antifaschistischer Sicht, Münster.

Kreimeier, Klaus 2005: Plappern über „damals", in: die tageszeitung vom 30.3.

Kreutzberger, Wolfgang 1993: Rechtsradikalismus – Daten und Deutungen, in: Ders. u.a.: Aus der Mitte der Gesellschaft – Rechtsradikalismus in der Bundesrepublik, Frankfurt, S. 7–18.

Kreutzberger, Wolfgang 1998 a: Aktions-/Reaktionsschema im Bereich Rechtsextremismus (unveröffentl. Schaubild), Hannover.

Kreutzberger, Wolfgang 1998 b: Ursachen für Aufstieg und Niedergang von Rechtsextremismus (Phasen in der BRD) (unveröffentl. Schaubild), Hannover.

Kuban, Thomas 2012: Blut muss fließen. Undercover unter Nazis, Frankfurt.

Kuhlmann, Andreas 2000: Verstehen darf nicht zu Einverständnis werden! Zur Kritik an der akzeptierenden Jugendarbeit, in: Christoph Butterwegge/Georg Lohmann (Hg.): Jugend, Rechtsextremismus und Gewalt. Analysen und Argumente, Opladen, S. 217–224.

Kuhn, Stephan/Peer Stolle 2014: Nach einem Jahr Hauptverhandlung. Ein kurzes Zwischenresümee im NSU-Prozess, in: RAV Infobrief, H. 109, S. 58–61.

Kulick, Holger/Toralf Staud (Hg.) 2013: Das Buch gegen Nazis. Rechtsextremismus – Was man wissen muss und wie man sich wehren kann, 3. Aufl., Köln.

Küntzel, Matthias 2002: Djihad und Judenhaß. Über den neuen antijüdischen Krieg, Freiburg/Br.

Kurth, Alexandra 2004: Männer – Bünde – Rituale. Studentenverbindungen seit 1800, Frankfurt/New York.

Kurth, Alexandra (Hg.) 2011 a: Die NPD. Fakten – Hintergründe – Kritik, Gießen.

Kurth, Alexandra 2011 b: Über den „Unsinn", NPD-Demos verbieten zu wollen, in: Dies. (Hg.): Die NPD. Fakten – Hintergründe – Kritik, Gießen, S. 159–163.

Kurth, Alexandra/Samuel Salzborn 2014: Türöffnerin nach Rechts: Die „Alternative für Deutschland", in: Gegenblende. Das gewerkschaftliche Debattenmagazin, Nr. 28 (Juli/August).

Kurth, Alexandra/Samuel Salzborn 2015: Rechtsextremismus im Fokus von Politikwissenschaft und Politischer Bildung, in: Monika Oberle/Georg Weißeno (Hg.): Politikwissenschaft und Politikdidaktik – Theorie und Empirie, Wiesbaden i.E.

Kurthen, Hermann/Michael Minkenberg 1995: Germany in transition: immigration, rascism and the extreme right, in: Nations and Nationalism, H. 2, S. 175–196.

Lange, Astrid 1993: Was die Rechten lesen. Fünfzig rechtsextreme Zeitschriften – Ziele, Inhalte, Taktik, München.

Langebach, Martin/Andreas Speit 2013: Europas radikale Rechte. Bewegungen und Parteien auf Straßen und in Parlamenten, Zürich.

Langenbacher, Nora (Hg.) 2011: Europa auf dem „rechten" Weg? Rechtsextremismus und Rechtspopulismus in Europa, Berlin.

Laurin, Stefan 2015: Verbot oder Tod, in: Jungle World v. 15.01.

Lederer, Gerda 1995: Die „Autoritäre Persönlichkeit": Geschichte einer Theorie, in: Dies./Peter Schmidt (Hg.): Autoritarismus und Gesellschaft. Trendanalysen und vergleichende Jugenduntersuchungen 1945–1993, Opladen, S. 25-51.

Lederer, Gerda/Joachim Nerger/Susanne Rippl/Peter Schmidt/Christian Seipel 1991: Autoritarismus unter Jugendlichen der ehemaligen DDR, in: Deutschland Archiv, Jg. 24, S. 587–596.

Leggewie, Claus/Horst Meier (Hg.) 2002: Verbot der NPD oder Mit Rechtsradikalen leben? Positionen, Frankfurt.

Leggewie, Claus/Horst Meier 2012: Nach dem Verfassungsschutz. Plädoyer für eine neue Sicherheitsarchitektur der Berliner Republik, Berlin.

Lenk, Kurt 1994: Rechts, wo die Mitte ist. Studien zur Ideologie: Rechtsextremismus, Nationalsozialismus, Konservatismus, Baden-Baden.

Lenk, Kurt/Günter Meuter/Henrique Ricardo Otten 1997: Vordenker der Neuen Rechten, Frankfurt/New York.

Linke, Annette 1994: Der Multimillionär Frey und die DVU, Essen.

Linz, Juan J. 2000: Totalitarian and Authoritarian Regimes, London.

Lipset, Seymour M./Stein Rokkan (Hg.) 1967: Party Systems and Voter Alignments: Cross-National Perspectives, New York.

Lipset, Seymour Martin 1959 a: Social Stratification and ‚Right-Wing Extremism', in: The British Journal of Sociology, Jg. 10, S. 346–382.

Lipset, Seymour Martin 1959 b: Der „Faschismus". Die Linke, die Rechte und die Mitte, in: Kölner Zeitschrift für Soziologie und Sozialpsychologie, Jg. 11, S. 401–444.

Lipset, Seymour Martin 1960: Political Man. The Social Bases of Politics, London.

Loch, Dietmar/Wilhelm Heitmeyer (Hg.) 2001: Schattenseiten der Globalisierung. Rechtsradikalismus, Rechtspopulismus und separatistischer Regionalismus in westlichen Demokratien. Frankfurt.

Loewenstein, Karl 1957: Militant Democracy and Fundamental Rights (2 Teile), in: The American Political Science Review, H. 3 u. 4, S. 417–432 u. 638–658.

Loh, Hannes/Murat Güngör 2002: Fear of a Kanak Planet. HipHop zwischen Weltkultur und Nazi-Rap, Höfen.

Luhmann, Niklas 1998: Der Staat des politischen Systems. Geschichte und Stellung in der Weltgesellschaft, in: Ulrich Beck (Hg.): Perspektiven der Weltgesellschaft, Frankfurt, S. 345–380.

Lynen von Berg, Heinz 2000: Politische Mitte und Rechtsextremismus. Diskurse zu fremdenfeindlicher Gewalt im 12. Deutschen Bundestag (1990–1994), Opladen.

Lynen von Berg, Heinz/Roland Roth (Hg.) 2003: Maßnahmen und Programme gegen Rechtsextremismus wissenschaftlich begleitet. Aufgaben, Konzepte und Erfahrungen., Opladen.

Maaz, Hans-Joachim 1993: Gewalt, Rassismus und Rechtsextremismus in den östlichen Bundesländern, in: Hans-Uwe Otto/Roland Merten (Hg.): Rechtsradikale Gewalt im vereinigten Deutschland. Jugend im gesellschaftlichen Umbruch, Bonn, S. 176–181.

Maegerle, Anton 2002: Ein Europa ohne Grenzen. Die europaweiten Verbindungen Rechtsextremer, in: Tribüne. Zeitschrift zum Verständnis des Judentums, H. 2, S. 157–178.

Maegerle, Anton 2005: Globalisierung aus Sicht der extremen Rechten, Braunschweig.

Maegerle, Anton 2013: Vom Obersalzberg bis zum NSU: Die extreme Rechte und die politische Kultur der Bundesrepublik 1988–2013. NS-Verherrlichung, rassistische Mode an Migranten, Antisemitismus und Holocaustleugnung, Berlin.

Maihofer, Werner 1975: Zum Verfassungsschutzbericht 1974, in: Der Bundesminister des Innern (Hg.): betrifft: Verfassungsschutz '74, Bonn 1975, S. 3–8.

Maler, Klaus 1996: Das Netzwerk der militanten Neonazis, in: Jens Mecklenburg (Hg.): Handbuch deutscher Rechtsextremismus, Berlin 1996, S. 572–594.

Malthaner, Stefan/Peter Waldmann (Hg.) 2012: Radikale Milieus. Das soziale Umfeld terroristischer Gruppen, Frankfurt. Marg, Stine 2014: Mitte in Deutschland. Zur Vermessung eines politischen Ortes, Bielefeld.

Markovits, Andrei S. 1997: Uncouth Nation. Why Europe Dislikes America, Princeton.

McGowan, Lee 2002: The Radical Right in Germany. 1870 to the Present, London.

Mecklenburg, Jens (Hg.) 1996: Handbuch deutscher Rechtsextremismus, Berlin.

Mecklenburg, Jens (Hg.) 1999 a: Braune Gefahr. DVU, NPD, REP – Geschichte und Zukunft, Berlin.

Mecklenburg, Jens (Hg.) 1999 b: Was tun gegen rechts, Berlin.

Melzer, Ralf/Sebastian Serafin (Hg.) 2013: Rechtsextremismus in Europa. Länderanalysen, Gegenstrategien und arbeitsmarktorientierte Ausstiegsarbeit, Berlin.

Michel, Lothar 2010: Die wehrhafte Demokratie als verfassungsimmanente Schranke der Meinungsfreiheit, in: Zeitschrift für das Juristische Studium, H. 2, S. 155–166.

Milson, Menahem 2003: What is Arab Antisemitism, in: Antisemitism International. An Annual Research Journal of the Vidal Sassoon International Center for the Study of Antisemitism, Special Issue 2003.

Minkenberg, Michael 1992: The New Right in Germany. The transformation of conservatism and the extreme right, in: European Journal of Political Research, Jg. 22, S. 55–81.

Minkenberg, Michael 1993: The New Right in Comparative Perspective: The USA and Germany. Ithaca, NY.

Minkenberg, Michael 2008: The Radical Right in Europe: An Overview, Gütersloh.

Mohler, Armin 1950: Die konservative Revolution in Deutschland 1918–1932. Grundriß ihrer Weltanschauungen, Stuttgart.

Möller, Kurt 1991: Geschlechtsspezifische Aspekte der Anfälligkeit für Rechtsextremismus in der Bundesrepublik Deutschland, in: Zeitschrift für Frauenforschung, H. 3, S. 27–49.

Möller, Kurt 2008: Körperpraxis und Männlichkeit bei Skinheads, in: Nina Baur/Jens Luedtke (Hg.): Die soziale Konstruktion von Männlichkeit. Hegemoniale und marginalisierte Männlichkeiten in Deutschland, Opladen, S. 193–238.

Möller, Kurt 2011: Konstruktion von Männlichkeiten in unterschiedlichen Phänomenbereichen des Rechtsextremismus, in: Birsl 2011, S. 129–145.

Moritz, Sabrina 2014: Bitte zusammenrücken, in: Junge Freiheit v. 10.10.

Mudde, Cas 2000: The Ideology of the Extreme Right, Manchester.

Mudde, Cas 2007: Populist Radical Right Parties in Europe, Cambridge.

Mudde, Cas (Hg.) 2014: Political Extremism (4 Bände), London u.a.

Müller, Jost 1994: Mythen der Rechten. Nation, Ethnie, Kultur, Berlin.

Nenning, Günther 1989: Zerbröselnde Größe, Wiedergeburt des Kleinen, in: Mut, H. 286.

Nentwig, Teresa/Franz Walter 2014: Die FDP und der latente Antisemitismus der Mitte, in: Ionescu/Salzborn 2014, S. 195–243.

Neugebauer, Gero 2010: Einfach war gestern. Zur Strukturierung der politischen Realität in einer modernen Gesellschaft, in: Aus Politik und Zeitgeschichte, H. 44, S. 3–9.

Neumann, Franz 1968: Der Block der Heimatvertriebenen und Entrechteten 1950–1960. Ein Beitrag zur Geschichte und Struktur einer politischen Interessenpartei, Meisenheim am Glan.

Neumann, Franz L. 1944: Behemoth. The Structure and Practice of National Socialism 1933–1944 (with new Appendix), 2. Aufl., New York.

Neureiter, Marcus 1996: Rechtsextremismus im vereinten Deutschland. Eine Untersuchung sozialwissenschaftlicher Deutungsmuster und Erklärungsansätze, Marburg.

NHB/Nationaldemokratischer Hochschulbund: Schafft befreite Zonen!, in: Vorderste Front, H. 2, S. 4–7.

O'Meara, Michael 2004: New Culture, New Right. Anti-Liberalism in Postmodern Europe. Bloomington.

Obszerninks, Britta/Matthias Schmidt 1998: DVU im Aufwärtstrend – Gefahr für die Demokratie? Fakten, Analysen, Gegenstrategien, Münster.

Oesterreich, Detlef 1993: Jugend in der Krise. Ostdeutsche Jugendliche zwischen Apathie und politischer Radikalisierung, in: Aus Politik und Zeitgeschichte, H. B19, S. 21–31.

Oesterreich, Detlef 1996: Flucht in die Sicherheit. Zur Theorie des Autoritarismus und der autoritären Reaktion, Opladen.

Oesterreich, Detlef 1998: Ein neues Maß zur Messung autoritärer Charaktermerkmale, in: Zeitschrift für Sozialpsychologie, H. 1, S. 56–64.

Ohlemacher, Thomas 1994: Schmerzhafte Episoden. Wider die Rede von einer rechten Bewegung im wiedervereinigten Deutschland, in: Forschungsjournal Neue Soziale Bewegungen, H. 4, S. 16–25.

Ooyen, Robert Chr. van 2014: Polizei und politisches System in der Bundesrepublik. Aktuelle Spannungsfelder der Inneren Sicherheit einer liberalen Demokratie, 3. Aufl., Frankfurt.

Osterhoff, André 1997: Die Euro-Rechte. Zur Bedeutung des Europaparlaments bei der Vernetzung der extremen Rechten, Münster.

Pelinka, Anton 2006: Die Politik der politischen Kultur, in: Österreichische Zeitschrift für Politikwissenschaft, Jg. 35, S. 225–235.

Peltonen, Boris 2012: „Kokain an die Juden von der Börse", in: Die Welt v. 16.04.

Perels, Joachim (Hg.) 2003: Der Rechtsradikalismus – ein Randphänomen? Kritische Analysen, Hannover.

Perry, Marvin/Frederick M. Schweitzer (Hg.) 2008: Antisemitic Myths. A Historical and Contemporary Anthology, Bloomington/Indianapolis.

Pfahl-Traughber, Armin 1992: Der Extremismusbegriff in der politikwissenschaftlichen Diskussion – Definitionen, Kritik, Alternativen, in: Jahrbuch Extremismus & Demokratie, Bd. 4, S. 67–86.

Pfahl-Traughber, Armin 1998: Konservative Revolution und Neue Rechte. Rechtsextremistische Intellektuelle gegen den demokratischen Verfassungsstaat, Opladen.

Pfahl-Traughber, Armin 2000 a: Die Entwicklung des Rechtsextremismus in Ost- und Westdeutschland, in: Aus Politik und Zeitgeschichte, H. B 39, S. 3–14.

Pfahl-Traughber, Armin 2000 b: Revisionistische Behauptungen und historische Wahrheit. Zur Widerlegung rechtsextremistischer Geschichtslegenden, in: Christoph Butterwegge/Georg Lohmann (Hg.): Jugend, Rechtsextremismus und Gewalt. Analysen und Argumente, Opladen, S. 241–258.

Pfahl-Traughber, Armin 2001: Der organisierte Rechtsextremismus in Deutschland nach 1945. Zur Entwicklung auf den Handlungsfeldern „Aktion" – „Gewalt" – „Kultur" –„Politik", in: Schubarth/Stöss 2001, S. 71–100.

Pfahl-Traughber, Armin 2002: „Bausteine" zu einer Theorie über „Verschwörungstheorien": Definitionen, Erscheinungsformen, Funktionen und Ursachen, in: Helmut Reinalter (Hg.): Verschwörungstheorien. Theorie – Geschichte – Wirkung, Innsbruck, S. 30–44.

Pfahl-Traughber, Armin 2006: Rechtsextremismus in der Bundesrepublik. 4. akt. Aufl., München.

Pfahl-Traughber, Armin 2008: Der „zweite Frühling" der NPD. Entwicklung, Ideologie, Organisation und Strategie einer rechtsextremistischen Partei, St. Augustin/ Berlin.

Pfahl-Traughber, Armin 2014: Das Zehn-Stufen-Modell der „Extremismusintensität". Kategorien zur Analyse und Einordnung politischer Bestrebungen, in: Jahrbuch für Extremismus- und Terrorismusforschung, Bd. 8, S. 7–36.

Pfeiffer, Thomas 2002: Für Volk und Vaterland. Das Mediennetz der Rechten – Presse, Musik, Internet, Berlin.

Pipes, Daniel 1997: Conspiracy. How the paranoid style flourishes and where it comes from, New York.

Pocock, John G. A. 1973: Politics, Language and Time. Essays on Political Thought and History, New York.

Pörksen, Bernhard 2005: Die Konstruktion von Feindbildern. Zum Sprachgebrauch in neonazistischen Medien, 2. erw. Aufl., Wiesbaden.

Prehn, Ulrich 2013: Max Hildebert Boehm. Radikales Ordnungsdenken vom Ersten Weltkrieg bis in die Bundesrepublik, Göttingen.

Projekt „Konservatismus und Wissenschaft" 2000: Verbindende Verbände. Ein Lesebuch zu den politischen und sozialen Funktionen von Studentenverbindungen, Marburg.

Quent, Matthias 2012: Mehrebenenanalyse rechtsextremer Einstellungen. Ursachen und Verbreitung in unterschiedlichen sozioökonomischen Regionen Hessens und Thüringens. Magdeburg.

Rathje, Jan 2014: „Wir sind wieder da" – Die „Reichsbürger": Überzeugungen, Gefahren und Handlungsstrategien. Herausgegeben von der Amadeu Antonio Stiftung, Berlin.

Rauer, Leif 2010: Rechtliche Maßnahmen gegen rechtsextremistische Versammlungen, Frankfurt.

Reich, Wilhelm 1933: Massenpsychologie des Faschismus. Zur Sexualökonomie der politischen Reaktion und zur proletarischen Sexualpolitik, Kopenhagen/Prag/Zürich.

Reichel, Peter 2004: Erfundene Erinnerung. Weltkrieg und Judenmord in Film und Theater, München/Wien.

Reinalter, Helmut/Franko Petri/Rüdiger Kaufmann (Hg.) 1998: Das Weltbild des Rechtsextremismus. Die Strukturen der Entsolidarisierung, Innsbruck/Wien.

Reinfeldt, Sebastian 2000: Nicht-wir und Die-da. Studien zum rechten Populismus, Wien.

Reinfeldt, Sebastian 2013: „Wir für euch". Die Wirksamkeit des Rechtspopulismus in Zeiten der Krise, Münster.

Rensmann, Lars 2004: Demokratie und Judenbild. Antisemitismus in der politischen Kultur der Bundesrepublik Deutschland, Wiesbaden.

Rensmann, Lars 2008: Rechtsextreme Parteien in der Europäischen Union: Welche Rolle spielen „Globalisierung" und Antisemitismus?, in: Ders./Julius H. Schoeps (Hg.): Feindbild Judentum. Antisemitismus in Europa, Berlin S. 399–453.

Richter, Karl 1992: Fortschritt 1992, in: Nation & Europa, H. 1.

Rippl, Susanne/Christian Seipel/Angela Kindervater (Hg.) 2000: Autoritarismus. Kontroversen und Ansätze der aktuellen Autoritarismusforschung, Opladen.

Rippl, Susanne/Dirk Baier 2005: Das Deprivationskonzept in der Rechtsextremismusforschung. Eine vergleichende Analyse, in Kölner Zeitschrift für Soziologie und Sozialpsychologie, H. 4, S. 644–666.

Rohe, Karl 1990: Politische Kultur und ihre Analyse. Probleme und Perspektiven der politischen Kulturforschung, in: Historische Zeitschrift, Jg. 250, S. 321–346.

Rohe, Karl 1996: Politische Kultur: Zum Verständnis eines theoretischen Konzepts, in: Oskar Niedermayer/Klaus von Beyme (Hg.): Politische Kultur in Ost- und Westdeutschland, Opladen, S. 1–21.

Rommelspacher, Birgit 1991: Rechtsextreme als Opfer der Risikogesellschaft. Zur Täterentlastung in den Sozialwissenschaften, in: 1999. Zeitschrift für Sozialgeschichte des 20. und 21. Jahrhunderts, H. 2, S. 75–87.

Rommelspacher, Birgit 1993: Männliche Gewalt und gesellschaftliche Dominanz, in: Hans-Uwe Otto/Roland Merten (Hg.): Rechtsradikale Gewalt im vereinigten Deutschland. Jugend im gesellschaftlichen Umbruch, Bonn, S. 200–210.

Rommelspacher, Birgit 1998: Dominanzkultur. Texte zu Fremdheit und Macht, 2. Aufl., Berlin.

Rommelspacher, Birgit 2000: Das Geschlechterverhältnis im Rechtsextremismus, in: Wilfried Schubarth/Richard Stöss (Hg.): Rechtsextremismus in der Bundesrepublik Deutschland. Eine Bilanz, Bonn, S. 199–219.

Rommelspacher, Birgit 2011 a: Ambivalente Beziehungen. Die „Mitte“ in der Gesellschaft und der rechtsextreme „Rand“, in: Caroline Y. Robertson-von Trotha (Hg.): Rechtsextremismus in Deutschland und Europa. Rechts außen – Rechts „Mitte“?, Baden-Baden, S. 47–56.

Rommelspacher, Birgit 2011 b: Frauen und Männer im Rechtsextremismus – Motive, Konzepte und Rollenverständnisse, in: Birsl 2011, S. 43–68.

Röpke, Andrea 2005: „Retterin der weißen Rasse“. Rechtsextreme Frauen zwischen Straßenkampf und Mutterrolle, Braunschweig.

Röpke, Andrea 2008: Ferien im Führerbunker. Die neonazistische Kindererziehung der „Heimattreuen Deutschen Jugend (HDJ)“, 2. Aufl., Braunschweig.

Röpke, Andrea 2010: Die geführte Jugend – Kindererziehung von rechts, Braunschweig.

Röpke, Andrea 2015: Tod eines Siedlerkindes, in: blick nach rechts v. 11.02.

Röpke, Andrea/Andreas Speit (Hg.) 2004: Braune Kameradschaften. Die neuen Netzwerke der militanten Neonazis, Berlin.

Röpke, Andrea/Andreas Speit (Hg.) 2009: Neonazis in Nadelstreifen. Die NPD auf dem Weg in die Mitte der Gesellschaft?, Bonn.

Röpke, Andrea/Andreas Speit 2011: Mädelsache! Frauen in der Neonazi-Szene, Berlin.

Röpke, Andrea/Andreas Speit (Hg.) 2013: Blut und Ehre. Geschichte und Gegenwart rechter Gewalt in Deutschland, Berlin.

Roth, Roland/Dieter Rucht (Hg.) 2008: Die sozialen Bewegungen in Deutschland seit 1945. Ein Handbuch, Frankfurt.

Rucht, Dieter: Zum Stand der Forschungen zu sozialen Bewegungen, in: Forschungsjournal Soziale Bewegungen, H. 3, S. 20–47.

Salzborn, Samuel 2000: Grenzenlose Heimat. Geschichte, Gegenwart und Zukunft der Vertriebenenverbände, Berlin.

Salzborn, Samuel 2001: Heimatrecht und Volkstumskampf. Die außenpolitische Konzepte der Vertriebenenverbände und ihre praktische Umsetzung, Hannover.

Salzborn, Samuel 2002 a: Ein neuer deutscher Opferdiskurs. Zur Bedeutung der Vertriebenenverbände und ihrer Anliegen für politische Debatten der Gegenwart, in: Christoph Butterwegge u.a.: Themen der Rechten – Themen der Mitte. Zuwanderung, demografischer Wandel und Nationalbewusstsein, Opladen, S. 147–166.

Salzborn, Samuel 2002 b: Rechtsextremismus. Materialien, Handlungsmöglichkeiten, Referent(inn)en. Dokumentation im Auftrag des Hauptvorstandes der IG Metall, Frankfurt.

Salzborn, Samuel 2005: Ethnisierung der Politik. Theorie und Geschichte des Volksgruppenrechts in Europa, Frankfurt/New York.

Salzborn, Samuel 2006: Antisemitismus und nationaler Opfermythos. Zur Politischen Psychologie eines geschichtspolitischen Kontextes, in: Psychosozial, H. 104, S. 125–136.

Salzborn, Samuel 2008: Carl Schmitts völkerrechtliches Erbe. Volksgruppenrechtstheorie und europäisches Großraum-Denken vom Ende des Zweiten Weltkriegs bis in die Gegenwart, in: Rüdiger Voigt (Hg.): Großraum-Denken. Carl Schmitts Kategorie der Großraumordnung, Stuttgart, S. 145–166.

Salzborn, Samuel (Hg.) 2009: Politische Kultur – Forschungsstand und Forschungsperspektiven, Frankfurt.

Salzborn, Samuel 2010: Antisemitismus als negative Leitidee der Moderne. Sozialwissenschaftliche Theorien im Vergleich, Frankfurt/New York.

Salzborn, Samuel 2012/13: Demokratie, Extremismus und Autokratie. Eine konzeptionelle Skizze, in: Martin H.W. Möllers/Robert Chr. van Ooyen (Hg.): Jahrbuch Öffentliche Sicherheit 2012/13, Frankfurt, S. 127–135.

Salzborn, Samuel 2012 a: Demokratie. Theorie – Formen – Entwicklungen, Baden-Baden.

Salzborn, Samuel 2012 b: Unter falscher Flagge. Politische Ablehnung oder wissenschaftliche Kritik?, in: Zeitschrift für Politik, H. 1, S. 103–111.

Salzborn, Samuel 2013: Sozialwissenschaften zur Einführung, Hamburg.

Salzborn, Samuel 2014 a: Antisemitismus. Geschichte, Theorie, Empirie, Baden-Baden.

Salzborn, Samuel 2014 b: Unheimliche Allianzen. Zu den Hintergründen der gemeinsamen Demonstrationen von Islamisten, Rechtsextremisten und Antiimperialisten, in: Deutsche Polizei, H. 10, S. 4–8.

Salzborn, Samuel 2015 a: Schmitt, Rousseau und das Paradox des Volkswillens, in: Rüdiger Voigt (Hg.): Legalität ohne Legitimität? Carl Schmitts Kategorie der Legitimität, Wiesbaden, S. 53–75.

Salzborn, Samuel 2015 b: Religionsverständnisse im Rechtsextremismus. Eine Analyse am Beispiel des neurechten Theorieorgans *Sezession*, in: Martin H.W. Möllers/Robert Chr. van Ooyen (Hg.): Jahrbuch Öffentliche Sicherheit 2014/15, Frankfurt.

Salzborn, Samuel 2015 c: Demokratieferne Rebellionen. Pegida und die Renaissance völkischer Verschwörungsphantasien, in: Wolfgang Frindte/Daniel Geschke/Nicole Haußecker/Franziska Schmidtke (Hg.): Rechtsextremismus und „Nationalsozialistischer Untergrund". Interdisziplinäre Debatten, Befunde und Bilanzen, Wiesbaden.

Salzborn, Samuel/Heribert Schiedel 2003: „Nation Europa". Ethnoföderale Konzepte und kontinentale Vernetzung der extremen Rechten, in: Blätter für deutsche und internationale Politik, H. 10, S. 1209–1217.

Schatz, Holger/Andrea Woeldike 2001: Freiheit und Wahn deutscher Arbeit. Zur historischen Aktualität einer folgenreichen antisemitischen Projektion, Hamburg/ Münster.

Schedler, Jan/Alexander Häusler (Hg.) 2011: Autonome Nationalisten. Neonazismus in Bewegung, Wiesbaden.

Scheuch, Erwin K./Hans D. Klingemann 1967: Theorie des Rechtsradikalismus in westlichen Industriegesellschaften, in: Hamburger Jahrbuch für Wirtschafts- und Gesellschaftspolitik, Bd. 12, S. 11–29.

Scheuregger, Daniel/Tim Spier 2006: Working-Class Authoritarianism und die Wahl rechtspopulistischer Parteien. Eine empirische Untersuchung für fünf westeuropäische Staaten, in: Kölner Zeitschrift für Soziologie und Sozialpsychologie, H. 1, S. 59–80.

Schiedel, Heribert 2007: Der Rechte Rand. Extremistische Gesinnungen in unserer Gesellschaft, Wien.

Schiedel, Heribert 2011: Extreme Rechte in Europa, Wien.

Schiedel, Heribert 2014: Frei.Wild: Zum Rechtsrock, der keiner (mehr) sein will, in: Aktion Kinder- und Jugendschutz Schleswig-Holstein (Hg.): Von Frei.Wild bis Rechtsrock, Kiel.

Schmidt, Anna 2014: Völkische Siedler/innen im ländlichen Raum. Basiswissen und Handlungsstrategien. Herausgegeben von der Amadeu Antonio Stiftung, Berlin.

Schmidt, Friedemann 2001: Die Neue Rechte in Europa. Zur ideologisch-strategischen Funktion intellektueller Zirkel bei der Erneuerung der extremen Rechten in der EU, Brüssel.

Schmidt, Friedemann 2001: Die Neue Rechte und die Berliner Republik. Parallel laufende Wege im Normalisierungsdiskurs, Wiesbaden.

Schmitt, Carl 1922: Politische Theologie. Vier Kapitel zur Lehre von der Souveränität, München/Leipzig.

Schmitt, Carl 1923/2010: Die geistesgeschichtliche Lage des heutigen Parlamentarismus, 9. Aufl., Berlin.

Schmitt, Carl 1932/2012: Legalität und Legitimität, 8. korr. Aufl., Berlin

Schmitt, Carl 1939: Völkerrechtliche Großraumordnung mit Interventionsverbot für raumfremde Mächte. Ein Beitrag zum Reichsbegriff im Völkerrecht, Berlin/Wien.

Schneider, Ulrich (Hg.) 2001: Tut was! Strategien gegen Rechts, Köln.

Schobert, Alfred 2009: Analysen und Essays. Extreme Rechte – Geschichtspolitik – Poststrukturalismus, Münster.

Schönwälder, Karen 1995: Right-wing extremism and racist violence in Germany, in: West European Politics, H. 2, S. 448–456.

Schrenck-Notzing, Caspar von 1996: Lexikon des Konservatismus, Graz.

Schröder, Burkhard 2000: Nazis sind Pop, Berlin.

Schröm, Oliver/Andrea Röpke 2001: Stille Hilfe für braune Kameraden. Das geheime Netzwerk der Alt- und Neonazis, Berlin.

Schulze, Christoph/Ella Weber (Hg.) 2011: Kämpfe um Raumhoheit. Rechte Gewalt, „No Go Areas" und „National befreite Zonen", Münster.

Schwan, Gesine 1999: Antikommunismus und Antiamerikanismus in Deutschland. Kontinuität und Wandel nach 1945, Baden-Baden.

Seidel, Bruno/Siegfried Jenkner (Hg.) 1968: Wege der Totalitarismus-Forschung, Darmstadt.

Seipel, Christian/Peter Rieker 2003: Integrative Sozialforschung. Konzepte und Methoden der qualitativen und quantitativen empirischen Forschung, Weinheim/München.

Seubert, Harald 2011: Orient und Okzident – sechs Gedanken, in: Sezession, H. 40 (Februar),

Sierck, Udo 1995: NORMalisierung von rechts. Biopolitik und „Neue Rechte", Hamburg.

Silbermann, Alphons/Manfred Stoffers 2000: Auschwitz: Nie davon gehört? Erinnern und Vergessen in Deutschland, Berlin.

SINUS (Hg.) 1981: 5 Millionen Deutsche: „Wir sollten wieder einen Führer haben …" Die SINUS-Studie über rechtsextremistische Einstellungen bei den Deutschen, Reinbek.

Skinner, Quentin 1978: The foundations of modern political thought, 2 Bde., Cambridge.

Skinner, Quentin 2009: Visionen des Politischen, Frankfurt.

Sommer, Bernd 2010: Prekarisierung und Ressentiments. Soziale Unsicherheit und rechtsextreme Einstellungen in Deutschland, Wiesbaden.

Spektorowski, Alberto 2003: The New Right: ethno-regionalism, ethno-pluralism and the emergence of a neo-fascist „Third Way", in: Journal of Political Ideologies, H. 1, S. 111–130.

Spengler, Oswald 1918/1922: Der Untergang des Abendlandes. Umrisse einer Morphologie der Weltgeschichte (2 Bde.). Wien/Leipzig (Bd. 1) & München (Bd. 2).

Sposito, Romano 2007: Einstiegsdroge Musik. Wie NPD & Co. versuchen Jugendliche zu ködern, in: http://www.bpb.de/politik/extremismus/rechtsextremismus/41758/einstiegsdroge-musik?p=all (Stand: 15.11.2013).

Staud, Toralf 2006: Moderne Nazis. Die neuen Reche und der Aufstieg der NPD, Bonn.

Staud, Toralf 2012: Generation Nazi, in: Die Zeit v. 31.10.

Staud, Toralf/Johannes Radke 2012: Neue Nazis. Jenseits der NPD: Populisten, Autonome Nationalisten und der Terror von rechts, Köln.

Steiner, Felix M. 2012: „Ein guter Tag für die wehrhafte Demokratie", in: Die Zeit (online) v. 05.12.

Stögner, Karin 2014: Antisemitismus und Sexismus. Historisch-gesellschaftliche Konstellationen, Baden-Baden.

Stöss, Richard 1994: Forschungs- und Erklärungsansätze – ein Überblick, in: Wolfgang Kowalski/Wolfgang Schroeder (Hg.): Rechtsextremismus. Einführung und Forschungsbilanz, Opladen, S. 23–66.

Stöss, Richard 2009: Rechtsextremismus, Sexismus und Gender Gap. Arbeitshefte aus dem Otto-Stammer-Zentrum Nr. 16, Berlin.

Stöss, Richard 2010: Rechtsextremismus im Wandel, Berlin.

Stöss, Richard 2012: Kurzfristig und unbeständig. Die Erfolge rechtsextremistischer Parteien seit 1945 sind in Deutschland bisher überschaubar, in: Das Parlament, Nr. 29–31.

Stöss, Richard 2013: Der rechte Rand des Parteiensystems, in: Oskar Niedermayer (Hg.): Handbuch Parteienforschung, Wiesbaden, S. 563–618.

Streeck-Fischer, Annette 1992: „Geil auf Gewalt". Psychoanalytische Bemerkungen zu Adoleszenz und Rechtextremismus, in: Psyche, H. 8, S. 745–768.

Struppek, Andreas 2014: Rechtsextreme Musik im Genre RAP. Eine qualitative Inhaltsanalyse am Beispiel von MaKss Damage und Dee Ex (BA Thesis, unveröff.), Göttingen.

Sundermeyer, Olaf 2012: Rechter Terror in Deutschland. Eine Geschichte der Gewalt, München.

Swyngedouw, Marc/Gilles Ivaldi 2001: The Extreme Right Utopia in Belgium and France: The Ideology of the Flemish Vlaams Blok and the French Front National, in: West European Politics, Heft 3, S. 1–22.

Taguieff, Pierre-André 1994: Sur la Nouvelle Droite. Jalons d'une analyse critique, Paris.

Terkessidis, Mark 1995: Kulturkampf. Volk, Nation, der Westen und die Neue Rechte, Köln.

Velpen, Jos Vander 1996: Horizons noirs. L'Extrême droite en Europe, Bruxelles.

Virchow, Fabian 2006: Gegen den Zivilismus. Internationale Beziehungen und Militär in den politischen Konzeptionen der extremen Rechten, Wiesbaden.

Virchow, Fabian 2007: ‚Capturing the streets' – Marches as a Political Instrument of the Extreme Right in Contemporary Germany, in: Matthias Reiss (Hg.): "The Street as Stage". Protest Marches and Public Rallies since the Nineteenth Century, Oxford, S. 295–310.

Virchow, Fabian 2010: Tapfer, stolz, opferbereit. Überlegungen zum extrem rechten Verständnis „idealer Männlichkeit", in: Robert Claus/Esther Lehnert/Yves Müller (Hg.): Was ein rechter Mann ist ... Männlichkeiten im Rechtsextremismus, Bonn, S. 39–52.

Virchow, Fabian/Christian Dornbusch (Hg.) 2008: 88 Fragen und Antworten zur NPD. Weltanschauung, Strategie und Auftreten einer Rechtspartei – und was Demokraten dagegen tun können, Schwalbach/Ts.

Voegelin, Eric(h) 1938: Die politischen Religionen, Wien.

Wagner, Bernd 2008: Neuer Rechtsextremismus und ‚kulturelle Subversion', in: Forschungsjournal Neue Soziale Bewegungen, H. 4, S. 6–16.

Walter, Uwe 2014: Ohne Marmor kein Imperium, in: Frankfurter Allgemeine Zeitung v. 22.08.

Wamper, Regina/Helmut Kellershohn/Martin Dietzsch (Hg.) 2010: Rechte Diskurspiraterien. Strategien der Aneignung linker Codes, Symbole und Aktionsformen, Münster.

Weber, Ines 2011: Die politische Theorie von Alain de Benoist, Marburg.

Weber, Klaus 2001: Rechte Männer. Eine sozialpsychologische Studie zu Rassismus, Neofaschismus und Gewerkschaften, Hamburg.

Weber, Max 1980: Wirtschaft und Gesellschaft. Grundriss der verstehenden Soziologie, 5. rev. Auflage bes. v. Johannes Winckelmann (EA: 1921), Tübingen.

Weber, Regina 2012: Rechtsextremistinnen. Zwischen Kindererziehung und nationalem Kampfauftrag, Berlin.

Weidinger, Bernhard 2015: „Im nationalen Abwehrkampf der Grenzlanddeutschen"“. Akademische Burschenschaften und Politik in Österreich nach 1945, Wien.

Weiß, Volker 2007: Islamisten und die NPD – Etwas mehr Kopftuch auch für deutsche Mädel, in: Frankfurter Allgemeine Zeitung v. 21.08.

Weiß, Volker 2011: Deutschlands Neue Rechte. Angriff der Eliten – von Spengler bis Sarrazin, Paderborn.

Weißmann, Karlheinz 1995: Der Weg in den Abgrund. Deutschland unter Hitler von 1933–1945, Berlin.

Weißmann, Karlheinz 2003: Editorial, in: Sezession, H. 1 (April).

Weißmann, Karlheinz 2005: Der Islam und die Rechte, in: Sezession, H. 11 (Oktober), S. 50–51.

Welzer, Harald/Sabine Moller/Karoline Tschuggnall 2002: „Opa war kein Nazi“. Nationalsozialismus und Holocaust im Familiengedächtnis, Frankfurt.

Wiederer, Ralf 2007: Zur virtuellen Vernetzung des internationalen Rechtsextremismus, Herbolzheim.

Wiegel, Gerd 2001: Die Zukunft der Vergangenheit. Konservativer Geschichtsdiskurs und kulturelle Hegemonie. Vom Historikerstreit zur Walser-Bubis-Debatte, Köln.

Wilke, Karsten 2011: Die „Hilfsgemeinschaft auf Gegenseitigkeit“ (HIAG) 1950–1990. Veteranen der Waffen-SS in der Bundesrepublik, Paderborn.

Willems, Helmut/Roland Eckert/Stefanie Würtz/Linda Steinmetz 1993: Fremdenfeindliche Gewalt. Einstellungen, Täter, Konflikteskalation, Opladen.

Wippermann, Carsten/Astrid Zarcos-Lamolda/Franz Josef Krafeld (Hg.) 2002: Auf der Suche nach Thrill und Geborgenheit. Lebenswelten rechtsradikaler Jugendlicher und neue pädagogische Perspektiven, Opladen.

Wippermann, Wolfgang 1997 a: Faschismustheorien. Die Entwicklung der Diskussion von den Anfängen bis heute, 7. überarb. Aufl., Darmstadt.

Wippermann, Wolfgang 1997 b: Totalitarismustheorien. Die Entwicklung der Diskussion von den Anfängen bis heute, Darmstadt.

Wippermann, Wolfgang 1999: Verfassungsschutz und Extremismusforschung: Falsche Perspektiven, in: Jens Mecklenburg (Hg.): Braune Gefahr. DVU, NPD, REP – Geschichte und Zukunft, Berlin, S. 268–280.

Wippermann, Wolfgang 2000: „Doch ein Begriff muß beim Worte sein". Über „Extremismus", „Faschismus", „Totalitarismus" und „Neofaschismus", in: Siegfried Jäger/Alfred Schobert (Hg.): Weiter auf unsicherem Grund. Faschismus – Rechtsextremismus – Rassismus. Kontinuitäten und Brüche, Duisburg, S. 21–47.

Wippermann, Wolfgang 2007: Agenten des Bösen. Verschwörungstheorien von Luther bis heute, Berlin.

Wirth, Hans-Jürgen 1996: Adoleszenz als Chance und Risiko, in: Psychosozial, H. 64, S. 9–28.

Wölk, Volkmar 1992: Natur und Mythos. Ökologiekonzeptionen der „Neuen" Rechten im Spannungsfeld zwischen Blut und Boden und New Age, Duisburg.

Wurst, Joachim 2005: Moderner Antisemitismus und Antizionismus. Von der Nation ohne Juden zum Krieg gegen den jüdischen Staat, in: Alexandra Kurth (Hg.): Insel der Aufklärung. Israel im Kontext, Gießen, S. 171–215.

Zick, Andreas/Anna Klein 2014: Fragile Mitte – Feindselige Zustände. Rechtsextreme Einstellungen in Deutschland 2014. Herausgegeben für die Friedrich-Ebert-Stiftung von Ralf Melzer, Bonn.

Zuber, Johannes 2015: Gegenwärtiger Rassismus in Deutschland: Zwischen Biologie und kultureller Identität, Göttingen.